扬州大学精品本科教材

SHUJU
JINGJIXUE

数据经济学

主　编：秦兴方
副主编：朱高林　汤学良　于嘉欣　魏艳骄

中国财经出版传媒集团
经济科学出版社
Economic Science Press
·北京·

图书在版编目（CIP）数据

数据经济学 / 秦兴方主编；朱高林等副主编.
北京：经济科学出版社，2024.8. -- ISBN 978 - 7 - 5218 -
6163 - 1

Ⅰ. F062.5

中国国家版本馆 CIP 数据核字第 2024QK2103 号

责任编辑：崔新艳
责任校对：靳玉环
责任印制：范　艳

数据经济学

SHUJU JINGJIXUE

主编：秦兴方

副主编：朱高林　汤学良　于嘉欣　魏艳骄

经济科学出版社出版、发行　新华书店经销

社址：北京市海淀区阜成路甲 28 号　邮编：100142

经管中心电话：010 - 88191335　发行部电话：010 - 88191522

网址：www.esp.com.cn

电子邮箱：espcxy@126.com

天猫网店：经济科学出版社旗舰店

网址：http://jjkxcbs.tmall.com

北京季蜂印刷有限公司印装

787×1092　16 开　14 印张　280000 字

2024 年 8 月第 1 版　2024 年 8 月第 1 次印刷

ISBN 978 - 7 - 5218 - 6163 - 1　定价：56.00 元

前　言

PREFACE

自从 20 世纪中叶第三次科技革命以来，以电子计算机技术的应用为标志，人类正式进入信息时代。20 世纪 90 年代互联网技术的诞生及其广泛应用，深刻影响并改变了人类的经济活动方式。为了更好地把握信息技术革命对美国乃至世界经济的影响，美国商务部于 1998 年和 1999 年连续发布了同名研究报告——《浮现中的数字经济》（*The Emerging Digital Economy*）。2000 年美国商务部发布了《数字经济 2000》年度报告，并在该报告发布会上宣布：我们正处于一个新经济的时代，一个由信息、研究、知识和技术驱动的新经济时代！

进入 21 世纪以来，第三次科技革命向纵深发展，以人工智能、互联网、大数据、云计算、区块链技术为标志的新一轮科技革命已悄然发轫兴起。随着数字技术的快速进步，数字经济正推动着人类生产方式、生活方式和治理方式的深刻变革，成为重组全球要素资源、重塑全球经济结构、改变全球竞争格局的关键力量。与前三次科技革命不同，在新一轮科技革命中，我国与西方发达经济体站在了大致相同的起跑线上。2012 年中国特色社会主义进入新时代以来，党中央高度重视数字经济的发展，将其上升为国家战略。党的十八届五中全会提出网络强国战略和国家大数据战略。党的十九大提出推动互联网、大数据、人工智能和实体经济深度融合，建设数字中国、智慧社会。党的十九届四中全会第一次提出将数据作为生产要素参与收益分配，提出"健全劳动、资本、土地、知识、技术、管理、数据等生产要素由市场评价贡献、按贡献决定报酬的机制"。党的十九届五中全会提出推进数字产业化和产业数字化，推动数字经济和实体经济深度融合，打造具有国际竞争力的数字产业集群。2015 年以来，国家先后出台了《网络强国战略实施纲要》《数字经济发展战略纲要》《"十四五"数字经济发展规划》等重大规划及其行动计划，从国家层面部署和推动数字经济发展。根据 2021 年全球数字经济大会的数据，我国数字经济规模已经连续多年位居世界第二。

在新科技革命、新经济推动下，数据、数字技术、数字经济成为科学研究的热点问题，高等教育人才培养规格、教学理念、教学内容和教育教学方式也加速变革。在自然科学领域，科学研究和人才培养主要是从数字技术创新及应用层面展开的，社会科学主要在数字技术应用所产生的影响层面发力。其中，经济学科走在社会科学前列，近年来不仅产出了一批有影响的研究成果，而且多所高校正在组织力量，协同编著数字经济教材。由于没有现成的教材可以借鉴或参考，所以相关教材的编写难度相当大，都具有探索性质。据我们初步调查，目前数字经济的教材大多是从生产力角度展开的，主要研究数字经济对生产力发展的影响及其规律，尤其是研究数字产业化和产业数字化对我国经济发展方式、形态、业态、结构和质量产生的影响，这当然非常重要。但是，数据要素及其数字经济的发展，不仅引起生产力变革，具有倍加效应、乘数效应，而且生产力变革会引起生产关系的变化，对经济社会发展既有可能产生积极的促进效应，也有可能产生负面效应。对此，需要从马克思主义政治经济学的角度进行深入探索。

本教材将数据要素和数字经济发展对生产力变革及由此决定的生产关系的变化规律作为研究对象，系统阐释了数据生产要素的生产（供给）、交换、应用和分配过程，其中数据要素应用又包括数据要素引起的生产方式变革、流通方式变革和消费方式变革，揭示了数据要素在生产力领域发挥倍加效应、乘数效应的机理，以及对生产关系的影响及其变化规律。本书主要内容包括九章。

第一章：数据与数字经济概论。本章主要研究新科技革命、新经济下数据要素的产生及影响，重点分析数字、数据、大数据、数据要素和数字经济等主要范畴及其相互关系，阐释数据要素作为一种特殊劳动产品，嵌入经济活动过程中在生产力领域所产生的倍增效应，以及由此决定的对其生产关系的变革效应及规律性。

第二章：数据要素供给。本章主要从辩证历史唯物主义视角探讨数据要素供给问题，分析数据在不同时期的形式演变，揭示数据是如何从碎片转变为生产要素的，梳理具体生成流程，阐述数据要素的物质条件和技术条件。

第三章：数据要素交换。本章主要揭示数据资本化的机理和特点，分析数据要素市场构成，考察数据市场定价机制和数据定价体系，分析数据要素交易机制、市场运营体系和数据交易效率，研究分析不完全市场化的数据通过数据开放、特许开发、授权应用等方式进行增值开发利用的有效途径。

第四章：数据变革生产方式。本章阐释马克思主义生产方式及其变革的一般原理和科技革命演进过程中生产方式的变化规律，分析数据要素的生成和应用对生产劳动与生产工人范畴、劳动过程生产要素组合的技术关系与社会关系、劳动组织方式的变革效应，揭示数字经济下我国促进数字产业化、产业数字化催生新质生产力的途径。

第五章：数据变革流通方式。本章在分析现代流通方式特征和类型的基础上，阐述数据要素对流通经营方式、流通组织形式、产业融合的变革效应，对流通生产力水平的倍增效应，揭示了数据要素嵌入对现代流通关系的影响，重点揭示了对不同流通业态下不同流通主体利益关系产生的具体影响。

第六章：数字经济变革消费方式。本章在分析消费和消费方式等基本理论的基础上，探讨数字经济变革消费方式的作用机制，阐述数字经济变革消费方式的主要表现，揭示数字经济或数字技术对消费关系的影响和居民面临的消费矛盾。

第七章：数据要素收益分配。本章在分析数据要素确权和数据要素的收入分配效应等基本问题的基础上，阐释数据要素参与收入分配的现实路径，揭示数据垄断及其利益分配中的公平与效率、数据贫困及两极分化，以及数字经济下相关主体的矛盾与利益调整，强调激活数据要素潜能与抑制其负效应"两手都要抓、两手都要硬"的客观必要性。

第八章：数字化公共服务建设。本章在分析数字化公共服务的起源、概念、特征及践行新发展理念的功能等基本问题的基础上，分析数字化公共服务的驱动逻辑、价值逻辑和实践逻辑，揭示数字化公共服务的运行机制，阐述数字化公共服务促进经济高质量发展的实现路径。

第九章：数据治理与国际合作。本章在分析数字治理双重含义等基本理论问题的基础上，重点分析数字经济多元共治基本框架，从国家、行业与企业、个人三个层面分析了多元共治格局中相关主体的功能，揭示数据跨境流动中存在的安全隐患，在借鉴国外数字治理模式有关经验的基础上，阐释我国数据跨境流动治理模式和政策选择。

本教材的主要特色，一是从马克思主义政治经济学的角度，对数据要素在生产力和生产关系领域所产生的交互影响及其变化规律进行了系统分析，避免了单纯进行技术分析有可能产生的片面性；二是既遵循数字经济发展一般规律，同时紧密结合中国国情和发展实际，科学借鉴国外经验，着力推动中国数字经济及其与实体经济的融合发展，服务经济高质量发展；三是吸收了国内外相关研究的最新成果、国家有关数字经济的最新政策，也包括教学团队数字经济教学和科研成果的总结。同时，本教材坚持实事求是，坚持开放性，对尚未形成共识的问题，通过注释等形式进行了特别说明。

本教材由扬州大学商学院《数据经济学》课程建设团队负责人秦兴方教授

组织策划、起草大纲、分工编写和统稿。朱高林教授对教材大纲、主要章节内容的定稿发挥了重要作用，汤学良、于嘉欣、魏艳娇、顾丽娟、罗立群、徐静负责日常管理工作或相关组织、协调工作。各章编著者为：前言、第一章，秦兴方；第二章，吴万宗、赵丽丽；第三章，魏艳娇、路玮孝；第四章，汤学良、胡凤霞；第五章，徐静、戴盼倩；第六章，朱高林、陈昊；第七章，顾丽娟、顾建强；第八章，罗立群、田梦；第九章，于嘉欣、管晶、张璇玥。

本教材的出版得到扬州大学商学院出版基金、扬州大学精品本科教材建设工程（YZUJC2024－C3）的资助，教材编写中参考了相关专著、教材、论文、案例和网络资源，并尽可能地按照引用规范注明来源，在此一并表示感谢，如有遗漏，深表歉意。

本教材可作为经济管理类本科生教材、工商管理硕士（MBA）和公共管理硕士（MPA）等专业学位教育的研究生教材，可供企业管理、政府管理人员学习参考。

人类正迈入人工智能时代，数据要素和数字经济的内容与形式日新月异，其在生产力和生产关系领域所产生的影响，还有待进一步观察、思考、总结和提炼。在这个意义上，我们编著的《数据经济学》带有探索性质，其中不完善之处，会在教学和研究过程中不断充实、完善，同时，欢迎同行提出宝贵意见。

目　录

CONTENTS

第一章
数据与数字经济概论

本章主要研究新科技革命、新经济下数据要素的产生及影响，重点分析数字、数据、大数据、数据要素和数字经济等主要范畴及其相互关系，阐释数据要素作为一种特殊劳动产品，嵌入经济活动过程中在生产力领域所产生的倍增效应，以及由此决定的对其生产关系的变革效应及规律性。

第一节　数据要素是特殊劳动产品

一、从数据到数据要素

自从世界有了物，就存在量与质的问题。但是，只有产生了人类社会，人们在改造客观世界过程中，才逐步将这些反映客观事物某种运动状态的、未被加工、解释的各种信号，以文本、数字、事实和图像等形式记录下来。这些最原始的记录，就是数据。

在人类社会演进过程中，承载数据的形式越来越丰富，从符号、文字、数字，到图像、语音、视频，到对某个事物的属性、数量、位置、关系的抽象表示等，这些都是数据。也就是说，人们无时无刻不与数据打交道。其中，数字是用来表示数的书写符号，仅是承载数据的诸多形式中的一种。人类在物质资料生产中创造了数字，如阿拉伯数字、罗马数字等。数据是事实或观察的结果，是对客观事物的逻辑归纳，是用于表示客观事物的未经加工的原始素材。数字是为人类使用数据、清洗数据、分析数据服务的。

数据是人类活动的结果，也是人类活动有效开展的条件。不过，人类社会早期生产范围极其有限，生产力水平非常低下，所以，数据非常简单，不需要复杂的计算和分析，在生产和生活中也仅仅起着辅助性作用。人类步入商品经济社会，随着

1

商品交换规模和范围的不断扩大，数据的数量、种类不断增多，数据的重要性不断提升，商品生产经营者需要进行精确记录、计量自己的经济活动数据。但是，对整个社会来说，这些数据都是孤立的、分散的、零乱的，其价值很低，而且为获得这些市场数据，必须付出很大的搜寻成本。所以，在相当长的时期中，人们对市场数据熟视无睹。然而，当商品经济发展到市场经济阶段，企业为克服生产经营中信息不完全、不对称等约束，国家为有效调节市场，都需要对数据进行分析，因此，市场数据的捕捉和分析越来越受到重视。事实上，统计分析、市场分析，实质上就是市场数据搜寻、挖掘、分析成为专业活动，人们试图从中提取有价值的信息并形成对决策有帮助的结论。由此，数据的地位和作用得到极大提升。但是，统计分析与市场分析主要是通过用少量的抽样数据来推测真实世界，用平均数来判断总体，用数学模型来预测未来，即使统计手段和统计方法再先进，甚至借助计算机辅助分析以提高效率，人们仍然无法从根本上解决数据不完全、数据信息不对称、数据失真、数据传递不及时等问题。所以，尽管数据对科学决策必不可少，但它仍然只是统计分析的来源或对象，而没有成为独立的生产要素。

人类发展到大数据时代，数据真正成为独立的生产要素。根据麦肯锡全球研究所的定义，大数据是指规模大到在获取、存储、管理和分析方面极大地超越传统数据库软件工具能力的数据集合，具有海量的数据规模、快速的数据流转、多样的数据类型和价值密度低等特征。① 大数据时代，数据之所以能够成为生产要素，主要是因为具备了两个基本条件。

（1）现代信息通信技术的发展。数据的产生经历了被动产生、主动式产生、自动产生三个阶段。第一阶段，数据库在生产、销售、诊疗等运营系统中广泛使用，数据在运营活动中产生并被记录在数据库中，数据的产生是被动的。第二阶段，互联网的诞生，尤其是以博客、微博和微信为代表的新型社交网络以及以智能手机、平板电脑为代表的新型移动设备的出现，使数据呈现飞跃式增长，并具有主动式产生的特点。第三阶段，感知式系统的广泛使用，使数据量呈现爆炸式增长并最终导致了大数据的产生，数据的产生进入自动化阶段。大数据的产生是数据成为独立生产要素一个方面的原因，即大数据为数据成为生产要素提供了丰富的原始材料，这些海量的、不同来源、不同形式、包含不同信息的数据有可能被整合、分析，从而有可能从中发现传统数据很难发现的新知识，创造新的价值。

（2）用来对大数据进行采集、加工、挖掘、处理，使之成为有用的信息、知识，并能够发现规律的技术手段的创新。其中，信息感知和采集终端提供了采集海量数据的手段，云计算技术提供了大数据分析的手段，区块链技术提供了整合各类

---

① McKinsey Global Institute. Big data: The next frontier for innovation, competition, and productivity [EB/OL]. https://www.mckinsey.com/, May 2011.

数据和信息的手段。因此，与传统数据分析相比较，大数据分析可以完成许多传统数据分析在可承受的时间范围内无法完成的任务。大数据分析能够借助现代工具，对各种类型的全量数据进行捕捉、管理和加工处理，从而使数据之间建立相互联系，形成能够回答特定问题的文本或数字、事实和图像等形式的信息，揭示事实中所隐含的某种因果关系，回答诸如谁、什么、哪里、何时等问题。不同于传统数据，经过特殊处理加工的大数据是具有更强决策力、洞察发现力和流程优化能力的信息资产，是新科技革命、新经济下不可或缺的生产要素。

因此，数据成为生产要素，不是天然的，而是经济社会发展尤其是科技革命发展到一定阶段的产物。

二、数据要素是特殊的劳动产品

数据成为生产要素，不仅要具备大数据产生、有效加工、处理的技术条件，而且需要相应的经济社会条件，特别是人类对数据要素的有效需求。实际上，数据成为生产要素，就是在人类需求驱使下，对大数据进行采集、加工、挖掘、处理，消除其随机性、不确定性，转化为有价值的信息，总结、提炼为有用知识的复杂劳动过程。劳动成果一般有两种形态，一种是可以直接用于人们物质或精神生活需要的数字产品（如电子书、在线音乐、数字作品等），这类数字产品可以提高人们生活品质；另一种是要进一步赋能其他生产要素的数据产品（如经过抓取、重新格式化、清洗、加密等处理后的数据集和由数据集衍生的信息服务，包括数据包、数据API、数据报告和数据服务等），其交换和利用能够给数据提供方、数据需求方和数据经纪人带来收益和效用，在投入生产过程与其他生产要素融合后，能够提升最终产品或服务的性能或生产效率。只有数据产品才是真正意义上的生产要素。本教材研究的主要是作为生产要素的数据产品。

很显然，从大数据到数据要素，是将海量、碎片化、低价值的大数据，经复杂劳动转化为有价值的信息，再集成为有用知识的过程。作为这一过程产物的数据要素，是以有价值的信息、有用知识形态存在的劳动产品，而且是一种特殊的劳动产品。

（1）数据要素是复杂劳动的产物。大数据是人类行为数据的真实反映，但这些海量数据中单个数据的价值含量极低，如果不对这些海量数据进行加工，消除其中的不确定性，从而变成信息，则这些海量数据仍然没有价值。在这里，大数据是信息的载体，而经过加工形成的信息，在消除了大数据中的不确定性后，则赋予了大数据明确的、有价值的含义。这些信息有些可以直接作为生产要素发挥作用，但有些还需要人们进一步总结、提炼，形成高度概括的信息，即知识。例如，我们通过对大数据的加工，可以回答"谁""在哪里""做什么"等简单问题，而有时还需要借助区块链技术等将各种有价值的信息有机整合，回答一些如"怎样""为何"等更具深刻认知的问题，也就是说，只有形成知识，才能直接服务于科学决策，服务于资源有效配置。由此可见，数据要素作为劳动产品，是人们利用运用现代化技术和工具对大数据进行采集、加工、挖掘、处理的产物。与普通劳动产品一样，它是具体劳动的结果，具有使用价值。在市场经济下，用于交换的数据要素又是商品，具有价值。不同的是，数据要素是一种更多依靠复杂劳动才能形成的劳动产品。

（2）数据要素是一种特殊的劳动产品。其一，这种特殊性不仅仅体现在数据要素形成过程中更多依靠复杂劳动。因为任何劳动产品都是脑力劳动与体力劳动共同作用的结果，存在劳动复杂程度差异是常态。其二，这种特殊性不是数据要素存在形式上的特殊性。因为劳动产品有多种存在形式是很正常的。其三，这种特殊性也不是价值上的特殊性。数据产品成为商品，其价值决定和价值实现上没有什么神秘之处。实际上，数据要素最主要的特殊性在于，无论是大数据的产生，还是大数据成为生产要素后使用价值或有用性的发挥，都需要依赖其他生产要素的作用。在生产要素体系中，劳动和土地是财富生产的原始要素或基础要素，技术要素本质上是人们在探索提高劳动生产率和资源利用效率过程中派生出来的要素，资本则是商品经济或市场经济的产物，也属于派生性要素，而数据要素则是社会化生产发展到大数据时代，在劳动、土地等原始要素和技术、资本等派生性要素共同作用过程中再派生出来的，属于再派生性要素。这种再派生性，决定了它既不可能离开其他生产要素的作用而独立存在，更不可能离开其他生产要素独立地发挥作用。数据要素只有在与其他生产要素广泛而深入地结合中才能充分发挥其使用价值，证明其价值，并实现其价值。

数据要素可以从多重角度划分。从技术角度划分，可以分为结构化数据、半结构化数据和非结构化数据。从数据来源划分，可以分为：（1）传统企业数据，包括客户关系管理系统产生的消费者数据、企业资源计划数据、库存数据以及账目数据等；（2）基于智能设备所产生的数据，主要包括机器和传感器数据（如智能电表、智能温度控制器、智能仪表等工业设备传感器或设备日志），以及连接互联网的家用电器等自动向中央服务器传输的数据；（3）个人行为数据，如利用智能手机和平板等移动设备上的 App、博客、维基等社交媒体所产生的各类数据，包括个人交易数据、个人信息资料或状态报告事件等；（4）交易数据，包括 POS 机刷卡或电子商务购物等数据。从数据要素利用的价值取向上划分，可以分为商业数据和公共数据。其中，商业数据是各类市场主体以营利为主要取向，开发数据平台，进行采集、挖掘、加工和利用的数据，具有私人产品性质。公共数据主要是由国家或政府等非营利组织开发数据平台并进行采集、加工和利用的数据，具有公共产品性质。自然科学相关学科重点关注的是前两个角度的数据，而社会科学更加注重第三个角度的数据。

三、数字经济

数字经济是新一轮科技革命下的新经济形态。到目前为止，学术界对数字经济概念还没有一个统一的定义。比较一致的看法是，这一范畴是由美国学者唐·泰普斯科特（Don Tapscott）在 1996 年《数字经济：网络智能时代的承诺与危机》[①] 中首次提出的，但当时他并没有对这一概念进行定义。一直到 2016 年再论网络智能时代的承诺与危机问题前后，他才逐步形成以下概念：数字经济诞生于网络智能时代，将智能、知识和创造力结合起来以实现突破，创造财富和社会发展。[②] 塔里克·埃尔马斯利（Tarek Elmasry）等学者则从中观、微观层面进行了定义，认为数字经济更多的是一种做事方式，其主要属性是在商业世界的新领域创造价值，优化执行客户体验愿景的流程，建立基础支持整个结构的功能。[③]

很多组织或机构也参与了对数字经济的定义。例如，美国经济分析局主要根据互联网和相关信息通信技术（ICT）来定义数字经济。欧盟委员会则认为数字经济是基于数字技术的经济，有时称为"互联网经济"。[④] 2016 年 G20 峰会对数字经济作了如下定义：数字经济是指以使用数字化的知识和信息作为关键生产要素、以现代信息网络作为重要载体、以信息通信技术的有效使用作为效率提升和经济结构优化的重要推动力的一系列经济活动。[⑤] 2022 年，国家发展和改革委员会牵头编制的国家《"十四五"数字经济发展规划》，对数字经济进行了如下定义：数字经济是继农业经济、工业经济之后的主要经济形态，是以数据资源为关键要素，以现代信息网络为主要载体，以信息通信技术融合应用、全要素数字化转型为重要推动力，促进公平与效率更加统一的新经济形态。[⑥] 本教材采用我国《"十四五"数字经济发展规划》中的定义。

人们不同阶段对数字经济的定义反映了数字技术发展的进程及人们对数字经济认识的不断深化。现在，数字经济越来越成为与农业经济、工业经济并存的特殊经

---

① Don Tapscott D. The Digital Economy：Promise and Perilin the Age of Networked Intelligence ［M］. New York：McGraw-Hill，1996.

② Michael D. Bordo and Andrew T. Levin. Digital Cash：Principles & Practical Steps ［EB/OL］. https：//www. nber. org/papers/w25455，January 2019.

③ Todd Keister and Daniel Sanches. Should Central Banks Issue Digital Currency ［EB/OL］. http：//www. todd-keister. net/pdf/KS_CBDC. pdf.

④ Shamel Azmeh and Christopher Foster. The International Trade Regime and the Quest for Free Digital Trade ［J］. International Studies Review，2020（22）：671 – 692.

⑤ Marcel Olbert and Christoph Spengel，International Taxation in the Digital Economy：Challenge Accepted？［J］. World Tax Journal，2017（2）：3 – 46.

⑥ 国家发展和改革委员会等．"十四五"数字经济发展规划学习问答 ［M］. 北京：人民出版社，2022：1.

济形态，数字经济实质上是数字化的知识、信息赋能的经济形态，本质上是数据经济。

从技术角度看，人们之所以一开始用"数字经济"，主要因为需要对海量的、碎片化的、低价值密度的大数据进行数字化处理，即借助一定的方式将这些大数据变成计算机能处理的二进制码，形成计算机里的数字孪生，进而将这些大数据转化为有用的信息、知识——数据要素。所以，用"数字经济"虽然可以形象地反映大数据成为数据要素的过程（即数据要素生产），但很难涵盖数据要素交换、利用、收益分配及治理。从经济学学科创新历程来看，通常按照生产要素来命名相关分支学科的名称，如劳动经济学、土地经济学、技术经济学、信息经济学等。所以，本教材选择了"数据经济学"这一名称。当然，由于习惯，一般意义上称"数字经济学"，也是可以的。

从数字经济定义的变化中，还可以看到，数字经济既可以与农业经济、工业经济发生联系甚至融合，又可以作为新的、独立的经济形态而存在。在数据要素的应用场景下，也就是在产业数字化过程中，数据要素嵌入实体经济中，与其他生产要素有机结合，提高了全要素生产率。数字经济与以往的经济形态有明显区别，其劳动方式不再单纯地以物质实体条件为载体，而是出现了以数字生产条件为载体的新变化，[①] 主要是在数字产业化中，出现了单纯的数字劳动方式，这种劳动的典型特征是，程序和互联网作为虚拟机器和虚拟厂房成为主要劳动资料，大数据是劳动对象，这样的劳动资料与人的复杂劳动相结合，最终的生产成果是数据要素——有价值的信息或者有用的知识。在这个意义上，数字产业化和产业数字化是数字经济发展的两种具体形式。

进入 21 世纪以来，数字技术的快速进步正推动着新一轮科技革命和产业变革的加速演进，催生了各种数字经济新模式、新业态，同时，也使传统生产方式、生活方式的数字化转型成为大势所趋。2021 年我国出台的《"十四五"数字经济发展规划》明确指出：数字经济是数字时代国家综合实力的重要体现，是构建现代化经济体系的重要引擎。世界各国均高度重视发展数字经济，纷纷出台战略规划，采取各种举措打造竞争新优势，重塑数字时代的国际新格局。因此，在"十四五"时期乃至未来更长时期内，大力发展数字经济，是把握新一轮科技革命和产业变革新机遇的战略选择，将为构建新发展格局、构筑国家竞争新优势提供强支撑，为推动建设现代化经济体系提供新引擎，为更好地满足人民日益增长的美好生活需要提供新途径。

---

① 李韵. 数字经济劳动方式的变化特征及其作用因素分析 [J]. 教学与研究，2022（3）：43-53.

我国推动数字经济发展的"四梁八柱"

根据 2021 年国家出台的《"十四五"数字经济发展规划》，我国"十四五"期间数字经济发展的重点是构建推动数字经济发展的"四梁八柱"。其中，"四梁"主要是指在数字经济发展的整体性部署上，一是突出发挥数据要素价值，发挥其在数字经济发展中的关键作用；二是带动产业提质增效，从骨干企业、重点行业、产业园区和产业集群等方面促进创新要素整合共享；三是促进经济循环畅通，进一步发展普惠化的数字服务和提升数字化供给水平；四是规范健康持续发展，坚持在发展中守住安全底线，确保安全有序、规范健康发展。"八柱"主要是从八个方面对数字经济发展作出重点布局，包括优化升级数字基础设施，主要是加快信息网络建设，推进云网融合、算网协同，有序推进基础设施智能升级；充分发挥数据要素作用，强化高质量数据要素供给，加快数据要素市场化流通，创新数据要素开发利用机制；大力推进产业数字化转型，全面深化重点行业、产业园区和集群数字化转型，培育转型支撑服务生态；加快推动数字产业化，增强关键技术创新能力，加快培育新业态新模式，营造繁荣有序的创新生态；提升数字化公共服务水平，提高"互联网＋政务服务"效能，提升社会服务数字化普惠水平，推动数字城乡融合发展，打造智慧共享的新型数字生活；完善数字经济治理体系，强化协同治理和监管机制，增强政府数字化治理能力，推进完善多元共治新格局；强化数字经济安全体系，增强网络安全防护能力，提升重要数据安全保障水平，有效防范系统性风险；拓展数字经济国际合作，加快贸易数字化发展，推动"数字丝绸之路"深入发展，营造良好的国际合作环境。《"十四五"数字经济发展规划》聚焦统筹建设数字基础设施、培育数据要素市场、深入推进产业数字化转型等重点领域，部署了包括优化升级信息网络基础设施、提升数据质量、培育数据要素市场试点、重点行业数字化转型提升、支撑培育服务生态、数字技术创新突破、培育数字经济新业态、社会服务数字化提升、新型智慧城市和数字乡村建设、提升数字经济治理能力、提升多元协同治理能力 11 项重点工程，构成了推动数字经济发展各项任务落地推进的重要抓手。

资料来源：白京羽，郭建民. 把握推进数字经济健康发展"四梁八柱"　做强做优做大我国数字经济 [J]. 中国经贸导刊，2022（3）：14－16.

第二节 数据要素社会性约束下实现技术性

一、数据要素的双重属性

数据要素作为一种特殊的劳动产品，具有两重性。一方面具有自然属性或技术属性，也即有用性，简称"技术性"或"有用性"。另一方面具有社会属性，即包含错综复杂的利益关系，其中最主要的是经济利益关系，简称"社会性"。这两重属性是密不可分的，并存于数据要素机体内。对于数据要素的两重性，自然科学更多关注数据要素的技术性，而社会科学（尤其是政治经济学）则更多关注数据要素的社会性，这是由学科属性和任务所决定的。目前，人们强调数据要素技术性的偏多，而对数据要素社会性的研究以及联系社会性来分析技术性的研究明显偏少。要科学利用数据要素，必须将两种属性有机结合起来。

数据要素是一种技术要素，具有技术性。这种技术性是数据成为生产要素过程中内生的，不以任何社会制度和体制背景的差异而改变。自从新一代信息通信技术形成了移动互联网、物联网、社交网络、数字家庭、电子商务等新型应用形态后，这些应用就不断地产出海量的数据碎片，其计量单位已从 Byte、KB、MB、GB、TB，发展到 PB、EB、ZB、YB，正在向 BB、NB、DB 衡量转变。但是，这些大数据还不是现成的生产要素，其使用价值或价值利用密度很低，而运用传统的人工处理办法，甚至用单台的计算机也很难采集或加工这些数据，更谈不上找到其内在规律，唯有借助以信源管理、数据采集、数据传输、数据存储、数据处理、数据展现和系统监控为基本架构的大数据平台，① 采用分布式计算架构，依托云计算的分布式处理、分布式数据库、云存储和虚拟化技术等云技术和区块链技术，② 数据碎片才能成为有用的信息，这些有用的信息再通过交换或推广反馈到各种应用业态中去，真正发挥其作为生产要素的作用。由此，数据要素的技术性包括但不仅限于以下特征：（1）数据不是天然的生产要素，只有通过复杂劳动将海量数据进行加工、处理，提炼成有用的信息或知识，其才能成为具有使用价值的生产要素；（2）数据成为要素，依赖于大数据的采取、加工、挖掘、处理的技术和方法，这些技术和方法既决定了数据要素的使用价值，又决定了数据利用价值的高低；（3）数据要素本身是海

---

① 基于大数据平台的互联网数据采集平台基本架构介绍［EB/OL］. https：//baijiahao. baidu. com/，2020 - 04 - 06.

② 详细解读大数据、人工智能、区块链、云存储、企业信息化等技术［EB/OL］. https：//www. sohu. com/，2020 - 02 - 18.

量的、动态的、极速变化的数据集合，其天生是复数，而不是单数。

作为一种特殊的劳动产品，数据要素的技术性不可能独立存在，必然与其社会性并存且相互作用，相互影响。这种社会性主要体现在提供大数据成为生产要素及其有效发挥作用的社会场景、动机和相应的规则中。其中，最重要的是利益追求、冲突和调节。数据的爆发增长、海量集聚蕴藏着巨大的价值，经过加工处理而成的数据要素对提高生产效率具有倍增效应或乘数作用，用好数据要素将为经济社会发展带来强劲动力。但是，数据要素的生产力倍增效应是在社会性约束下实现的，这体现在由大数据成为生产要素，以及数据要素交换和利用的各个环节。

二、数据要素的技术性在社会性约束下实现

在数据成为生产要素的过程中，即在数据采集、加工和处理等环节中，人们追求经济利益或社会利益最大化的内在动机，是数据成为生产要素的原动力。

在数据采集环节，大数据平台如何构建以及数据的采集技术、方法等，主要涉及数据要素的技术性。但是，建设数据平台的目的、谁来建设、为谁服务、平台建成后谁有权采集数据、有权采集哪些数据[①]等，则是复杂的社会问题，体现了数据要素的社会性，决定着数据平台及其数据要素技术性能否实现以及其性质和利用方向。公共数据平台及其数据要素追求社会利益最大化，体现公益性、共享性。商业数据平台及其数据要素追求利润最大化，体现私人性、有偿性。在不同的利益关系驱动下，数据采集的对象、重点、范围等也会呈现差异性。

在数据加工、挖掘和处理环节，数据分析、挖掘的技术和方法属于技术问题，但数据如何处理并展示，也交织着价值取向问题。其中，算法就是一个很好的例证。算法本身是一个技术问题，但在实践中却体现着复杂的社会关系。在大数据时代，数据平台公司能够对用户的每一次刷卡、网页搜索、定位、点赞等行为进行实时追踪，掌握用户的情绪脉搏及其行为，并通过进一步分析，可以有针对性地为每一个用户定制并持续推送只适合该用户的商品、服务、阅读内容等。这样，不仅可以影响用户的经济决策，还能够影响其价值判断、政治倾向。这里不仅涉及用户的隐私保护，还涉及相关利益主体之间的关系协调甚至各种安全问题。

在数据要素交换环节（这种交换本质上是一种利益交换），需要遵循市场交换的基本法则——等价交换，这是数据要素供需双方平等的权利交换。只有交换成功，数据要素的有用性才能真正体现，否则，这些数据要素与数据碎片并无差异。而成功的交换，既需要数据要素供给与需求的有效对接，[②] 更需要有体系完善、规则健

---

① 唐要家. 数据产权的经济分析 [J]. 社会科学辑刊, 2021 (1): 98 – 106, 209.
② 王磊, 刘泉红, 曾铮. 健全基础性制度　培育数据要素市场 [N]. 经济日报, 2020 – 10 – 28.

全的数据要素市场，需要数据确权，包括数据进入市场前明晰产权归属①和数据交换后的产权保护。与其他生产要素或工业产品相比较，数据要素存在可复制性强的弱点。如果数据产权不清，保护不力，不能根据数据产品的属性、特点、数量、质量、格式、重要性、敏感程度等因素进行分类分级管理，就会产生极大的利益纷争，从而对数据要素的开发产生巨大的抑制性。在现实中，很多数据之所以不能被集成、处理和共享，主要是受复杂的地区、部门、企业或个人利益关系影响，而非技术手段不能为之。这表明，如果不能理顺数据要素内在的社会利益关系，其技术性或有用性也无法实现。

在数据利用环节，数据要素的社会性——人们利用数据要素追求经济或社会利益最大化的内在动力与外在的竞争压力共同作用，不仅使数据要素的技术性得以实现，而且还会产生放大效应，主要体现为数据要素对其他生产要素配置效率的倍增效应。主要有两条实现途径。一条是从数据要素中直接衍生的，即一旦数据要素的有用性得到社会认可，在强大的利益刺激下，将会催生出面向数据市场的新技术、新产品、新服务、新业态。例如，在硬件与集成设备领域，数据要素将促进芯片、存储产业发展，催生出一体化数据存储代理服务器、内存计算等市场。在软件与服务领域，数据要素将引发数据快速处理分析技术、数据挖掘技术和软件产品的发展。另一条是间接途径，即传统生产要素所有者基于数据要素利用对社会利益或经济利益最大化目标实现的潜能，将数据要素与传统生产要素黏合起来，推动事业或产业发展的智能化、智慧化，从而使传统生产要素的配置效率倍增。② 例如，在农业、制造业领域，数据要素与传统生产要素结合，促进传统农业向数字农业、传统工厂向智慧工厂方向转变，促进农户、企业更加有效地对接市场，根据大数据决策生产什么、生产多少、如何生产，根据市场动态选择或调整生产经营方式。在商业服务领域，数据要素与传统要素相结合，为精准发现目标市场、客户偏好和选择适宜的流通服务方式、市场营销策略提供决策支持。在公共服务领域，数据要素与传统要素相结合，推动城市交通管理、治安管理、社区管理向智慧化方向的转型，推动了智慧城市交通、智慧老年服务、智慧社会管理、智慧医疗产业（事业）的兴起。新冠疫情期间，我国各级政府和社会管理机构尤其是医疗部门借助大数据，精准高效地开展疫情监测分析、病毒溯源、患者追踪、社区管理；科研人员利用大数据，加快病毒检测诊断、疫苗新药研发；企事业单位加强数据管理应用并借助远程教育、视频会议、网上订购等，保证了疫情防控期间学习、工作有序开展。数据要素作为高质量发展的新动能，逐步得到人们的认可。

由此可见，数据要素的技术性是不可能脱离社会性而孤立存在的。在大数据时

---

① 王一鸣. 面向"十四五"——深化要素配置改革释放增长新潜能 [N]. 经济参考报，2020 - 08 - 04.
② 史丹，邓洲. 促进数据要素有效参与价值创造和分配 [N]. 人民日报，2020 - 01 - 22.

代，突出数据要素对高质量发展的新动能作用是必要的，但这并不等于只注重数据要素的技术性而忽视其社会性。理论上，没有数据要素的社会性，也就没有数据要素的技术性。在实践中，只有解决好数据要素形成和利用过程中的社会利益矛盾，充分发挥利益激励、竞争约束和政府调节功能，才能使数据要素潜在的有用性成为现实的有用性，[①] 发挥对其他生产要素配置效率的倍增效应。

第三节　数据要素技术性催生新型社会关系

数据要素的社会性，是数据采集、加工、处理、交换、分配和利用过程中的具体方式、规则、秩序等关系的反映，是由技术性决定（或者以技术性为介质而催生）的各种社会关系。数据要素的社会性由技术性决定，没有技术性就谈不上社会性。与其他生产要素相比较，数据要素的技术性具有特殊性——只能在其他生产要素的相互作用过程中产生，又必须与其他生产要素相黏合才能体现其有用性，而且，一旦有效黏合，将对其他生产要素的配置效率产生倍增效应。因此，这种特殊性就催生出数据要素社会性的新特征。

一、两种生产要素黏合方式

在生产要素体系中，生产要素的黏合有两种方式。

第一种方式是一种生产要素主动黏合另一种或几种生产要素并投入生产过程。在市场经济下，根据生产要素黏合其他要素的动力和能力的强度，资本要素是所有要素中黏合力或黏性最强的，它几乎能够黏合其他一切生产要素。在资本黏合前，各种生产要素都有其独立性及其自身的生产力，如劳动生产力、土地或资源生产力、技术生产力等。但是，在资本黏合后，不仅这些生产要素是资本的，而且这些生产要素的生产力也都成为资本的生产力。劳动的一切力量都显现为资本的力量，[②] 同历史地发展起来的社会劳动生产力一样，受自然制约的劳动生产力也表现为合并劳动的资本的生产力。[③] 同样，技术生产力也转化为资本的生产力，能使资本具有更高的生产力。"科学和技术使执行职能的资本具有一种不以它的一定量为转移的扩张能力。同时，这种扩张能力对原资本中已进入更新阶段的那一部分也发生反作用。

---

① 谢康，夏正豪，肖静华. 大数据成为现实生产要素的企业实现机制：产品创新视角 [J]. 中国工业经济，2020（5）：42-60.

② 马克思恩格斯文集（第5卷）[M]. 北京：人民出版社，2009：701.

③ 马克思恩格斯文集（第5卷）[M]. 北京：人民出版社，2009：589.

资本以新的形式无代价地合并了在它的旧形式背后所实现的社会进步。"① 在这里，资本所起的作用不只是将分散在所有者手中的生产要素黏合、合并投入生产过程，更关键的是使这些生产要素产生化学反应，从而创造出更高的生产力。也正是在这个意义上，马克思、恩格斯都认为，资本具有伟大的文明作用，资本主义社会与它之前的社会相比具有巨大的历史进步性。

第二种方式是一种生产要素被另一种或几种生产要素所黏合。在新科技革命、新经济产生以前的相当一段时期，除了劳动、土地这两个原始生产要素外，技术要素是被其他生产要素黏合最多的要素。在大数据时代，数据要素将成为被其他生产要素黏合最多的生产要素。它可以被劳动要素黏合，以提高劳动生产率；被土地所有者、承包者或经营者与土地黏合，促进土地的集约化、精细化、科学化利用，以提高土地生产力；被资本、技术等要素所有者与资本、技术等黏合，以提高资本生产力和技术生产力；被企业家才能要素所黏合，以提高企业管理效率和制度创新效率，等等。很显然，资本黏合其他生产要素（即资本购买其他生产要素并投入生产过程）所创造的生产力表现为资本生产力，数据要素被其他生产要素黏合（即其他生产要素所有者通过数据共享、自我学习、购买等多种途径，将数据要素与其他生产要素有机结合）并创造出生产力后，并不会改变其他生产要素及其生产力的性质。在这个意义上，资本是其他生产要素的化学黏合剂，而数据则是其他生产要素的物理黏合剂。

二、数据要素催生新型社会关系

在数据要素不被资本黏合的情形下，数据要素的物理黏合剂这一技术特征将会催生出一系列新型社会关系。在微观层面，数据要素技术性的新特征，促进了劳动、技术、知识与数据要素的直接结合，促进了社会自主创业创新活动，以及网络营销、网络直播、网络技术服务等新型就业形态的产生，从而为市场经济下人们凭借知识、技能直接实现自身利益提供了可能。这就打破了传统经济中要么拥有资本、要么出卖自身劳动力这一非此即彼的个人利益实现范式，产生了一种新型的劳动与知识关系、劳动与技术关系、劳动者之间的关系。在宏观层面，公共数据资源是大数据时代国家的基础性战略资源，是国民经济和社会有效调节的指示器。数据资源的广泛应用能够最大限度地克服宏观决策中信息不准确、不及时、不完全问题，既为国民经济运行中更加自觉地利用按比例规律提供了可能性，也为政府观察、分析、把握社会矛盾产生发展情况提供了可能性，从而形成新型的计划与市场关系、政府与企业关系。

① 马克思恩格斯文集（第5卷）[M]. 北京：人民出版社，2009：699.

在数据要素被资本黏合的条件下，数据作为最具有被其他生产要素黏合需求的要素，资本作为最具有黏合其他生产要素能力的要素，两者结合将会使数据要素及其生产力的性质发生改变，即数据归资本所有，数据生产力转化为资本生产力。在这一情境下，由数据要素的技术性决定的社会性也会呈现出新变化。一方面，在利润最大化和竞争优势推动下，资本就会引入更加先进的技术及其设施、更高水平的专业技术人才，建设更高层次的数据平台，不断提升数据采集、加工、挖掘和处理能力，促进数据要素规模化、专业化、集成化和服务精准化。由此，数据要素的技术性或有用性，特别是被黏合性和对其他生产要素配置效率的倍增效应将会不断放大。另一方面，在被资本黏合后，数据要素的性质也会发生变化，即数据要素通常已经转化为数字资本、网络资本，数据要素的扩张力也将毫无疑问地转化为数字资本或网络资本的扩张力。生产力决定生产关系，两者的结合在生产力领域的扩张力，必然引起社会关系的巨大调整。这种调整既有可能具有正外部性，也有可能具有负外部性。

从数据要素供给端看，数据与资本相结合在生产力领域所产生的扩张效应和利益刺激，将会吸引越来越多的资本向数据领域转移，从而促进开发与利用呈现几何级数式的增长，加速经济主体行为数据化、市场运行透明化、政府管理智慧化进程，进一步助推新型劳动关系、政府与市场关系等新型社会关系的成长。但是，在社会主义市场经济条件下，资本的逐利性不会改变。如果不能有效管控，资本与数据要素结合的负外部性不可低估。其中最典型的是由数据垄断引致的利益冲突和安全隐患。大型商业数据平台具有知识与技术密集、人才密集、资本密集的特点，一般都是由规模较大的网络资本或者与其他产业资本联合建设，随着其掌控的数据规模不断扩大，其竞争优势越来越明显，极易产生数据垄断。一方面，在经济领域，数据平台公司为获得超额利润，有可能采取垄断协议的方式，即借助于算法或数据的反馈机制，共同做出使彼此都能获益的经营决策，排除偏离协议的其他经营者，也有可能滥用市场支配地位，[1] 如基于消费数据分析的价格歧视，通过不公正协议条件获取用户隐私；以经营者集中方式（即以增加数据拥有量和强化数据控制力为目标的数据驱动型经营者集中），放大互联网领域"赢者通吃"[2] 的竞争效应。这些垄断行为，具有破坏市场竞争秩序、损害消费者和用户的合法权益、抑制中小企业创新能力、弱化经济社会发展动能和降低社会福利等负外部效应。另一方面，资本主导下的数据垄断还会影响社会舆情、政治选择，诱导人们做出符合资本意向的价值判断。

---

①② 洪银兴."互联网＋"市场的经济学分析［J］.教学与研究，2020（3）：5－12.

数据与美国选举

2019 年在圣丹斯电影节首映的纪录片《隐私大盗》，记录了特朗普团队利用人工智能和大数据技术操控摇摆的选民的行为。在大选中，特朗普团队借助剑桥分析公司，从 Facebook 购买到约 5000 万份个人信息并进行数据分析，筛选出了一批摇摆立场的选民，接着定制了个性化并带有某种偏向的内容进行推送，通过博文、视频、广告对他们狂轰滥炸。这些选民在潜移默化中被"洗脑"，最终他们选择了剑桥分析想让他们选择的特朗普。在 2020 年美国大选中，民主党以其治人之道还治其人之身，依靠偏向民主党的谷歌、Twitter 和 Facebook 等公司，用算法反复给人们推送偏向拜登的内容，在一定程度上对美国大选结果产生了影响。

资料来源：根据纪录片《隐私大盗》整理。

从数据要素需求端看，人们对资本黏合数据要素所产生的倍增效应耳熟能详，对生产力发展带来的社会关系的优化效应也有共识。但是，要将数据要素潜在的需求转变为现实的有效需求，并且能够产生倍增效应或者优化效应，是有条件的。如果条件不具备，不仅不能产生有效需求，还会引致数据贫困及其社会关系领域的负外部性。例如，在个体或某些特定群体层面，数据要素正在深刻改变着人们的就业方式、工作方式和生活方式，但是，个体或群体之间数据应用的能力存在差异。在大数据时代，那些缺乏数据利用的相关知识、技能，或者缺乏应用数据的能力，特别是缺乏基本物质条件的个体或群体，就面临着数据贫困的困扰，其职业选择、收入等也受到影响，还可能出现严重的现代生活不适症，甚至会出现物质与精神的双重贫困。如果这种效应与市场作用相叠加，就会进一步放大对文化水平较低、收入较低的社会阶层的极化效应，加剧职业分化、收入分化、生活方式分化。在区域层面，数据的广泛利用必须以具备与此相配套的基础设施和一定的人才储备为前提条件，而条件差距会放大区际发展差距。其中，城乡之间数据应用条件的差距——新基础设施建设滞后、中心城市对乡村人才的极化、农村人口购买能力相对有限和应用数据要素能力相对偏弱等，将会成为放大城乡发展差距的新诱因。如果数据要素由资本垄断，农民在市场中的弱势地位则更加凸显。长期以来，农民丰产不丰收的主要原因之一是农民不能享受流通环节的收益。传统模式下，这一环节的多数收益为农产品中介所控制，而大数据时代，则有可能为平台企业所瓜分。

所以，对于数据要素，纯粹从技术层面考虑问题是不够的。要最大限度地挖掘数据要素的正外部性并有效防控其负外部性，既需要技术层面的科学探索，也需要从社会关系协调角度进行制度设计。

从发挥数据要素正外部性的角度看，对公共数据和商业数据要分别治理。其中，在公共数据领域，要坚持优先推进公共数据共享的理念，制定出台公共数据共享责任清单，[1] 建设公共数据共享平台，运用 5G、物联网、人工智能等信息技术，创新农业、工业、交通、教育、安防、城市管理、公共资源交易等领域的数据开发利用场景，[2] 实现公共数据全面采集、全程、全景覆盖，[3] 推动地区间、部门间数据共享交换，促进政务数据进一步融入要素市场，通过配套差异化的安全控制措施，保障政务数据在共享开放过程中的可监测、可追溯。在商业数据领域，从提升数据开发与利用价值出发，支持构建多领域数据开放利用场景，分类分层建设数据要素市场，建立健全融数据开发、数据确权、数据交易、贡献评价与定价、报酬分配、数据安全保护于一体的资源配置机制体系和治理规则体系，鼓励企业参与数字领域国际规则和标准制定。[4]

从防控数据要素外部性的角度看，从数据要素采集到利用的诸环节，需要制定数据分类分级标准[5]和安全管理规则，大力推进数据法治化建设，重点明确数据开发主体的所有权和自主使用、共享、开放和交易等权利，规范数据交易主体的资质、权责清单和交易规则，抑制数据垄断行为，确保数据及交易过程可追溯、可审计，加强对数据控制者收集、使用、加工、传输等行为的监督和安全审查制度，保护个人隐私、企业商业秘密和国家安全。在数据贫困治理方面，加强对落后地区、农村地区在新基础设施建设、教育培训等方面的政府投入和社会支持，加强数据要素应用的科学普及、技术推广和志愿服务，不让数据要素成为脱贫地区和群体返贫的新因素，而是成为走向共同富裕和现代化的新动能。

三、《数据经济学》是一门发展中的学科

我们正在经历的新一轮科技革命与前三轮科技革命有着本质的差别。前三轮科技革命，尤其是第一次工业革命，最重要的标志性成果是机器的产生，其最重要的特征是机器成为最硬核生产要素出现并替代人的体力劳动。新一轮科技革命的标志性成果之一是数据要素的产生并在资源配置中起着越来越重要的作用，其根本特征是替代人的一般性脑力劳动。毫无疑问，历次工业革命或科技革命对人类社会生产

---

①　戴双兴. 数据要素：主要特征、推动效应及发展路径 [J]. 马克思主义与现实，2020（6）：171 - 177.

②　唐要家. 数据产权的经济分析 [J]. 社会科学辑刊，2021（1）：98 - 106，209.

③　王淼. 数字经济发展的法律规制——研讨会专家观点综述 [J]. 中国流通经济，2020（12）：114 - 124.

④　刘典. 加快数据要素市场运行机制建设 [N]. 经济日报，2020 - 09 - 04.

⑤　李刚，张钦坤，朱开鑫. 数据要素确权交易的现代产权理论思路 [J]. 山东大学学报（哲学社会科学版），2021（1）：87 - 97.

力发展，尤其是由传统经济向现代经济的转型发展所起的作用是巨大的。随着生产方式的转变和生产力的巨大发展，由此决定的社会生产关系也会出现巨大调整，并反过来促进或制约生产力的发展。

第一次工业革命兴起至今，已有200多年的时间，因此，人们既领略了机器的产生及其大规模应用对生产力发展的巨大作用，也深刻认识到机器大工业对社会生产方式及由此决定的生产关系所产生的巨大变革。这种变革有宏观层面的工业与农业的关系、城乡关系和阶级关系等，也有微观层面工场手工业、家庭劳动，甚至个人发展等方面的影响。仅从人的发展角度分析，机器的产生为人挣脱劳动的束缚，从而能够自由、全面发展提供了可能性。然而，在不同社会条件约束下，可能性并不都成为必然性。在资本主义生产关系支配下，马克思曾经引用了约翰·斯图亚特·穆勒在《政治经济学原理》一书中的观点，即"值得怀疑的是，一切已有的机械发明，是否减轻了任何人每天的辛劳"。为什么？因为，减轻人的体力"这也绝不是资本主义使用机器的目的。像其他一切发展劳动生产力的方法一样，机器是要使商品便宜，是要缩短工人为自己花费的工作日部分，以便延长他无偿地给予资本家的工作日部分。"① 如果只把机器看作产品便宜的手段，那么使用机器的界限就在于"生产机器所费的劳动要少于使用机器所代替的劳动"，但资本家使用机器的界限却是"只有在机器的价值和它所代替的劳动力的价值之间存在差额的情况下，机器才会被使用"。② 对机器产生所引起的生产关系变革及其规律，马克思在《资本论》中进行了一分为二的阐述。

由于新一轮科技革命正在发展中，数据要素的形式及数字经济的形态、业态、结果都还在变化之中，处于不稳定状态。因此，对数据要素在生产关系领域所产生的影响及其对生产力的反作用，特别是，在我国以人民为中心的理念和实现人民对美好生活向往的发展目标下，数据要素或数字经济发展对人的发展会产生哪些影响，还需要我们做进一步的观察、总结和提炼，以发现其中的规律性。在这个意义上，《数据经济学》还是一门未定型的、发展中的学科，有很大的研究、探索空间，需要基于丰富的数字经济发展实践不断完善。

思　考　题

1. 简述大数据、数据要素和数字经济之间的相互关系。

---

① 马克思恩格斯文集（第5卷）[M]. 北京：人民出版社. 2009：427.
② 马克思恩格斯文集（第5卷）[M]. 北京：人民出版社. 2009：451.

2. 为什么数据要素是一种特殊劳动产品？

3. 科学阐述数据要素技术性与社会性之间的相互关系。

4. 如何理解"资本是化学黏合剂，而数据是物理黏合剂"？

5. 从数据要素供给侧和需求侧分析数据要素与资本结合的综合效应。

6. 如何正确理解数据要素是我国经济高质量发展的新动能？

扫码查看参考答案

第二章
数据要素供给

本章主要从辩证历史唯物主义视角探讨数据要素供给问题，分析数据在不同时期的形式演变，揭示数据是如何从碎片转变为生产要素的，梳理具体生成流程，阐述数据要素的物质条件和技术条件。

第一节　数据要素商品

数据成为生产要素、作为商品具有一定的条件。数据商品化是对数据要素进行确权和定价的行为和过程，是数据交易市场得以有效形成的基础，也是数据要素参与分配的条件。数据要素商品是数据要素供给的核心，本节主要讨论数据要素的起源、商品的二因素及其资本化等问题。

一、数据要素的生成

数字经济是人类继农业经济、工业经济后又一个主要经济形态，是全球范围创新和经济增长的新动能，而数据已然成为数字经济时代最为关键的新型生产要素。数据要素是人们通过数字基础设施以及利用人工智能、云计算、区块链等现代信息技术，对海量数据进行采集、加工、挖掘和处理而形成的特殊劳动产品。

数据成为生产要素经历了一个发展过程，是在社会物质以及信息技术为代表的生产力发展的基础上，借助商品流动这一桥梁，逐步演化为生产要素的过程。其生成大致经历了孤立的、分散的或碎片化的数据形式，集合的或扩大的数据资源形式，主动参与生产的数据资产形式，最后发展为独立的生产要素形式。

（一）孤立的、分散的或碎片化的数据形式

人类社会产生以来，人们不断改造着客观世界。人们将反映客观事物某种运动

状态的、未被加工、解释的各种信号，以文本、数字、事实和图像等形式记录下来。这些通过感觉器官或观测仪器感知的最初印象或最原始记录，就是数据。例如，出土文物、古生物化石等物件就是反映历史信息的数据。不过，这些数据起初的形态都是孤立的、分散的或碎片化的，也就是我们所说的数据碎片。这些数据碎片由于没有整合在一起的主客观条件，被动地散落于社会之中，而且数据碎片失真的可能性较大。这些数据没有经过复杂的计算和分析，在人们的生产和生活中仅仅被动地起着辅助性作用或者有限的作用。

（二）集合的或扩大的数据资源形式

随着社会大分工和生产社会化发展，尤其是随着商品经济的发展，信息交换愈发频繁，数据形式发展到集合的或扩大的数据资源形式。数据资源是在有含义的数据集结到一定规模后形成的，也就是生产力进一步发展到生产相对规模化和集中的阶段，数据的数量和种类不断增多，过去碎片化的数据不断聚拢集中，且积累到了一定的规模。由此，数据出现了集合的或者扩大的态势，数据进化成数据资源。这一"进化"一方面是生产力发展和科技进步的结果，另一方面与私有制的产生密不可分。

造纸术和印刷术发明之前，数据主要记录在早期的树皮兽皮和后来的竹简丝绸上；造纸术和印刷术的发明，为人们对数据的集合或者扩大记录范围提供了便利，人类记录数据信息的能力大幅提升。同时，阿拉伯数字、文字、数学及其分支统计学的出现，使简单的数据分析成为可能，推动了数据碎片集结为数据资源。这些客观条件为数据资源化①的保存提供了基础。

生产力发展带来了产品剩余，而追逐更多的剩余产品是私有制的天性。为了满足统治阶级对社会财富占有的需要，经济上他们必须打理好自己的财产，而这些都离不开对各种信息分析后的决策。"经济"一词也正是这时候出现的，最早由亚里士多德提出，本意为家政术，即家庭管理的方法。在我国，"经济"最早在隋《文中子·礼乐篇》表述为"经济之道"，意指"经世济民""经邦济世"，即治理国家、拯救庶民之意。最早使用"经济学"一词的是古希腊思想家色诺芬，他在《经济论》中阐述了以家庭为单位的奴隶制经济的管理。可见，由于私有制的出现，包括数据资源在内的一切与生产有关的资源都归奴隶主或者地主私人所有，因此，数据碎片被集合成数据资源的背后亦是生产关系反作用于生产力的结果。

---

① 数据资源化是指对数据的"提纯"过程，即提高数据资源质量的过程。

统计学的起源

统计学是一门很古老的科学，是通过搜集、整理、分析、描述数据等手段，以达到推断所测对象的本质，甚至预测所测对象未来的一门综合性科学。统计学用到了大量的数学及其他学科的专业知识，其应用范围几乎覆盖了社会科学和自然科学的各个领域。一般认为统计学的学理研究始于古希腊的亚里士多德时代，迄今已有2300多年的历史，它起源于研究社会经济问题。在2000多年的发展过程中，统计学至少经历了"城邦政情""政治算数""统计分析科学"三个发展阶段。数理统计并非独立于统计学的新学科，确切地说数理统计是统计学在第三个发展阶段所形成的所有收集和分析数据的新方法的一个综合性名词。统计学的起源和发展是一个漫长而复杂的过程，是人类对科学不断探索与认知的结果，受到多个学科和领域的交叉影响，最终形成了现代统计学的基本框架和理论体系。统计学的出现，极大地提高了人们认识自然和改造自然的手段，塑造了新的生产方式，促进了生产力的进步。

资料来源：王云峰. 统计学原理［M］. 上海：复旦大学出版社，2013.（本书有改编）

数据的扩大不仅仅表现在空间上的横向聚集，还表现在时间上的纵向聚集。随着客观物质与技术条件的进步，人们可以很方便地对已经发生过的信息数据进行登记留存，形成经年累月的数据资源，这成为人们使用资源、释放其价值的逻辑起点。被称为中国第五大发明的"二十四节气"，其背后就是劳动人民长期观察气象得出的统计性资料，这是一种数据资源，对我国农业生产率的提升起到了积极的作用。尽管如此，数据资源仍然是静态的原始的数据，尚未与土地、资本以及劳动等其他生产要素形成融合效应，在社会中仍然是起到辅助作用。受制于生产力的发展，特别是数据传递技术的限制，这些数据资源绝大多数仍然是被动地服务于阶级统治，由下往上的数据传导使得数据集合的成本较高，数据资源在大众间的共享有限，因此这种范围的扩大也十分有限，数据的流通存在明显的阶层割裂而非自由交换。

（三）主动参与生产的数据资产形式

当数据资源与劳动、资本等其他生产要素结合，主动地参与生产并形成新的产品或者服务，这种由社会主体所拥有，能够带来预期收益的数据就成了数据资产（产品）。需要说明的是，并非所有的数据资源都能成为数据资产，只有那些具有数据权属（勘探权、使用权、所有权）、有价值、可计量、可读取的数据资源才能通过生产成为数据资产。这一时期，人们经常性地、自觉主动地将数据资源加入生产的各个环节中去。这种参与生产的数据资产从广义的角度看具体表现在两个方面。一方面，数据或者数据分析是作为一种生产技术（工具）参与劳动的，其本质是劳动资料，劳动价值转移到了新的产品中去，是一种无形的数据资产。比如，有着"芯片之母"之称的计算机辅助软件 EDA（electronic design automation），是芯片供应链的最上游产业之一，不仅影响着芯片设计，而且影响着下游的晶圆制造、封装、测试等环节，如今 EDA 市场主要被 Cadence、Synopsys、Mentor 三大国际巨头所占据，成为芯片产业中的"卡脖子"领域。另一方面，数据参与生产而创造出的数据产品或者服务，也可以理解为具有物理意义的实物资产。这类数据在劳动中主要充当着劳动对象的角色，也被称为狭义上的数据资产。比如，一些市场咨询公司所做的主营业务，就是通过搜集、加工和处理广大的市场数据，为顾客提供解决方案，这个方案就是一个数据化的产品。

商品经济条件下，企业的价值创造不再局限于产品制造环节，开始向产品研发、营销、营运等全生命周期延伸。企业利用消费者数据，实现精准研发、精准制造、精准营销和精准营运，为企业产品生产全过程赋能，从而实现数据的价值创造。[①]但这一时期的数据参与生产的方式仍然带有局限性，主要体现在，数据资产更多的是作为劳动资料（工具）而非劳动对象参与生产，这往往会忽略数据作为要素参与生产所发挥的重要作用，忽视其应得的报酬；数据不完全、数据信息不对称、数据失真、数据传递不及时等问题广泛存在；社会尚未形成数字化意识，围绕新型基础设施、数据所有权、数据交易市场、数据标准规范和数据保护立法等配套设施与制度均不成熟。因此，数据尚未成为独立的生产要素。

（四）独立的生产要素形式

随着计算机的发明，特别是互联网、大数据、云计算、区块链技术的发展，人类步入信息技术时代，人们掌握数据、处理数据的能力有了质的飞跃，搜索引擎服务商、平台经济、在线经济、人工智能以及物联网等新产业不断涌现，数据真正成为独立的生产要素。从微观上看，数据的要素化就是通过对数据进行标注、清洗、脱敏、脱密、聚合，使它可"机读"、能分析，具备生产使用条件，并经过流通进入社会化大生产的过程。从宏观上看，数据要素化是推动数据资源通过市场化配置，实现数据要素在全社会范围内的广泛流通，全方位地进入社会化大生产的过程，涉及数据要素市场基础制度、基础设施、标准规范、技术创新、产业应用等方方面面，

---

① 李海舰，赵丽.数据成为生产要素：特征、机制与价值形态演进［J］.上海经济研究，2021（8）：48－59.

各行业各领域都是这个过程的参与者、推动者和利益相关者。数据要素化的本质是流通，或者说，流通是数据进入社会化大生产并成为数据要素的必要条件。推动数据进入流通，通过数据资源市场化配置实现数据要素更充分的供需平衡，有序扩大数据流通规模，是实现全社会数据资源高效配置的有效手段。

数据要素的出现颠覆了传统的价值创造模式，重建了人们对客观世界理解、预测、控制的体系模式。这种模式本质是用数据驱动的决策替代经验决策，即基于"数据＋算力＋算法"，对物理世界进行现实描述、因果识别、结果预测、科学决策。数据要素创造价值一般分为三种模式。一是价值倍增。数据要素融入劳动、资本、技术等每个单一要素，单一要素的价值会倍增。① 二是要素优化配置，即提高劳动、资本、技术、土地这些传统要素之间的资源配置效率，主要是通过低成本、高效率、高质量地生产产品或提供公共服务，或者通过推动传统生产要素革命性聚变与裂变，驱动经济持续、高质量增长。三是投入替代，即通过数据激活其他要素，提高产品、商业模式的创新能力，以及个体和组织的创新活力。数据要素可以用更少的物质资源创造更多的物质财富和服务，会对传统的生产要素产生替代效应。例如，移动支付会替代传统 ATM 机和营业场所，电子商务减少了传统商业基础设施大规模投入，"最多跑一次"以及"一网通办"等数字政务减少了人力和资源消耗。数据要素用更少的投入创造了更高的价值。

二、数据要素商品的二因素②

（一）数据要素的使用价值

马克思认为，物的有用性使物具有使用价值。从自然属性看，数据的使用价值来源于信息的有用性。正是因为数据具有为人们提供某些可用于指导社会生产与再生产信息的属性，商业机构才有抓取用户活动痕迹信息的动机，数据工程师才有对原始数据进行深度加工并进行信息交换的动机。在经济平台化模式下，随着数字技术的广泛应用，进入数字化过程的信息，无论是否为劳动成果，无论是数字足迹还是用户生成内容，由信息数字化产生的数据均能够在一定条件下以直接或间接的方式参与社会生产和再生产过程，通过数据处理与分析为生产经营决策提供精准指导，降低生产的盲目性，这表现为数据要素的使用价值属性。

从社会实践角度看，原始数据中包含的用户生产或者活动的信息表现出结构复

① 王建平．我国制造业数字化转型：内在逻辑、现状特征与政策建议［J］．决策咨询，2022（3）：11 -16.

② 宋冬林，田广辉．经济平台化模式下数据的资本化与资本积累新特点［J］．税务与经济，2023（1）：1 - 7.

杂性、形式多样性、内容零散性等特点，难以为个人或企业直接利用，而衍生数据是由数据工程师基于一定目的对原始数据加工处理得到的。因此，在实践中衍生数据的使用价值属性体现得更为明显。但是，这并不意味着原始数据不具有使用价值属性。正如一手资料和二手资料，两者都具备有用性，均表现出使用价值属性，只是相对于前者，后者的"有用性"更具有针对性，是基于一定目的对前者进行加工处理得到的、具有可直接用于某一目的的使用价值。

（二）数据要素的价值

数据作为数字化的知识和信息，是社会属性与自然属性兼具的对立统一体。从社会属性来看，作为一种特殊规定形式，数据是经过人类劳动过滤并凝结了一定价值的产物。在马克思主义政治经济学理论中，劳动是价值创造的唯一源泉，而价值本质上是一种以物为中介的人与人之间的社会关系，是一种社会利益关系，这也是数据的社会属性在价值层面上的体现。在平台经济中，由于原始数据与衍生数据是数据产品生产过程中前后衔接的两个阶段，所以，需要分别看待。

1. 原始数据的价值来源

用户平台活动信息的数字化过程是由数字设备自动完成的，其价值来源于两个转移。

（1）信息自身的价值转移。用户平台活动产生的痕迹信息，可以分为数字足迹和用户生成内容。数字足迹是指用户以娱乐为主要目的的活动产生的痕迹信息，此类活动产生痕迹信息的过程并无劳动者有意识的直接参与，不具有价值，其数字化为数据的过程不存在自身价值的转移。用户生成内容是指用户以生成一定数字内容为主要目的的活动产生的痕迹信息，例如网页创建、网站设计、评论、点赞、转发等，此类活动产生痕迹信息的过程不仅需要耗费用户一定的脑力与体力劳动及时间，而且其平台活动的目的性与创造性体现得尤其显著。本质上，用户生成内容表征的是用户"一般智力"借助于数字设备在平台网络空间的普遍物化，由此产生的信息属于产品范畴，是以用户生成内容为主体的信息产品。所以，此类活动产生的信息凝结了用户的抽象劳动，因而具有价值，其数字化为数据的同时自身价值也随之转移。

（2）数字设备转移的价值。本质上，数字设备是数字经济时代人类"一般智力"向生产力转化的结果，是人类抽象劳动的普遍物化，具有一定的价值凝结。经济平台化下，在信息数字化为数据（即数字设备抓取用户活动痕迹信息并转化为数据）的同时，数字设备的部分价值转移至新生成的数据中，成为数据价值的一部分。

归结而言，数据的价值来源于信息产品与数字设备的价值转移。

2. 衍生数据的价值来源

衍生数据是数据工程师借助数字设备等劳动资料，对原始数据所包含的信息进行深度挖掘的基础上形成的，其价值来源于三个部分：（1）原始数据的价值转移；（2）数字设备转移的价值；（3）平台企业所雇用的数据工程师通过劳动创造的新价值。无论是由数字足迹数字化得到的原始数据，还是由用户生成内容数字化得到的原始数据，在数据工程师对其进行加工处理后，其价值全部转移到新形成的数据（即衍生数据）中。平台工程师对原始数据的信息挖掘是一种有目的的人类劳动（主要是复杂的脑力劳动），所以得到的衍生数据中凝结了一般的人类抽象劳动，其创造的价值最终成为衍生数据价值的一部分。在现实中，同样的原始数据，经过不同的数据工程师处理得到的衍生数据的价值量可能存在很大不同，其根源就在于数据工程师的价值创造能力存在巨大差异，即脑力劳动在个体间存在巨大差异。

三、数据要素商品化

在市场经济条件下，数据是一种特殊的劳动产品，凡是用于交换目的的数据，都属于商业数据，或者商品化数据。一种数据要素要成为商品，需要具备两个条件：一是交易对象必须是可以进行商业交易的数据产品；二是参与市场交易的主体，无论是消费者还是经营者，都可以根据自己的意愿进行数据交易与转移。[①] 只有同时具备以上两个条件，数据产品才能转化为数据商品。

数据要素的商品化离不开资本的驱动。资本是一种特殊的生产要素，它从物质形态上可以表现为所购买的一切要素，数据要素自然也是资本所需要的一种物质形态。资本的运动是价值运动，本质上是价值增值运动。数据要素由于借助了新型基础设施和现代通信技术，一旦参与流通，其带动其他生产要素循环和周转的速度会非常快速高效。数据要素的交换价值具备被充分挖掘和无限放大的可能，形成对数据劳动者复杂劳动成果的无限次重复使用，从而使数据要素的价值发生倍增，实现"惊险一跃"，即从数据价值实现向价值增值（倍增）的跨越。与其他生产要素相比，资本追逐数据要素的这种增值潜力，推动着数据要素由商品化迈向资本化，由数据资源、数据资产向数据资本转变（即数据资本化）。

所以，市场经济下的数据价值运动过程，实质上是数据资本化过程（见图2-1），在数据价值形成、实现的同时实现数据的资本化转变，或者转化为数据资本。在数字经济时代，收集信息固然至关重要，但还远远不够，因为大部分的数据价值在于

① 谢宜璋. 可商品化数据的进一步厘清：概念、保护诉求及具体路径 [J]. 知识产权，2021（8）：86-96.

它的使用，而不是占有本身。① 数据被"使用"的过程就是数据的价值运动过程（表现为数据价值形态的循环演进），同时也是实现数据价值增值的过程。在这方面，资本具有比其他生产要素所有者更深的理解力、更加灵敏的嗅觉、更强的黏合能力。所以，数据价值运动过程实际上就是数据价值增值、数据资本化的过程。关于数据要素资本化的过程，下一章再专题分析。

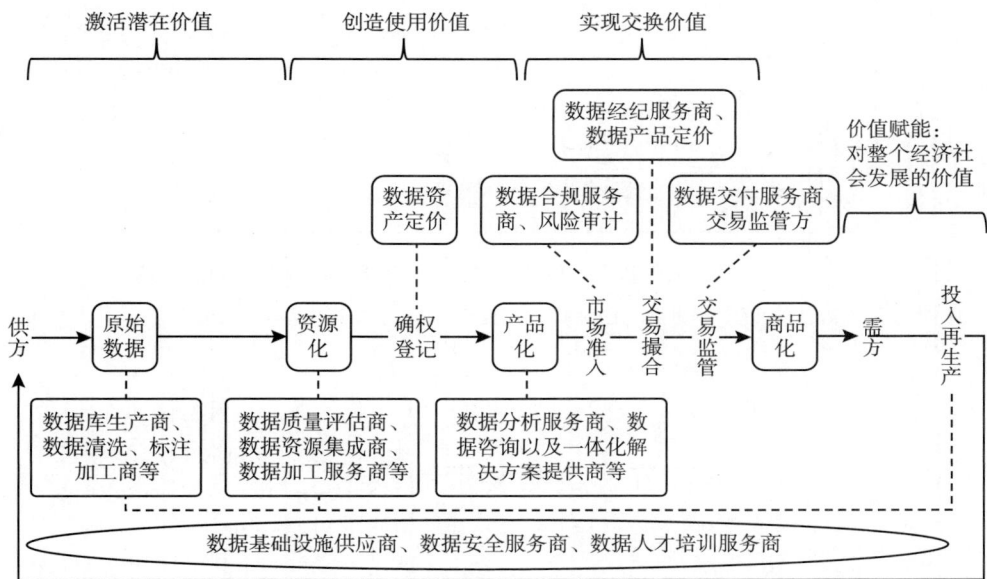

图 2-1　数据要素市场竞争主体的协同分工

综合现有研究，数据（碎片）、数据资源、数据资产、数据资本均是伴随数据在生产或者生活中的重要程度不断加深而产生的概念，一般依据不同的使用场合选择相应的概念。在讨论所有权问题时，多使用"资源"或"资产"的说法（如企业拥有人力资源、数据资源）；在讨论生产过程时则会使用"要素"的概念（如数据要素、技术要素等）；在价值创造的作用过程中会更多地使用"资本"的概念（如人力资本和数据资本）。因此，根据其各自常见的使用场所，可将数据资源和数据资产、数据要素、数据资本分别归属于权属层面（勘探权、使用权、所有权）、要素层面和作用层面（见图 2-2）。各概念本质上是数据生产要素化过程逐渐深化的不同阶段，共同呈现出一个资本化的递进过程。

---

① 维克托·迈尔-舍恩伯格，肯尼思·库克耶. 大数据时代：生活、工作与思维的大变革［M］. 杭州：浙江人民出版社，2013：156.

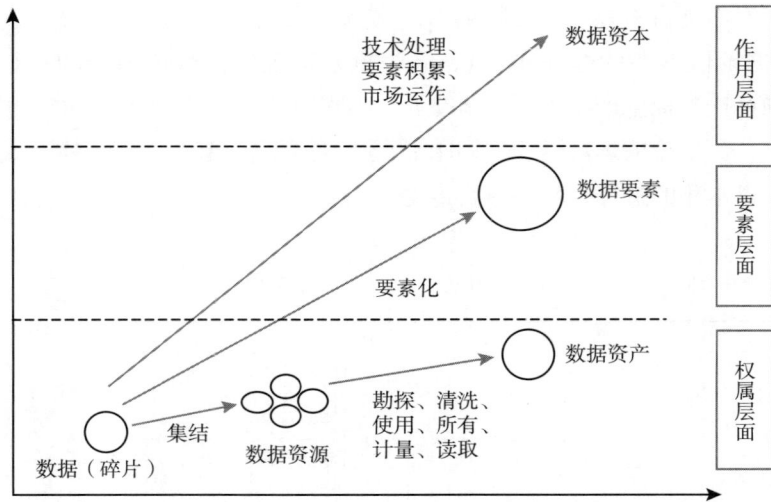

图 2 – 2   数据、数据资源、数据资产、数据资本和数据要素间的关系

资料来源：改编自白永秀，李嘉雯，王泽润．数据要素：特征、作用机理与高质量发展［J］．电子政务，2022（6）．

第二节   数据要素的供给主体

一般而言，生产要素所有者就是生产要素供给者。但由于数字经济时代具有一切皆可数字化的特性，数据要素的供给者多种多样。广义上，一切参与人类生活或者生产活动的电子化信息来源主体，都是数据要素的供给者。比如，自然界的美景一旦通过摄影师的拍摄，形成的数字影像就可能成为短视频制作的素材，那么大自然就是数据要素的供给者。而就人类社会而言，我们将数据的供给分为生活与生产领域的数据供给来源。其中，生活领域的数据供给主体是居民与公共机构，生产领域则为消费者（居民）和生产者。因此，我们可以把数据的供给主体归纳为个人数据、公共数据和企业数据。从狭义的商品流通与交易来看，数据要素的供给者是提供数据搜集服务或者对数据进行标注、清洗、脱敏、脱密、聚合、计量等再加工后形成新数据产品或服务的企业。

一、不同的供给主体

（一）个人与个体数据

个人数据是数据要素供给的一大来源。在数字经济时代，人们的衣食住行，参与的一切生活服务都被打上了数字烙印。信息化技术支持了微信、微博、手机银行、网络直播（会议）、在线教育、在线医疗、在线政务等网络服务平台或者 App，互联网电子支付方式催生了网约车、网络外卖、在线旅行预订、在线教育等数字化多元消费形式，此外还有为商业、教育或者国家治理而面向公众进行的统计问卷调查，等等。这些由居民参与的生活或者消费行为，给世界留下了海量数据。这些数据不仅可以为相关企业反馈销售信息，精准定位目标客户群体，提升产品以及服务质量，而且可以为国家相关部门进行经济发展形势判断、宏观经济运行监测、工农业生产状况分析、国内外贸易情况研究、社会思潮与政治态势把握等方面提供原始数据，有利于使各方的政策评估和策略应用更加精准有效。

数字经济具有独特的运行方式，各类交互平台、移动设备软件以及互联网的接入，使居民参与经济社会活动所产生的信息也是互联共通的，以至于居民作为数据要素的供给方，其很多数据并不保留在自己手中，而是保留在对应的服务或者商品供应商的服务器中。数据作为要素刚刚兴起，国家对数据权属的相关法律法规制度尚未形成，因此，居民的隐私数据被泄露以及由此而引发的诈骗、网络暴力等侵害居民合法权益的事件屡见不鲜。这就要求以法律形式建立数据利用规则，基于"额头流汗"原则，[①] 保护数据价值创造者。数据往往反映或映射着客观存在，当人类利用数据认知客观规律时，也涉及揭示出数据描述对象或关联主体的行为规律甚至"秘密"（如隐私、商业动向）。如果这些利益相关者的利益得不到保护，那么他们就不会信任他人对数据的使用；如果利益相关者拒绝他人获取关于他们的数据进行分析，也会一定程度上影响社会活动的正常开展。[②]

在数据要素领域，我国拥有巨大的先天优势。人口规模巨大、互联网等产业发展迅速，使我国已在各产业领域拥有大量珍贵的个人数据。《数字中国发展报告（2022 年）》显示，我国 2022 年的数据生产量达到 8.1ZB，同比增长 22.7%，全球占比达 10.5%，居世界第二位。[③] 如何更好地挖掘数据的潜能，成为我国数字经济发展中的重要课题。

---

① 额头出汗原则（或称辛勤原则）是一条知识产权法律原则，尤其关系到著作权法。根据这条法律原则，作者通过创作（如数据库、通讯录）时所付出的劳动就可获得著作权，并不需要真正的创造或"原创性"。

② 高富平，冉高苒. 数据要素市场形成论——一种数据要素治理的机制框架［J］. 上海经济研究，2022（9）：70 - 86.

③ ZB，中文名是泽字节，外文名是 Zettabyte，是计算机术语，代表的是十万亿亿字节。其中，字节（byte）是 8 个二进制位为一个字节（B），是刻画数据量最常用的单位。而位 bit（Binary Digits，中文为"比特"）则指代存放一位二进制数，即 0 或 1，是最小的数字存储单位。

（二）政府与公共数据[①]

数据要素供给的另一大来源是公共机构的公共数据，[②] 即公共管理和服务机构在依法履行公共管理职责或者提供公共服务过程中产生、处理的数据。[③] 公共机构的范围包括国家机关、事业单位和其他依法管理公共事务的组织。但是，在实践中，公共机构所持有的公共数据，有些是满足政府履行公共服务职能需要的，有些则是数据要素市场稀缺的，所以，公共数据是否及如何向社会开放，需要依据数据开放行为的性质来决定。

在国家层面，早期涉及公共数据的规范性文件更多指向信息资源。民政部 2011 年颁布的《国家地名和区划数据库管理办法（试行）》第 17 条规定："公共数据是指经筛选并脱密处理的数据，面向社会公众，通过互联网、闭路电话、触摸屏等平台提供相关信息。"这里的公共数据是指可向公众提供并为公众自由使用的政府信息，是按照数据的共用性来定义公共数据范畴的。2016 年，国务院发布的《政务信息资源共享管理暂行办法》所定义的政务信息，则类似于目前的公共数据概念，只是该办法是从政府部门之间数据共享的角度来定义的，更多服务于政府体系内部的共享目的，很难作为公共数据对外开放的制度蓝本。

在地方层面上，公共机构范畴的界定不完全相同，大致存在狭义和广义两种界定。狭义的定义是将公共机构限于政府（含授权执行公共事务的机构），而广义的定义，除政府之外还包括公益事业和公用事业机构。贵州省 2020 年出台的《贵州省政府数据共享开放条例》为狭义定义的代表；而上海市人民政府 2019 年 10 月颁布的《上海市公共数据开放暂行办法》所定义的公共机构包括行政机关以及履行公共管理和服务职能的事业单位，浙江省 2022 年 1 月颁布的《浙江省公共数据条例》则将公共机构直接扩展到一切公用事业运行者。上海市和浙江省的立法影响了此后的地方立法，使公共数据界定走向宽泛化。这些地方立法为了定义公共数据，将主体的"公共性"扩展到了业务公共性，凡是从事公用事业和公益事业的组织所生产的数据皆为公共数据。于是，公共数据的生产主体包括了政府等公共管理机构和从事公共服务的其他公共机构。

上述公共数据的定义旨在划定公共机构应当向社会开放的数据范围。一旦被定

---

① 高富平. 公共机构的数据持有者权——多元数据开放体系的基础制度［J］. 行政法学研究，2023（4）：19－36.

② 公开资料显示，目前我国信息数据资源 80% 以上掌握在各级政府部门手里；美国数据科学家维克托·迈尔·舍恩伯格指出，政府像数据海洋上的巨轮，拥有大量的数据，对海量的数据进行充分开发要有开放的思维。

③ 《深圳经济特区数据条例》第 2 条。《深圳经济特区数据条例》经深圳市第七届人民代表大会常务委员会第二次会议于 2021 年 6 月 29 日通过，自 2022 年 1 月 1 日起施行。这是国内数据领域首部基础性、综合性立法。

义为公共数据，数据持有者即具有向社会开放的义务。现行地方立法从数据持有主体的角度而不是从数据性质来定义公共数据，实质上是按照数据生成或生产关系来界定的，是以业务（行为）性质来界定其产生的数据的性质，而不是按照数据本身的性质或数据重用的目的来界定数据的性质。这一定义造成的问题是，由具有公共性质的业务活动所产生的数据是否都属于公共数据？事实上，履行公共管理职责或者公用公益事业服务所生成的数据覆盖业务运行的全流程和各领域，几乎是这些公共机构的"主营业务"。这些机构业务运营生成的数据，也并不都适合开放或定位于公共数据。以政府数据为例，政府在履行公共管理和服务过程中形成的数据至少包括以下类型：（1）来源于社会各主体提供的数据，比如社会主体为获得许可（或项目或资质等）提交的申请书、申报书、招投标信息等；（2）为社会管理而采集社会各主体的基础数据，如法人和社会组织登记、自然人户籍登记管理、车辆登记信息等；（3）实施公共管理过程中形成的地理空间布局、建筑物、设备基本状况信息；（4）各类行政执法记录、行政处罚的信息等。除了纯粹地上建筑物或设备的水文地理信息外，几乎所有的公共机构从事公共事务管理的初始数据都涉及管理自然人和法人组织或关联到这些主体，因而这些主体的合法利益自然也延伸到这些数据上。因此，公共机构在从事公共事务管理中形成的数据并不都属于法律意义上公共数据，也不是都可以开放给任何人自由使用的数据。

公用事业和公益事业主体所从事的业务或提供的服务具有社会性和公共性，但这些法人组织在从事公用或公益服务的过程中所形成的数据也并不都当然属于公共数据。比如，燃气公司拥有组织和个人用气数据，通常包括用户编号、用户地址、用户姓名、当月或年度用气量等。同样，电力公司、水务公司等也拥有用户用电量、用水量的数据。显然，这些服务具有公共性，但是这些公共服务生成的数据并不具有公共性，并不是可供任何主体使用的数据。更何况公用或公益事业机构本身是独立的法人机构，所生成的数据当然地隶属于该组织管理，应当由该组织控制和依据法律规定进行开发利用。

为了有效地实施数据开放，地方探索出有条件开放和无条件开放两种方式，以解决公共数据开放的困境问题。2016年《贵州省大数据发展应用促进条例》就创新性提出主动开放和依申请开放。两年后，贵阳市颁布的《贵阳市政府数据共享开放实施办法》明确提出应当按照无条件开放、依申请开放、依法不予开放三类对开放的政府数据进行管理。2020年的《贵州省政府数据共享开放条例》，将三类开放表述为"无条件开放、有条件开放和不予开放"。上海市在2018年9月发布的《上海市公共数据和一网通办管理办法》中，明确将公共数据开放分为无条件开放、有条件开放和非开放三类。由此可见，无论使用何种概念，在数据开放时均要根据数据的性质或特征进行分类，再区分为不同类型的开放方式。无条件开放的数据是政府主动发布的，置于公开可下载或浏览状态，任何主体都可以自由使用，是真正的公共数据。有条件开放则需申请，满足政府认可的条件才能获取。

尽管公共数据的开放与共享需谨慎对待，但是政府数据开放已成为数字经济发展的国际趋势。2009 年，美国通过《透明与开放政府指令》备忘录开始了对政府数据的开放。2012 年，美国《数字化政府》总统备忘录提出，开放政府数据是为了顺应技术创新背景下美国人民的商业和生活需要。2012 年，英国《开放数据释放潜能》白皮书认为，通过数据开放打造公开政府，目的是为加强公众监督，扩大商业发展前景，提高公共服务质量。2013 年"八国集团（G8）"在《开放数据宪章》中提出，开放政府数据，发挥数据的潜能以满足公众生活需要、激发创新的潜在能力及促进经济发展。2015 年，中国《促进大数据发展行动纲要》指出，大数据已成为推动经济转型发展的新动力、重塑国家竞争优势的新机遇，要将加快政府数据开放共享、推动资源整合、提升治理能力放在主要任务的首位。

（三）企业与商业数据

企业以盈利为目的向市场提供商业数据，是数据要素供给最广泛、最活跃的市场主体。

（1）企业是市场各种活动的枢纽，关系到产品的生产、交换、分配以及消费各个环节，并且联系着政府和居民。市场中各行各业大大小小的企业，每时每刻都在产生着大量围绕产品生产而形成的数据，这些数据经年累月后就是宝贵的经营决策要素资源。平台型企业则掌握了大量的生产数据、业务数据和管理数据，数据要素的供给宽度得以扩张。

（2）随着社会分工的极致细化，数据要素型企业应运而生，这是数据要素供给的深化。数据要素型企业的内涵，体现为数据资源价值创造和实现的能力。数据要素型企业是直接参与数据资源要素化的企业。这类企业在数据生态中参与数据生产链条，推动数据从资源向产品转化。在生产实践中，并非所有的数据资源都具有应用价值，需要经过一系列开发活动才能将其转化为生产力。这一过程是数据要素化的过程，要经过数据的标注、清洗、脱敏、脱密、聚合、分析等环节，提升数据的质量与可用性。企业通过采集、购置等方式获取数据资源，再通过登记、核验、评估、入表①等步骤形成数据资产，最终通过研究开发得到高质量的数据要素产品。数据价值链视角下，数据资源要素化实现了数据采集、数据存储、数据加工、数据

---

① 2022 年 12 月 1 日，财政部发布《企业数据资源相关会计处理暂行规定（征求意见稿）》，意味着国内首个企业数据要素会计处理规则出炉。数据资源入表的重要意义在于，公司未来持有的数据不再只体现单一数字，而是形成资产项目反映在财务报表中。对于符合条件的数据资源，内部使用确认为无形资产，外部交易确认为存货。

流通、数据分析、数据应用、生态保障等环节中一个或数个价值创造环节的发展。

（3）企业是最具创新活力的数据要素供给主体。市场竞争瞬息万变，企业是最先也是最适应这种变化的组织。越来越多的互联网头部企业，利用其所掌握的海量数据以及信息技术的变革浪潮，成长为数据要素型企业。微软、谷歌、苹果等跨国公司，不断推出基于大数据、区块链、人工智能（AI）的数字化产品，风靡全球的阿尔法围棋（AlphaGo）、ChatGPT，都是这些企业的杰作。随着数据积累和数据处理能力的不断提升，企业不断扩展其经营边界，积极探索数据智能与公共服务的结合，为政府相关部门和各级企事业单位在应急管理、抗震减灾、公共安全、智慧文旅、人口与空间规划、数字政府等公共领域提供数据智能的"标准化"组件和系统性解决方案，助力社会治理的数字化转型。因此，建立促进数据要素型企业发展的激励机制具有重要意义。

二、商业数据要素与公共数据要素供给的差异

与各类商品、权益等交易一样，数据交易主体也包括供给方、需求方和中间商。供给方是数据要素流通的最重要一环，在数据的挖掘、清洗和分析等过程中，供给方需要从事海量的数据处理工作，提炼整理出有价值的数据并形成可以流通、应用的产品（服务），这是数据要素成立的前提和保障。根据数据要素利用的价值取向，可以将其分为商业数据和公共数据。商业数据是企业经营者以互联网为载体，采集、储存和利用大量具有商用价值的原始数据，以及对这些原始数据进行整合后产生的具有经济价值的新数据。公共数据是指由政府、企事业单位在依法履职或者提供公共服务过程中产生的数据，具有公共性、共享性、开放性和非竞争性等特征。

这两类数据具有明显的差异性。主要体现在三个方面。（1）供给主体不同。商业数据的供给主体是企业，公共数据的供给主体是政府部门和非营利机构。（2）供给的目的不同。商业数据的供给目的在于获取商业价值，追求企业利益最大化。企业收集到原始数据后，通过"清洗"原始数据，使用处理后的数据分析不同区域、群体的消费者习惯，有针对地制定营销策略。同时，企业也可与其他合作者分享、交换、出售自己掌握的数据，这样将自用的商业信息转化为新的生产力，也成为自己重要的竞争资源。公共数据是因为"履行法定职责"和"提供基础性公共服务"而得以无差别获得的数据。它强调不需要事先获得数据主体的授权，也无须通过市场交易的方式获取。公共数据的供给目的在于实现政府治理的信息化、智能化、高效化，提升公共管理能力、精准决策能力和公共服务效率；充分利用公共数据赋能国家治理，体现了公共数据"取之于民，也必将用之于民"的宗旨，即主要追求社会利益最大化，体现无偿性、公益性、社会性。（3）供给的渠道方式不同。商业数据主要通过交易、共享方式供给。这种供给方式多是通过应用程序接口或者软件开

发包在合作企业中完成交易，如新浪微博将其控制的用户数据通过应用程序接口方式开放给合作伙伴。建立公共数据平台是目前推进公共数据供给的主要手段，我国多数省份和城市已经形成了较大规模、开放的数据集和数据接口，覆盖公共安全、社会民生、经贸工商、交通通行等多个领域。

三、数字产业化和产业数字化

随着数字经济的发展，以数据为新型生产要素的生产方式变革体现在两个方面，即数字产业化和产业数字化。

国家统计局公布的《数字经济及其核心产业统计分类（2021）》（以下简称《分类》），首次明确了数字产业化和产业数字化的基本范围。《分类》将数字经济具体分为数字产品制造业、数字产品服务业、数字技术应用业、数字要素驱动业、数字化效率提升业5大类。其中，前4大类为数字产业化部分，即数字经济核心产业，指为产业数字化发展提供数字技术、产品、服务、基础设施和解决方案，以及完全依赖于数字技术、数据要素的各类经济活动，对应《国民经济行业分类》（GB/T 4754－2017）中的26个大类、68个中类、126个小类，是数字经济发展的基础。

第五大类是产业数字化部分，是指应用数字技术和数据资源为传统产业带来解构与重构，以获得产出增加和效率提升（以数据要素赋能传统要素为主要特征），从而引领产业链上下游的全要素数字化升级、转型和再造的过程。该部分涵盖智慧农业、智能制造、智能交通、智慧物流、数字金融、数字商贸、数字社会、数字政府等数字化应用场景，对应《国民经济行业分类》（GB/T 4754－2017）中的91个大类、431个中类、1256个小类，体现了数字技术已经并将进一步与国民经济各实体行业深度渗透、广泛融合。在数字经济浪潮之下，企业开展数字化转型是大势所趋。例如，目前我国银行业正在充分挖掘金融数据，推出数字化产品，推进产品、业务和服务的数字化转型升级，"云产品"逐渐成为银行提供数字化金融服务的重要形态。在传统的农业领域，农业产业数字化进程也在不断加快。

为种子装上智能"芯"

"大家好，我是老郭。由于冬季寒冷、干旱重叠严重，小麦遭受不同程度的冻害，据田间调查有以下三种类型，2023年小麦早春肥水管理，重点是促弱、控旺、转壮……"2月8日上午，在河南滑丰种业科技有限公司种子试验田，身穿红色外套的技术总监郭俊超，准时进入抖音直播间"开讲"。

　　2021 年底，为了更方便快捷服务农户，滑丰种业在社交平台开设"滑丰云课堂"，几位资深农技专家在田间地头打开摄像头，进行线上指导。"滑县小麦种植面积大，不可能全部走到，所以我们收集老百姓关心的问题，在关键农时节点给大家'云'讲解。"郭俊超说，尽管 2021 年滑县春耕春管还没有大面积开展，但是很多农户已经提前向他咨询。

　　"田间能'云诊断'，线上能'云培训'，农技能'云指导'，俺的种子也很快装上'智能芯'啦！"滑丰种业董事长赵秀珍眉开眼笑，"走，带你去看看俺的大项目！"

　　走进位于滑县先进制造业开发区南部的滑丰智能化种子产业加工园区，记者看到，1 号智能化种子加工车间和标准化种子仓库已完成建设，工人们正在做内外部装修。

　　"好种出好苗。好种子让滑县农民受益良多。但作为育种人，我们觉得还不够……"赵秀珍介绍，此前，他们与中国种子集团合作，计划总投资 1.9 亿元，打造黄淮麦区种业"硅谷"。该园区设有智能化加工车间、种子研发中心、低温低湿库、标准仓储及配套设施等，2021 年 11 月开工，预计 2025 年完工。建成后，滑县年繁种面积由 40 万亩逐步达到 60 万亩以上，带动农户 6 万多户，可新增就业岗位 300 多个。

　　"这次与中种集团合作，利用研发中心平台，发挥院士专家团队和中原学者工作站团队的优势，与中国农科院、中国农大、河南农科院、河南农大、河南科技学院等科研院所和高等院校合作，提升滑丰的科研育种水平，逐步开展单倍体育种、分子育种，快速培育出适宜市场需求的优质高产农作物新品种。"赵秀珍表示，项目建成后，不仅可以提高智能化育种水平，快速培育更多优质、高效农作物新品种，还可以建立种子信息数据库，为用种单位和广大农户提供更优质的服务。

　　保障粮食安全，必须把种子牢牢攥在自己手中。近年来，滑县聚焦粮食生产"卡脖子"难题，把种子作为农业"芯片"，深入开展县企共建和院县合作，融合中种集团、滑丰种业等单位的技术和产业优势，形成育、繁、推一体化和产、供、销一条龙的推广体系，成功培育出国审及不同省份审（认）定的玉米、小麦农作物新品种 60 多个，全县主要农作物良种覆盖率达 100%，保障了周边省、市用种需求。

　　据了解，仅滑丰种业就已在省内建立小麦繁种及优质专用粮生产基地近 50 万亩，生产的"滑丰""滑玉"牌种子畅销黄淮海、东华北粮食主产区，优质强筋小麦源源不断送往益海嘉里、五得利等知名粮食加工企业。

> "滑县的育种之路还在延伸，下一步我们会对标国际先进，培育更多优质、高效农作物新品种，充分发挥种子在农业中的'芯片'作用，用更多优质良种端牢中国人的'饭碗'。"赵秀珍说。
>
> 资料来源：全力拼经济　奋战开门红　为种子装上智能"芯"［EB/OL］. https://www.henan.gov.cn/2023/02-10/2686512.html.

在关注我国数字经济飞速发展的同时，也要看到存在的问题。目前，我国的大部分数据集中在政府、企业尤其是互联网平台企业手中。根据中国网络空间研究院发布的《国家数据资源调查报告（2021）》，2021 年我国个人持有的各类设备共产生 1.4ZB 数据，全国各类行业机构共产生 5.2ZB 数据，其中，政府、互联网、媒体、公众服务及专业服务、交通等行业的数据产量，占全国行业机构数据总产量的 65% 左右。但是，这些数据开放共享的程度较低。同时，《全国数商产业发展报告》显示，截至 2022 年 11 月，中国数商行业企业数量达到 192 万家。其中，中国数商产业主要集中在长三角、珠三角、京津冀、川渝地区，这四大区域合计占比达到 56.8%。但是，截至 2022 年 11 月，上海数据交易所累计挂牌数商仅 89 个。即使像中国移动、央行征信中心这样的大型国有企业，拥有超过 6 亿人的活跃消费者，但大量的数据却处于沉淀状态，数据要素的流动、应用、价值挖掘都不够，形成"数据孤岛"。

第三节　数据要素生产

一、数据要素的生产与再生产

（一）数据要素生产流程

数据要素的生产与供给是整个数据产业链的基础和起点，即通过"数据资源化"，使无序、混乱、海量的原始数据碎片成为有序、有使用价值、标准化的数据资产。这里涉及数据采集商、数据加工服务商、数据解决方案提供商等企业。数据要素产业链上游是数据提供方，主要提供数据。中游是数据生产商或加工商、服务商、数据交易所。下游是数据需求方，包括政府、金融、教育、医疗等行业客户。其中，数据要素生产或加工企业在数据要素产业链上处于核心位置，起到连接数据供应方和需求方的作用。

数据要素的生产是数据要素的具体生成过程，主要包含搜集、整理（数据标注、数据清洗、脱敏脱密、标准化）、聚合（数据传输、数据存储等）和分析四大环节，最终形成可流通、可利用的数据要素。

1. 数据搜集阶段

数据搜集是数据产品供应商以数字化形式对数据供给主体（个人、企业和公共机构）进行的采集、获取、传输等活动。这一环节将数据源以数字化形式记录为原始数据，是数据要素生产的开端。零散、单一的原始数据往往是非结构化的，本身没有或只有极小的内在价值。当原始数据集成一定体量后，才有可能带来潜在价值。[①]

2. 数据整理阶段

数据整理是数据加工处理服务商进行的数据预处理，将非结构化数据处理成结构化数据的过程，主要包括数据标注、数据清洗、脱敏脱密以及标准化等流程。

（1）数据标注是对搜集而来的未经处理过的原始数据（如图片、文本、语音、视频以及数字信息等）进行人工标记、分类、注释等工作，以使其变得更加易于被机器算法理解、识别和处理。数据标注的目的是用标注后的数据来训练机器学习算法，将原始数据进行结构化改造，以实现自动化的数据处理和分析。常见的数据标注任务包括图像分类、目标检测、语音识别、自然语言处理等。

（2）数据清洗主要是利用有关技术，如数理统计、数据挖掘或预定义的清理规则，将"脏数据"转化为满足数据质量要求的数据，是对数据进行重新审查和校验的过程。数据清洗的目的在于删除重复信息、纠正错误、补全缺失数据等，并提供数据一致性，为进一步的数据标准化提供先导操作。

（3）脱敏脱密又称数据去隐私化或数据变形，指根据数据保护规范和脱敏策略，对某些敏感、私密信息进行数据转换，实现敏感隐私数据的可靠保护。脱敏脱密能够很大程度上解决在开发、测试、非生产环境以及外包环境等非可信环境中使用敏感数据的问题，是数据库安全技术之一。在涉及客户安全数据或者一些商业性敏感数据的情况下，在不违反系统规则条件下，对真实数据进行改造并提供测试使用，如身份证号、手机号、卡号、客户号等个人信息都需要进行数据脱敏脱密。

（4）标准化。数据标准是一套由管理制度、管控流程、技术工具共同组成的体系。数据标准化是研究、制定和应用统一的数据分类分级、记录格式及转换、编码等技术标准的过程。数据标准化是数据传输、共享、系统集成、存储以及分析应用的重要前提，数据标准化可以节省数据传输费用，提高效率和方便应用，有利于数据的系统推广以及重复利用，实现数据共享，减少数据分析应用成本。

3. 数据聚合阶段

数据资源集成商将经过整理的数据集合、汇聚（包括横向和纵向的集合汇聚），

---

① 许宪春，张钟文，胡亚茹. 数据资产统计与核算问题研究［J］. 管理世界，2022，38（2）：2，16–30.

关键依赖数据传输和数据存储两项技术的支持。数据传输是按照一定的规程和方式，通过一条或者多条数据链路，将数据从一个地方传送到另一个地方的通信过程。将数据从数据源传输到数据终端，主要作用是实现多个数据存储终端点与点之间的信息传输与交换。一个好的数据传输方式可以提高数据传输的实时性和可靠性。数据存储是对所收集的数字化数据进行数据清洗、整理和编码，并以自有服务器或云端运维的方式进行存储，形成标准化、结构化的数据，以供随时便捷、高效地访问和使用。

4. 数据分析阶段

数据分析阶段，技术服务商雇用数据科学家或开发应用人员，借助新型的数据基础设施，利用数据科学、数据挖掘、机器学习等技术手段对已标准化、结构化的数据进一步加工分析，提炼输出有用的数据结论、知识，建立知识图谱，从而实现数据要素的进一步增值。

以上四个环节，在时间上继起，在空间上并存，构成数据要素生产的全过程。当然，要使数据生产过程连续不断、循环往复地进行，还需要畅通数据全产业链中游的交易环节，为下游需求者提供使用价值，从而实现其价值倍增。数据要素只有完成"交换"这个惊险一跃，才算完成数据资本的一次循环，从而为数据要素的再生产提供前提条件。数据要素的再生产不同于一般商品的再生产。由于数据要素具有非竞争性以及可重复使用的特征，因此数据要素的再生产不再依赖于社会总产品在数据产品层面的物质补偿。

提升数据质量是数据全产业链良性循环的关键，而高质量数据产品的供给离不开高质量数据要素服务商的成长。我国应加大对数据要素型企业的支持力度，积极推进数据质量提升工程，主要从数据资源、物质和技术条件建设、标准化三大维度切入，提升数据质量。通过建设标准化体系、研发数据处理技术、加强数据分类分级管理来增强国家整体数据处理能力。

（二）平台的供给功能

在数字经济发展过程中，绝大多数的市场交易除了涉及消费者和生产者外，往往都依赖于某种平台，例如，打车软件滴滴、外卖平台美团和饿了么，都是狭义平台的代表。广义平台则包括进行交易或开展活动所依赖的所有实体和虚拟空间，例如，学校是人们接受教育的平台，商场是人们购物的平台，企业是产品生产的平台。可以说，没有平台，市场经济就无法运行。有了平台，就会产生数据。借助于现代信息技术的发展，越来越多的在线平台商，对数据要素供给起到巨大作用甚至决定性作用。谷歌、亚马逊、Facebook 以及阿里巴巴、百度、腾讯等，都因拥有大量的用户注册和运营信息，成为天然的大数据公司。

目前国内知名的互联网公司很多是双边或多边市场模式，比如淘宝、滴滴、抖音、快手等。平台方提供一个交易平台，让供给方在自己的平台上把商品、服务内容卖给消费者，消费者和生产者都是平台需要连接的市场。在这种双边市场模式下，平台需要考虑精准匹配、流量分配问题。以电商平台为例，用户搜索意向产品，同时平台也会在这段时间内频繁推送该类商品。平台通过数据分析，帮助供给方完成市场容量预测、潜力买家挖掘和精准供需匹配，也帮助消费者实现高性价比商品匹配。消费者完成商品购买后，平台帮助商家完成精准备货、智能补货以及仓库调拨。在流量分配上，平台能够平衡供给方的预期与实际收益差距，挖掘有爆款潜力的商品并给予精准流量。

平台大数据处理能够利用图片识别技术、先进算法、大数据分析等方法，较好地发现问题、解决问题。平台数据的供给能力，帮助企业对生产全过程的数据进行采集、存储、分析、挖掘，通过数据驱动，实现生产、业务、管理和决策等过程的优化，提升效率。同时，平台用户能够依托平台，促进"需求—数据—功能—创意—产品"链条数据的逆向传播，生产过程的参与主体从生产者向产销者演进。

新浪微博用数据驱动带来商业收入增长

新浪微博是一款为大众提供娱乐休闲生活服务的信息分享和交流平台，是当今国内社交产品市场巨头之一，是使用率较高的社交应用中唯一具备强媒体属性的平台。微博的用户规模庞大，包括大量明星、网红、大V、达人、博主，以及KOL（Key Opinion Leader，中文为"关键意见领袖"）。同时，微博里有大量的场景，比如大家常见的热搜、热门事件。微博也有相当丰富的内容作支撑，与很多关键意见领袖、超过2100家MCN（Multi-Channel Network，中文为"多频道网络"）机构合作，有相当大规模的内容输出，包括短视频、长短文。

微博主要通过企业自行向用户提供产品或服务时收集用户数据。微博产品功能区主要分为"我""消息""首页""视频""发现"。其中收集的数据主要包括：（1）用户注册时填写的信息；（2）用户使用微博平台生成的结构化数据，例如登录信息、浏览记录等；（3）用户发布的交互信息，包括发布微博正文、转发、点赞点评类数据。在这个收集数据环节，微博平台的主要任务就是设计好数据采集的功能，此时收集的数据相对单一、分散，潜在价值不高。

微博通过平台自身的合理引导便能够获取精准的用户画像，简单来说就是对用户的信息进行标签化。一方面是对用户信息进行结构化，方便计算机识别与处理；另一方面，标签本身也具有准确性，方便之后人工整理、统计和分析。在清洗用户属性的过程中，对用户个人敏感、隐私数据进行脱敏处理，在不违反规则的前提下，实现对数据的标准化处理。

微博平台初期架构仅为计算和存储两层，新的计算需求接入后需要新开发一个实时计算任务进行上线。而在存储层，各个需求方所需求的存储路径都不一致，计算指标在不同的存储路径下有重复，导致存储资源上的浪费。随着微博数据体量的增加以及业务线的扩展，当初的单需求单任务模式逐步转变为通用的数据架构模式。为此，微博开发了基于 Flink 架构的通用组件来支持数据的快速接入，并且保证代码模式的统一性和维护性。在数据层，以 Clickhouse① 作为微博数据仓库的计算和存储引擎，以满足在处理多维多指标大数据量下的快速查询需求；同时开发多种微服务来为数据存储仓的数据聚合、指标提取、数据出口、数据质量等提供支持。

微博针对用户画像建立了非常详细的标签体系，可以包括最基本的人口统计学指标（年龄、性别、地域等）、兴趣类别类型指标、兴趣关键词类型指标、关注关系类型指标、互动行为类型指标等。广告定向投放是微博利用用户画像使数据实现增值的方式之一。当广告主想通过微博平台投放自己的产品广告时，需要建立商业广告、广告主和用户之间的联系，广告主会选择定向条件，用于圈定人群，比如对某地区 25～35 岁已孕妇女用户投放孕期产品、新生儿用品等。这种方式简化了广告主营销工作，提供了更高水平的个性化服务，也提升了品牌知名度。微博平台的数据挖掘范畴非常大。当广告主积累了购买过商品的 10 万转化用户，可以挖掘这 10 万用户的特征，看能否利用种子人群来扩展一波用户，挖掘高转化的用户。在这一阶段，数据要素通过"交换"的形式产生商业价值。

资料来源：编者整理。

新浪微博的案例，既展示了数据要素的生产流程以及特征，又显示了平台型企业的发展方向。

---

① Clickhouse 是一款面向 OLAP（Online Analytical Processing，中文为"联机分析处理"）的数据库，可以提供秒级的大数据查询。

二、数据要素的物质条件

数字经济是数字时代国家综合实力的重要体现，是构建现代化经济体系的重要引擎。而这一数字引擎是由新型基础设施作为"物质载体"、以信息化技术作为"电路芯片"构建而成的。前者代表数据引擎的算力，是硬件；后者代表数据引擎的算法，是软件。数据要素则是这一系统关键的创新驱动"燃料"。三者成为统一的集成系统，相辅相成，缺一不可。数据要素市场的快速发展，离不开高质量的数据要素供给、智能化的数字基础设施和高水平的现代通信技术。数据要素所依托的大数据、云计算、物联网、区块链、人工智能等关键技术要想发挥作用，需要高质量数字基础设施的支撑。一旦没有大数据、云计算、物联网、区块链、人工智能等技术，数字基础设施就失去了价值。同样，少了数据要素，数字基础设施和关键技术也只能是"无米的巧妇"。

新型基础设施建设是数据要素生产的物质条件，是面向未来的战略基础设施。所谓新型基础设施，是以新发展理念为引领，以技术创新为驱动，以信息网络为基础，面向高质量发展需要，提供数字化转型、智能升级、融合创新等服务的基础设施体系，主要包括信息基础设施、融合基础设施和创新基础设施三个方面。建设智能化、综合性的数字信息基础设施，推进基础设施数智升级，对数据要素供给质量十分重要。《数字中国发展报告（2022）》显示，我国数字基础设施规模能级大幅提升。截至2022年底，我国已开通5G基站231.2万个，5G用户达5.61亿户，全球占比均超过60%；移动物联网终端用户数达18.45亿户，成为全球主要经济体中首个实现"物超人"的国家。

（一）信息基础设施

信息基础设施是新型基础设施建设的内核，主要是基于新一代信息技术演化生成的基础设施，主要包括以5G、物联网、工业互联网、卫星互联网为代表的通信网络基础设施，以人工智能、云计算、区块链为代表的新技术基础设施，以数据中心、智能计算中心为代表的计算基础设施，具体以光缆、微波、卫星、移动通信等网络设备和设施为物质载体。

1993年我国正式启动信息化建设进程，《国家信息化"九五"规划和2020年远景目标（纲要）》的编制，是国家信息化建设和发展的首个顶层设计。从技术进步推动基础设施迭代升级的角度看，我国信息基础设施建设和发展大体经历了三个发展阶段。[1]

---

[1] 郭朝先，刘艳红. 中国信息基础设施建设：成就、差距与对策 [J]. 企业经济，2020（9）：143 – 151.

1. 20 世纪 90 年代的通信基础网络建设时期

尽管 20 世纪 90 年代电子信息、通信和广电三大产业的发展非常迅速，但信息基础设施的总体状况还是比较落后。1994 年，中国首次接入国际互联网。改革开放后，国家主导下完成的"八纵八横"光缆干线网，使我国的通信网络实现了省会城市的全覆盖，而且在网络规模和技术水平上赶超部分发达国家，为此后国家信息化进程的快速推进奠定了坚实的网络基础。

2. 21 世纪前十年的互联网和移动通信快速发展时期

这一阶段中国电信基础网络的建设规模和传输质量进一步提升。10 年间，光缆线路长度增长了 3 倍，在此基础上，宽带应用技术不断成熟，互联网普及程度提高，数据同行的宽带化时代开启。随着移动通信技术的升级，移动通信取代固定通信，成为中国电信基础设施投资、技术攻关以及电信业务发展的主要方向，其间中国移动通信在技术上实现了从第一代模拟信号传输到第二代数字语音传输再向第三代高速数据传输的转变，从移动语音通信跨入移动多媒体时代，首次实现了由"无芯"到"有芯"的突破。

3. 2010 年以来新一代信息基础设施建设时期

各国对新一代核心信息技术的发展与应用纷纷制定战略规划，试图抢占新一轮科技和产业竞争的制高点。以物联网、云计算、人工智能、区块链技术为代表的新一代信息技术突破传统的应用边界，构建起一个万物互联的新信息和产业生态。进入 21 世纪第二个十年以来，国际通信网络的布局也开始纳入信息基础设施的发展规划。

信息基础设施的发展历程表明，信息基础设施呈现出高速、融合、安全、泛在化的发展趋势，极大突破了传统的信息服务功能，成为建设智慧政府、智慧社会和智慧地球的物理和技术基础。

（二）融合基础设施

融合基础设施，以信息网络为入口，以数字平台为支撑，以数据融通为核心，以智能应用为关键，以轻量服务为特色，其核心路径在于信息技术的融合应用，目的在于全面支撑各领域发展方式转变、结构优化和增长动力转换，强调融合赋能（如智慧出行基础设施、智慧农业基础设施等）。

融合基础设施是我国"十四五"新型基础设施建设的重点方向，是对信息基础设施的延伸，两者相互作用、相互促进。2021 年 9 月召开的国务院常务会议强调，要稳步发展融合基础设施，包括打造多层次工业互联网平台，促进融通创新。结合推进新型城镇化，推动交通、物流、能源、市政等基础设施智慧改造。

（三）新型基础设施

新型基础设施，是指支撑科技创新、科研创新的具有公益性质的基础设施，如科教基础设施、产业技术创新设施等。对应传统基础设施，新型基础设施具有鲜明的科技导向特征，是数字时代面向创新驱动发展转型的基础设施，是创新型国家的关键核心能力。

新型基础设施是国民经济基础性、先导性、战略性、引领性产业，是经济稳定增长的重要抓手之一。新型基础设施建设（以下简称"新基建"）不仅具有巨大的乘数效应，而且随着政府投资和公共支出规模的扩大，也可以推动相关产业链的完善发展，保障资本市场平稳健康运行，带动消费增长，扩大国内总需求。为了把握新时代数字经济的发展红利，提升国际竞争力，我国出台了一系列鼓励、支持政策以推进新型基础设施建设（见表2-1）。

表2-1　　　　　　　　　近年来我国出台的新型基础设施建设主要政策

时间	新基建政策
2018年12月	新型基础设施在中央经济工作会议中首次提出
2020年2月	中央全面深化改革委员会第十二次会议提出要统筹存量和增量、传统和新型基础设施发展
2020年4月	国家发改委正式确立新型基础设施含义
2020年5月	全国两会首次将新型基础设施写入政府工作报告
2020年10月	《中共中央关于制定国民经济和社会发展第十四个五年规划和二〇三五年远景目标的建设》提出系统布局新型基础设施
2021年3月	《中华人民共和国国民经济和社会发展第十四个五年规划和2035年远景目标纲要》提出："统筹推进传统基础设施和新型基础设施建设，打造系统完备、高效实用、智能绿色、安全可靠的现代化基础设施体系。"
2021年4月	国家发展和改革委员会新闻发布会确认在新型基础设施方面，将出台"十四五"新型基础设施建设规划
2021年12月	国务院关于印发"十四五"数字经济发展规划的通知

资料来源：编者根据国家相关政策文件整理。

在北京、上海和粤港澳大湾区科创中心、综合性国家科学中心建设的契机下，我国已涌现出一批科技创新要素集聚、创新链条上下游贯通、有力支撑重大产出的创新基础设施，成为国家创新体系的重要力量。2020年以来，我国各省、自治区、直辖市也陆续颁布了推动新型基础设施建设的相关支持政策（见表2-2）。

rttil

utn

表 2 – 2　　　　　　　　各省份新型基础设施建设政策

时间	各地新基建政策
2020 年 3 月	《山东省人民政府办公厅关于山东省数字基础设施建设的指导意见》
2020 年 4 月	《吉林省新基建"761"工程实施方案》
2020 年 4 月	《江苏省关于加快新型信息基础设施建设扩大信息消费的若干政策措施》
2020 年 4 月	《上海市推进新型基础设施建设行动方案（2020 – 2022 年）》
2020 年 6 月	《北京市加快新型基础设施建设行动方案（2020 – 2022）》
2020 年 6 月	《湖北省新型基础设施三年行动方案（2020 – 2022）》
2020 年 6 月	《重庆市新型基础设施重大建设行动方案（2020 – 2022 年）》
2020 年 7 月	《深圳市人民政府关于加快推进新型基础设施建设的实施意见（2020 – 2025 年）》
2020 年 7 月	《浙江省新型基础设施建设三年行动计划（2020 – 2022 年）》
2020 年 8 月	《云南省推进新型基础设施建设实施方案（2020 – 2022 年）》
2020 年 8 月	《福建省人民政府办公厅关于印发福建省新型基础设施建设三年行动计划（2020 – 2022）的通知》
2020 年 9 月	《四川省加快推进新型基础设施建设行动方案（2020 – 2022 年）》
2020 年 11 月	《广东省推进新型基础设施建设三年实施方案（2020 – 2022 年）》
2021 年 3 月	《天津市新型基础设施建设三年行动方案（2021 – 2023 年）》
2021 年 4 月	《佛山市推进新型基础设施建设行动方案（2020 – 2022 年）》
2021 年 4 月	《河南省推进新型基础设施建设行动计划（2021 – 2023 年）》
2021 年 5 月	《山西省"十四五"新基建规划》
2022 年 10 月	《贵州省新型基础设施建设三年行动方案（2022 – 2024 年）》

资料来源：编者根据各省市、自治区相关政策文件整理。

以贵州省为例。2022 年 10 月 27 日，贵州印发《贵州省新型基础设施建设三年行动方案（2022 – 2024 年）》，提出通过三年努力，基本建成大数据优势突出、通信网络基础稳固、转型支撑有力、创新资源集聚、安全可控的贵州特色新型基础设施。该行动明确了贵州建设数字经济发展创新区的战略定位，提出大数据基础设施建设、推进传统基础设施智能升级、智慧应用基础设施建设、创新基础设施建设等重点任务。目前，贵州是全国三大基础电信运营商、新闻出版广电行业等行业龙头的数据中心，教育部、公安部、文化和旅游部、中国科学院、国家市场监督管理总局、交通运输部、气象局、水利部等多个部委数据资源均落地贵州，同时，还集聚了华为、苹果、华大基因、淘宝、腾讯、爱奇艺、甜橙金融、软通动力、必爱网、海康威视、中联创等 40 余个国内知名企业的数据资源。

三、数据要素的技术条件

作为一个技术体系，大数据、云计算、物联网、区块链、人工智能是数据要素生成和发挥作用的五大关键核心技术，它们是一个整体，推动数字新经济的高速度高质量发展。① 其中，大数据技术是指从各种类型的数据中快速获得有价值的信息，适用于大数据的技术包括大规模并行处理（MPP）数据库、数据挖掘电网、分布式文件系统、分布式数据库、可扩展的存储系统等。云计算是一种基于互联网的超级计算模式，是基于互联网将硬件、软件、网络等系列资源统一起来，实现数据的计算、储存、处理和共享的网络技术、信息技术、整合技术、管理平台技术、应用技术的总称。物联网是基于互联网、传统电信网等信息承载体，让独立的普通物理对象实现互联互通的网络，具有普通对象设备化、自治终端互联化和普适服务智能化三个重要特征。区块链是分布式数据存储、点对点传输、共识机制、机密算法等计算机技术的新型应用模式，其本质上是一个去中心化的分布式账本数据库，特点是买家和卖家直接交易，不需要任何中介，交易过程中的数据人人都有备份。人工智能（AI）是研究、开发用于模拟、延伸和扩展人的智能的理论、方法、技术及应用系统的技术科学，是一种可以跳脱人类指令之外，模拟人类行为、延展人类能力的一种计算机技术。

数字技术可以贯穿产品的研发、生产、流通、服务和消费全流程，优化传统生产要素的配置效率，推动全价值链协同。数据通过多种方式融入其他生产要素后，可以发挥其对提高生产效率的乘数效应，促进全要素生产率的提升。随着数字技术与农业、制造业和现代服务等行业的融合不断深化，数字要素也将进一步深度赋能不同产业，促进各行业的整体发展水平。习近平总书记在党的二十大报告中强调要"促进数字经济和实体经济深度融合"，既要促进数字产业化，也要利用数字技术解决传统企业数字化转型过程中存在的突出问题，促进传统企业产品服务形态、组织结构、商业模式等领域的全方位变革。

目前，在传统产业数字化转型过程中主要存在三个普遍的技术问题：一是部分制造业企业设备依赖进口不同国际厂商提供的产品，网络接入、软件互联互通等标准不统一，无法形成综合一体化的工业互联网平台；二是农业领域由于信息基础设施薄弱等原因，传统农业产业数字化转型推进缓慢；三是数量众多的小微企业由于自身体量小、利润低、数字化需求分布零散等原因，推进数字化转型难度较大。解决这些问题需要国家在数据资源标准体系建设，业务应用共享、交换、协作和开放，各领域通信协议兼容统一，政务数据有序共享等方面做文章，需要物质条件和技术条件同时推进。

---

① 钱志新. 数字新经济的几个核心概念［J］. 江苏企业管理，2018（6）：26 - 27.

有效发挥三大通信运营商的作用

数字技术的发展需要充分发挥我国信息技术行业领军企业——移动、电信和联通三大通信运营商的作用。中国移动借助"力量大厦"战略，寻找可行措施促进自身的数字化转型。中国电信则推动"云改数转"作为顶层牵引，保证"一张网、一朵云、一个系统、一套流程"顺利实现。中国联通非常重视 5G 规模发展，将关注重点放在"五高"——高品质服务、高质量发展、高效能治理、高科技引擎、高活力运营的打造上，以期顺利建成数字化营销服务运营体系。三大运营商还依托人工智能、大数据等技术提供行业解决方案。例如，中国电信的电信智能科技分公司在 31 个省市布局，提供大数据和 AI 解决方案，聚焦政法、金融、校园、住建、工业等 10 个行业，拓展重点行业数字化应用。中国联通面向重点垂直行业成立装备制造、智慧矿山、智慧钢铁、服装制造等九大行业"军团"，分别由中国联通八个省级分公司以及联通数科、联通智网十家单位负责组建，有效整合"云、大、物、智、链、安"（云计算、大数据、物联网、人工智能、区块链、安全）等技术，并赋能我国实体经济高质量发展。

资料来源：（1）王光宇 . 5G 时代传统通信运营商如何推进数字化转型［J］. 数字通世界，2022（7）：4 - 7.（2）中国移动、中国联通以及中国电信官方网站资料。

思 考 题

1. 简述数据要素的演变过程。
2. 数据要素商品的二因素及其关系。
3. 简述数据碎片、数据资源、数据资产、数据资本和数据要素之间的相互关系。
4. 如何理解数字基础设施以及信息技术对数据要素高质量供给的影响？
5. 如何理解数据要素劳动资料和劳动对象的双重角色？
6. 从数据碎片到数据要素都有哪些具体的环节与步骤？

扫码查看参考答案

第三章
数据要素交换

本章主要揭示数据资本化的机理和特点，分析数据要素市场构成，考察数据市场定价机制和数据定价体系，分析数据要素交易机制、市场运营体系和数据交易效率，研究分析不完全市场化的数据通过数据开放、特许开发、授权应用等方式进行增值开发利用的有效途径。

第一节　数据资本化

一、数据的资本化

在《资本论》中，商品是政治经济学研究的起点，也是资本产生的历史前提。科学认识数据资本化，需要从论证数据何以成为商品开始。数据的资本化过程就是数据向商品演化并实现价值的过程，对此，我们在前两章都有分析。归纳起来就是，原始数据不属于人类劳动产品范畴，只能是数据产品的"原材料"；衍生数据属于劳动产品范畴，衍生数据的形成过程即数据产品的产生过程；作为劳动产品的衍生数据，并不一定属于数据商品，之所以成为商品，数据必须是用来交换的劳动产品，通过交换来实现自身的使用价值。在经济平台化下，由于平台企业本质上是中介组织，自身并不直接参与社会生产与再生产过程，而是将处理得到的衍生数据产品出售给广告商或者其他需求方供其使用。因此，由数字设备抓取、经数据工程师处理与分析得到的衍生数据产品，实际上就是作为数据商品用于市场交换的劳动产品。

关于资本化，马克思在《资本论》中指出："如果说，劳动力只有在它的卖者即雇佣工人手中才是商品，那么相反，它只有在它的买者手中，即暂时握有它的使用权的资本家手中，才成为资本。生产资料本身，只有在劳动力作为生产资本的人的存在形式，能够和生产资料相合并时，才成为生产资本的物的形式或生产资本。因此，正如人类劳动力并非天然是资本一样，生产资料也并非天然是资本。只有在一定的历史发展条件下，生产资料才取得这种独特的社会性质。"① 也就是说，资本化过程至少应该具备两个条件：一是可交易；二是交换获得的使用价值用于社会生产与再生产过程以实现价值增值。经济平台化模式下，对于数据商品生产者来说，数据工程师通过自身劳动将原始数据整合成衍生数据的目的，就是为他人生产使用价值，即可用于市场交换，满足可交易条件；但对他人有用不是数据生产的根本目的，数据生产的根本目的是要投入社会生产与再生产过程，实现价值增值。当以价值增值为根本目的时，数据商品就资本化了，或者称为数据资本。

二、数据资本化的特点

数据资本周而复始的循环过程，就是数据资本的积累过程。数据资本不断地将增值的数据价值再转化为资本，实现自身规模的持续壮大，这就是数据资本积累的实质。经济平台化模式下，数据资本积累呈现出一系列新特点。

（一）数据攫取控制是数据资本积累的前提

从资本的角度看，数据资本正在取代金融资本占据资本结构金字塔的顶端位置。在银行资本或金融资本出现之前，资本主要表现为产业资本。单个产业资本通过货币资本、生产资本、商业资本再到货币资本的转换，实现资本的一个闭环周期，同时也实现了价值生产与资本积累。随着金融资本的出现并占据资本世界主导地位，社会上单个、零散化的产业资本逐渐被金融资本收拢、整合，并被置于金融资本的主导控制下，成为事实上的依附与被依附、控制与被控制的关系。经济平台化模式下，数据资本借助数字平台这一关键中介，在实现自身快速积累与壮大的同时，开始占据资本结构金字塔的塔尖，成为引导和控制金融资本和产业资本的新型资本。在这个数字形式占支配地位、对所有生活形式都有决定性影响的社会中，数据资本对金融资本和产业资本的控制、支配必然要建立在对数据的控制、支配基础之上。

一方面，数据资本的形成与积累以用户平台活动留下的痕迹信息数字化为基础，经过数据的"被使用"过程完成价值生产和实现，进而资本化为数据资本。另一方面，社会的数字化转型使金融资本与产业资本以数据的形式参与社会生产与再生产过程，通过生产资料的数字化进入数字设备控制中心，进而完成整个生产过程，再借助数字化的流通渠道，在全社会范围内实现"商品的惊险跳跃"。表面上，数据资本的原始积累表现为以"用户体验"换取用户数据。本质上，数据资本对数据的剥夺

---

① 马克思. 资本论（第2卷）[M]. 北京：人民出版社，2004：44.

性占有是一种"数据殖民"，是以"用户体验"遮蔽其无偿攫取数据及其价值、实现自身积累的资本逻辑。

（二）数字平台成为数据资本积累的关键中介

数字平台之所以能够成为数据资本积累的关键中介，一方面，数据巨大价值的存在是以海量为基础的，而数字平台便是快速获取海量数据资源的现实有效工具。尽管在数据成为生产要素之前人们已经开始利用数据，但数据是孤立、分散且零乱的，获取数据的搜寻成本非常大，还存在数据失真、代表性不强、数据不完全等问题。大数据时代，数字平台使人们的网络活动趋于平台化，借助各种传感装置可以抓取人们平台活动留下的痕迹信息，形成源源不断的海量原始数据，再通过迭代创新的数字技术对其进行整理与分析，从海量数据中挖掘出能够用于不同目的的信息价值。

在这一过程中，资本通过数字平台掌控海量数据的同时，与数据要素相结合形成的数据资本也得到了快速积累，并借助数据的强渗透性开始向社会的各个领域扩张。同时，日趋激烈的市场竞争迫使资本寻求更加快速便捷的积累方式，而数字平台的出现为其带来了可能。在这个数据为王的时代，数据积累成为资本实现快速积累的主要方式。面临日趋激烈的数据市场竞争，谁能在短时间内积累尽可能多的数据，谁就能占据市场主导地位。在资本逻辑主导下，为积累数据而攫取数据成为各个资本竞相追逐的核心目标，作为关键生产要素的数据也日益资本化。基于数字平台的构建，资本积累下的数据竞争，从根本上重塑了资本价值运动的市场逻辑和实践场域，而数据资本借助数字平台实现了更加快速的积累。

（三）数据资本无序扩张成为数据资本积累的加速器

经济平台化模式下，作为关键生产要素的数据，依托互联互通的网络技术所展现出的"链接一切、跨界融合"的特点，不仅能够突破物理空间的限制，实现跨越时空的流通与渗透，更能够突破原有的经济边界，凭借自身在要素市场配置上的快速优化与集成共享优势，与土地、劳动、资本等传统生产要素相融合，在提升传统生产要素质量的同时，也使传统生产要素具有了强大的渗透能力，特别是与资本相结合形成的数据资本，其渗透性尤其显著。

一方面，数据资本作为资本的新形式，必然要遵循资本逐利的基本逻辑，即数据资本本来就具有不断向外扩张以壮大自身的内在动力。另一方面，凭借数据要素强大的渗透能力，数据资本的逐利本性得以无限放大，外在地呈现出无序扩张的特点，即资本的内在逐利本性与外在扩张动力在数据要素的加持下被无限增强。范围上，数据资本的这种无序扩张特性首先会发生在经济中的某一领域，直至占据该领域的大部分甚至全部空间，但其扩张的步伐并不会就此终止，而是将会以原领域为轴心进一步向相关领域扩张，形成第二轮控制圈层，进而再向更大的圈层辐射与延伸，其范围最终将会囊括社会各个领域，呈现出"全域性"控制的扩张特征。伴随着数据资本的无序扩张与跨领域控制，数据资本积累的速度无限增大。

（四）数据垄断成为数据资本积累的历史趋势

从历史角度看，资本主义产生以来，尤其是发展市场经济阶段，资本的垄断特性便因其内在逐利本性与外在竞争压力而日益显露出来，体现在占据垄断地位的资本，能够凭借垄断优势获取垄断利润，加快其资本积累的速度；垄断的形成总是以竞争的削减为代价，而竞争激烈程度的降低更有利于垄断资本获取垄断利润壮大自身。进入数字经济时代，数据资本作为新的资本形式，如果缺乏有效的约束或管控，必然走向数据垄断资本扩张。

一方面，数据资本积累主要表现为对海量数据的攫取和占有，通过把尚未资本化的数据卷入到资本化旋涡之中用以自身积累，而数据所具有的强渗透能力又加剧了财富占有的不平等，竞争被削减至前所未有的程度，相应地，垄断资本的地位更加难以撼动。

另一方面，以数字技术为依托形成的算法权力，与传统的资本权力相互交织融合，增强了资本权力的可操作性、灵活性与隐蔽性，极大地提高了数据资本的垄断扩张能力。形式上，数据资本的垄断扩张呈现出更加无序的特征，表现出数据控制、算法控制与跨领域控制的演进规律。

第二节　数据要素市场

在市场经济下，数据要素要有效发挥作用，必须充分发挥市场机制的作用，促进数据要素市场化。数据要素市场化的本质是数据要素商业化，是实现数据要素从产品到商品的转化。

一、数据要素市场发展

广义的数据要素市场由数据采集、数据存储、数据加工、数据交易、数据分析、数据服务、生态保障七大模块构成，覆盖数据要素从产生到发挥作用的全过程。狭义的数据要素市场是指数据流通市场。

当前，在国家政策引领、地方试点推进、企业主体创新、关键技术创新等多方合力的作用下，我国数据要素市场不断探索和创新。据国家工业信息安全发展研究中心测算的数据，2021 年我国数据要素市场规模达到 815 亿元，[①] 预计"十四五"期间数据要素市场规模复合增速将超过 25%，到 2025 年规模有望接近 2000 亿元。从细分领域来看，2021 年数据要素的存储、分析、加工环节，市场规模均超过 150 亿元，为数据要素的资源化奠定了扎实基础；数据交易和数据服务的产业规模分别达到 120 亿元和 85 亿元，[②] 整体将进入群体性突破的快速发展阶段。2022 年我国数据产量达 8.1ZB，同比增长 22.7%，全球占比达 10.5%，位居世界第二。截至 2022 年底，我国数据存储量达 724.5EB，同比增长 21.1%，全球占比达 14.4%。全国一体化政务数据共享枢纽发布各类数据资源 1.5 万类，累计支撑共享调用超过 5000 亿次。[③] 2022 年我国数据要素市场规模情况见图 3 - 1。

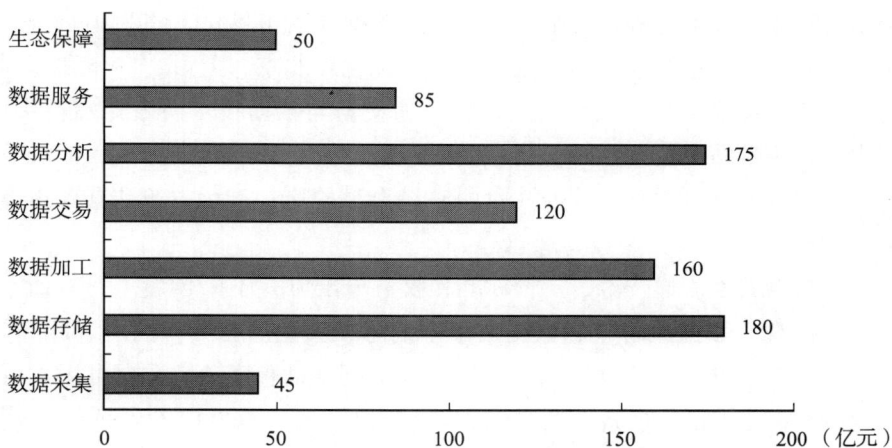

图 3 - 1　2022 年中国数据要素市场规模

资料来源：国家工业信息安全发展研究中心。

数据要素市场的发展呈现三个主要特点。

第一，数据要素战略地位日益提升。2017 年 12 月 8 日，习近平总书记在中央政治局实施国家大数据战略第二次集体学习中指出，数据是新的生产要素，是基础性资源和战略性资源，也是重要生产力；要构建以数据为关键要素的数字经济。

---

① 本章有关数据要素市场规模的计算，当前仅限于数据采集、数据存储、数据加工、数据交易、数据分析、数据服务和生态保障七大模块，暂未包含数据应用的部分，其中数据交易环节测算数值包括了场内交易和场外交易的统计数据。

② 我国数据要素市场蓬勃发展　2025 年规模有望达 2000 亿元［EB/OL］. 光明网，https://tech.gmw.cn/2023 -02/27/content_36392476.htm，2024 -07 -02.

③ 国家网信办：2022 年数字经济规模 50.2 万亿元　总量居世界第二［EB/OL］. 中共西藏自治区委员会网络安全和信息化委员会办公室，https://wxb.xzdw.gov.cn/qwfb/zyjs/202305/t20230523_355173.htm，2024 -07 -24.

2019 年 10 月，党的十九届四中全会首次提出将"数据"作为生产要素参与分配。2020 年 4 月 9 日，《中共中央　国务院关于构建更加完善的要素市场化配置体制机制的意见》明确提出加快培育数据要素市场。2021 年 12 月，国务院办公厅印发《要素市场化配置综合改革试点总体方案》，提出：探索建立数据要素流通规则，要从四个方面展开，即完善公共数据开放共享机制、建立健全数据流通交易规则、拓展规范化数据开发利用场景和加强数据安全保护；探索"原始数据不出域、数据可用不可见"的交易范式，等等。

第二，数据要素市场规模快速增长、市场布局不断优化。"十三五"期间，以数据采集、数据清洗、数据标注、数据交易等核心数据要素环节构成的中国数据要素市场快速增长，复合增速超过 30%；① 全国形成以国有资本为主导的数据交易所与以社会资本为主导的数据公司构成的数据要素市场格局；各省市逐步汇聚龙头企业，利用自身固有技术优势和成本优势，推进数据要素市场化，并为小微企业作出示范。与此同时，数据要素市场区域分工持续优化，北京、上海、广州和深圳等地依托自身人才与技术优势，大力发展数据流通交易与数据技术研发等高精尖业务，而围绕中心经济带的次发达地区则利用人力密集的特点开展数据标注、清洗等传统数据服务，如贵州打造国家大数据（贵州）综合试验区，推行省域数据要素市场自治与可信流通。

第三，数据要素流通技术、定价标准和收益分配方式不断创新。一方面，在流通技术上，针对"数据孤岛"和数据共享中的隐私安全问题等，推出"联邦学习"等机器学习框架，推出"数据沙箱"以实现"数据不动程序动，数据可用不可见"，既确保原始数据不泄露，实现合法合规的数据开放，又充分发挥了数据的最大价值。另一方面，推动数据流通定价标准多元发展。通过不断摸索和创新，形成第三方平台预定价、协议定价、拍卖定价、按次计价（VIP 会员制）和实时定价等多元模式。与定价标准相联系，数据收益分配模式日益丰富，形成交易分成模式、一次性交易数据所有权模式、多次交易数据使用权模式等多种收益分配方式。

二、数据要素细分市场

随着数据要素市场的发展壮大，我国形成了一些发展较快的细分市场。

（一）政务数据要素市场

目前，我国已经打造了多层级政务数据资源库，初步形成覆盖国家、省、市、县等层级的政务数据目录体系，由数据主管部门按数据属性建立了各类数据资源基

---

① 31 省市数据要素"十四五"规划重点［EB/OL］. https：//xxzx. guizhou. gov. cn/dsjzsk/zcwj/202207/t20220718_75570561. html，2024 - 07 - 02.

础库和主题库。国内 31 个省（自治区、直辖市）政务云基础设施建设基本完成，超过 70% 的地级市已经建成或正在建设政务云，[①] 各省市通过搭建集中的基础架构平台，将传统的政务应用迁移到平台，集中存储数据，提供政务数据资源管理服务。针对政务数据共享交互，我国已基本建成国家、省、市多级数据共享交换体系，而且，各地区、各部门依托政务大数据平台建立的政务数据仓库，围绕城市治理、环境保护、生态建设、交通运输、食品安全、金融服务、经济运行等应用场景开展数据分析应用，为多行业和跨场景应用提供多样化共享服务；同时，围绕产业发展、市场监管、社会救助、公共卫生、应急处置等领域推动政务大数据综合分析应用，为政府精准施策和科学指挥提供了重要支撑。国家、省、市针对政务数据管理和安全保障制定了一系列标准规范，以促进跨部门、跨层级数据汇聚和共享，充分发挥数据资源价值。

（二）工业数据要素市场

目前，我国工业数据要素在设备健康管理、供应链协同业务模式创新、覆盖工业全流程场景数据分析挖掘应用等诸多方面，发挥了较大作用。随着数字化转型能力的提升和产品升级等需求驱动，企业的关注点从数据中台本身转向了最终的数据变现能力。特别是，企业内部及其上下游之间的合作越来越依赖各类数据平台和数字化工具，企业面临缺少具体工程方法论及工具来突破传统数据中台的难题，因此，需要从企业的生产力要素全局关联性、数据的逻辑性和多重关联性出发，形成反映复杂巨系统的各组织域、各职能域、各业务域、各数据域的无歧义、无冗余、单一数据来源的工业企业生产力数据库或新的"数据湖"，等等。

（三）互联网数据要素市场

这是我国目前市场化程度较高的市场。一方面，互联网数据要素市场已经形成了通过线上线下相结合的方式采集个人数据、经营数据、业务数据、开放平台数据等多源异构数据的态势；另一方面，借助平台优势，数据分析处理能力、相关服务和应用能力不断提升。全国各地成立了不少数据交易机构，阿里巴巴、百度、腾讯、京东、美团、字节跳动等互联网平台型企业也基于自身的云平台产品在场内提供相关数据产品和服务，聚合数据、数据宝等企业建设了数据开放平台，汇聚金融、征信、电商等多方数据提供相关服务和应用，通过数据分析并利用技术手段从海量用户行为数据中挖掘出有价值的信息，分析用户的生命周期及行为路径，建立数据指标体系、监控体系和用户模型，进行用户分层，并提供针对性产品和个性化服务，

---

① 我国数字政府制度规则体系基本建立 超 70% 地级市建成政务云平台［EB/OL］. 中国青年网，https：//t. m. youth. cn/transfer/index/url/news. youth. cn/gn/202309/t20230909_14777950. htm，2024 - 07 - 02.

实现精准营销，促进业务增长，提升用户体验，打造数据驱动的业务新模式。与此同时，我国互联网领域数据要素市场生态保障持续加强。《中华人民共和国网络安全法》（简称《网络安全法》）、《中华人民共和国数据安全法》（简称《数据安全法》）、《中华人民共和国个人信息保护法》（简称《个人信息保护法》）、《网络数据安全管理条例》等法规，明确建立了数据分类分级、数据交易管理、数据安全管理、数据安全应急处置、数据安全审计等方面的机制，构筑全面的网络数据安全保障体系。

（四）医疗数据要素市场

医疗数据作为医疗卫生行业的关键数据资产十分重要，为防止医疗数据泄露，大多采取网络物理或逻辑隔离的方式，将数据存储在本地机房或政务云平台。国家卫生健康委员会（以下简称"国家卫健委"）统计信息中心发布的数据显示，目前我国 98.8% 的三级医院及 96.1% 的二级医院均建有数据中心机房，所有省级卫健委和 82.3% 的市级卫健委均拥有数据中心机房。[1] 医疗数据的加工处理逐渐智能化，利用人工智能手段，高效地对原始数据进行脱敏、清洗、归一等，并对如诊断名称、检验/检查项目、用药名称等字段，基于 ICD 编码等标准完成数据标准化处理，对自然语言描述的主观数据进行结构化处理，大大提高了工作效率。而且，政府机构主导下的医疗数据流通共享日趋成熟。国家卫健委统筹推进全民健康信息平台等基础设施建设，支持医疗数据共享，制定了一系列医院和基层医疗卫生机构的信息化建设标准与规范，实施电子病历评级、互联互通评级、智慧医院评级和检查检验结果互认等一系列措施，有效地推动了健康医疗数据的互联互通。目前，国家全民健康信息平台已基本建成，省级统筹区域全民健康信息平台不断完善，基本实现了国家、省、市、县平台的联通全覆盖，已经有 8000 多家二级以上公立医院接入区域全民健康信息平台，20 个省份超过 80% 的三级医院已接入省级的全民健康信息平台，25 个省份开展了电子健康档案省内共享调阅，17 个省份开展了电子病历省内共享调阅，204 个地级市开展了检查检验结果的互通共享。[2] 不仅如此，医疗数据的分析应用也取得了重大进展。在智慧医院领域，基于全院级临床数据治理的科研数据分析、临床辅助决策支持、医保支付，以及医院管理等应用场景纷纷落地；在医药研发领域，基于临床试验管理系统之上的自动化数据采集、数据分析，以及临床试验和药物研发中的智能化应用逐渐准广；在疫情防控方面，多地利用医疗大数据和数据智

---

① 2024－2028 年中国医疗大数据市场投资规划及前景预测报告［EB/OL］. 锐观网，https：//www. re-portrc. com/，2024－07－02.

② 国家卫健委：全民健康信息平台已基本建成［EB/OL］. https：//content－static. cctvnews. cctv. com/snow－book/index. html？item_id＝11732810083174834604，2024－07－02.

能技术进行自动数据抓取、实时信息安全共享、多渠道监测预警，构建智慧多点触发预警监测平台系统，为整个疾病防控体系提供决策支持。

（五）金融数据要素市场

我国金融机构形成了在其服务的全流程直接或间接采集数据的能力，特别是具备了在信贷、理财、投行等多个业务条线全流程采集海量企业金融数据、个人金融数据和外部数据，在中后台归集包括财务、审计等在内的银行核心数据的能力。鉴于金融数据存储安全的重要性，金融行业出台金融数据分类分级标准和安全标准，引导金融机构安全存储数据。在数据流通共享中，现行监管政策鼓励在保证数据安全前提下进行数据交换，对于低敏感数据，主要采用 API 接口的方式流通；对于较敏感数据，主要做法是采用隐私计算的方式交互，在保证"数据可用不可见"的前提下，开展数据流通探索，安全释放数据价值。

（六）科学数据要素市场

科学数据主要包括在自然科学、工程技术科学等领域，通过基础研究、应用研究、试验开发等产生的，具有较强的研发和利用价值的数据。在涉及基因与生物技术、深空深地深海和极地探测等关系国家安全与重大利益的领域，我国科学数据的采集、加大和存储等，主要以政府为主导进行科学数据中心和集成平台建设；在关系企业竞争优势的前沿科技领域，则通常由企业主导采集并作为商业秘密在本地保存；在应用场景蓬勃发展的生物医药等领域，科学数据产生量和需求量都非常庞大，数据上云成为主要趋势。国家鼓励科学数据开放共享，以降低科研成本，提高研发效率，加快成果应用推广。国务院印发的《科学数据管理办法》明确指出，科学数据主管部门应建立科学数据汇交制度，在国家统一政务网络和数据共享交换平台的基础上开展本部门（本地区）的科学数据汇交工作，编制科学数据资源目录并将有关目录和数据及时接入国家数据共享交换平台，面向社会和相关部门开放共享。

第三节　数据市场定价

一、数据市场定价概述

价格是指单位货物或服务的价值的货币表现形式，是其交换价值在流通过程中所取得的转化形式。定价就是确定单位货物或服务价值的过程。数据作为一种生产要素，在现实中，其所蕴含着的价值也需要通过价格加以体现。目前，国内外学者尚未形成关于"数据定价"的统一定义。数据定价是数据所有者为了将所掌握的数据集推向数据市场，追求最大利润，而给每个数据集制定合理价格的过程。此外，数据价格除反映市场供求关系外，还应充分考虑数据所属的领域、类型、存储过程以及应用场景等。

有关数据估值和定价的讨论，学界形成了一些较为普遍的看法。

（一）数据估值和定价虽有联系但不能完全混为一谈

数据估值是基于数据生产者或使用者的角度，根据数据本身的特点进行价值评估，为价格发现提供参照基准，是相对静态的行为；数据定价讨论的是市场行为中数据最终按什么价格交割，是动态的行为，它以市场需求和市场竞争为导向，是基于购买者对该数据的价值评估和预期成本的考量，利用市场的价格发现功能进行竞价匹配的过程。

（二）传统的资产评估方法不完全适用于数据要素

传统的资产评估方法包括成本法、收益法和市场法三类。成本法以成本估值，收益法以预期收益折现估值，市场法则以市场上类似交易的成交价格作为估值参考。对数据估值来说，用成本法的问题在于数据生产涉及多元主体、成本不易区分且贬值因素难以估算；用收益法的难点是数据的时效性、使用期限的评估；用市场法主要受制于数据要素市场尚不活跃，缺乏足够的案例支持。由于数据预期产生的经济价值与数据具体应用场景、数据要素市场结构高度相关，不同主体间潜在收益、供求关系均有较大的异质性，所以，对数据的价值和价格进行统一、标准化的规定几乎是不现实的，现有的数据估值方法均有其局限性，未必能客观准确反映数据的真实价值，需要进一步探索。

（三）数据产品价格很难根据统一的标准衡量

当前各类数据交易场景或交易平台主要采取卖方定价、协议定价等方式。卖方定价是卖方通过评估自己的数据质量、成本、需方效用给出统一报价，这一过程由卖方主导，缺乏供需双方在市场机制下的博弈互动；协议定价是由供需双方协商确定价格，但双方反复报价、议价过程耗费的时间成本大，无法形成标准化、大规模、高效率的价格发现机制。如果回归市场的本质要求，数据价格遵循价值决定价格、市场供求影响价格的基本逻辑来确定，但由于数据价值评估尚未形成统一规则，因而参与主体难以确定衡量价格的统一标准。

因此，我们将数据市场定价定义为：针对不同的数据应用场景，根据相应的市场结构以及数据买卖双方的需求，充分体现数据真实价值又确保数据买卖双方收益的价格确定行为。

二、数据市场定价机制

数据要素市场定价的基础是对数据自身价值的评估。目前资产价值评估主要包括市场法、收益法及成本法等方法，由于数据自身的无形化、虚拟化等特性，不能完全照搬上述理论或方法，所以，国内数据要素市场在实践中探索并形成的定价机制，主要有数据所有权交易定价和数据使用权交易定价两大类。具体又细分为第三方平台预定价、协议定价、拍卖定价、按次计价（VIP 会员制）及实时定价五种数据交易定价机制。

（一）数据所有权交易定价

数据所有权交易定价，是指数据交易双方直接产生数据所有权属变更的交易，如数据集的交易等。数据所有权交易定价可参考资产评估方法，确定交易过程中数据资产的价值，主要细分为三种定价机制。

（1）第三方平台预定价。如果数据卖方无法确定数据产品的具体价格，大数据交易平台可以委托大数据交易相关第三方专业人员进行评估定价。第三方专业人员基于大数据交易平台特点，利用数据质量评价指标（如数据量、数据种类、数据完整性、数据时间跨度、数据实时性、数据深度、数据覆盖度、数据稀缺性等）进行评价，并根据评价结果和同类同级数据集（产品）的历史成交价拟定一个合理的价格区间，数据卖方基于此价格区间在交易前对交易数据进行再定价。

（2）协议定价，即数据买卖双方协商交易价格。大数据交易平台通过沟通数据交易双方，使数据交易双方达成对该交易数据交易价格的一致认可，完成数据交易。这种定价方式目标性强，在不违反政策限制的情况下，双方对价格的把控自由度大，沟通机会多，成交率高。但这有可能会使整个协议过程形成一个漫长的博弈过程，增加时间成本。

（3）拍卖定价，即在一个卖方和多个买方之间经过拍卖而确定价格。当前，主要数据交易平台交易的数据大多经过了脱敏等预处理，从而造成数据交易双方难以对所成交数据的最终使用价值进行准确定价的情况。因此，交易双方会倾向于通过拍卖方式对交易数据进行最终的定价。

（二）数据使用权交易定价

数据使用权交易类型是指数据交易双方不产生数据所有权属的变更，而主要通过调用数据集达到训练算法模型等目的，如 API 技术服务等。数据使用权交易定价多将数据交易视为服务形式，并参考服务业定价机制，主要包括两种计价方式。

（1）按次计价机制。基于数据调用模式，数据买方每调用一次数据就付费一次。这种方式实际上出售的仅仅是数据的使用权。这一定价方式的计价标准由大数据的提供者定价，大数据交易平台或大数据技术服务提供商作为中介对数据进行传输。部分企业在按次计费的基础上延伸了 VIP 会员制，即购买 VIP 会员即可获得免费接口一定时间范围内的调用次数。按次计价定价方式强调对 API 的多次调用，是针对数据产品或技术使用权的多次交易。

（2）实时定价机制。依据数据的样本量和单一的数据指标项价值，通过交易系统自动定价，价格实时浮动。采用实时定价的数据商品价格受市场环境和市场供求关系的影响，当市场供需实时变化时，数据价值也实时波动。此外，数据所包含的商品价值和使用价值会随着时间的变化出现波动，进而影响交易数据的最终交易定价。若交易数据处于市场需求低、数据价值低的时段，数据交易价格也会较低。

三、数据市场定价模型

数据定价模型是数据定价研究的重要组成部分，学者们从不同角度提出了多个模型，也形成了不同的划分方式。目前，主流的数据定价模型划分方法有：基于经济学和基于博弈论的定价模型，[①] 基于学术研究和操作实践的定价模型，[②] 基于数据本体和基于利润最大化的定价模型。在这些模型中，基于数据质量和信息熵的定价模型侧重于反映数据本体不同维度的真实价格，基于查询和博弈论的定价模型则更侧重于特定市场场景构建下的综合因素。

（一）基于数据质量的定价模型

基于数据质量的定价模型关注数据质量和价格的相关性，按质论价，同时关注主观质量评估能力。有学者应用数据质量维度提出了基于 NYOP（name your own price）原则的框架，根据用户的支付意愿来调整关系数据质量维度，[③] 在此基础上，可根据用户的偏好来调整维度，得出数据质量分数从而进一步定价。不同的机构、企业和用户对数据质量维度的标准不尽相同，因此，可根据实际的业务流程和用户需求来选择合适的数据质量维度。[④] 数据质量的评估方法包含定量方法、定性方法和综合方法；准确性、完整性等维度可以用公式定量；客户诚信、维度权重的可解

① Liang F，Yu W，et al. A survey on big data market：pricing，trading and protection ［J］. IEEE Access，2018（6）：15132 - 15154.

② 彭慧波，周亚建. 数据定价机制现状及发展趋势 ［J］. 北京邮电大学学报，2019（1）：120 - 125.

③ Stahl F，Vosseng. Name your own price on data marketplaces ［J］. Informatica，2017（1）：155 - 180.

④ 蔡莉，朱扬勇. 大数据质量 ［M］. 上海：上海科学技术出版社，2017：96.

释性等需要专家评估或者用户反馈。① 该定价模型下的价格充分体现了数据本身价值的完整性，在这一定价模型下，卖家可以获取更高的收入，买家收到的产品也符合自身的偏好和预算。②

（二）基于信息熵的定价模型

1948 年，学者提出了信息熵的概念并将其作为信息量的度量。③ 之后，熵在资产定价中的运用极为普遍。有学者指出，数据的价值在于其减少不确定性的决策效用，以"信息熵"为基础可以对数据进行定价。④ 基于信息熵的定价常以数据本身的特征、质量以及客户感知价值为定价基础，兼顾了数据本身的价值和消费者需求。数据信息熵包括数据品种、时间跨度、数据深度、数据完整性、数据覆盖性和数据时效性 6 类相关要素。目前，我国贵阳大数据交易所就将数据信息熵作为价格的决定性因素。然而，在实践中，由于大数据效用的预先客观量化是十分困难的，此定价方法有待进一步检验和优化。

（三）基于查询的定价模型

2015 年，有学者提出了查询市场的概念。⑤ 查询市场上会自动生成视图，通过客户的查询行为进行定价。查询市场数据定价需要符合两个原则：无套利，即整体的价格要小于所有部分的单价总和；无折扣，即当单个部分的价格确定的时候，整体部分的价格要下降。上述两个原则在元组粒度级别的操作上是普遍适用的。对于实时系统中，基于查询的无套利定价，有很好的发挥空间。⑥ 在拥有地图位置意识的空间数据市场模型中查询定价运用前景广阔，将价格设定为位置或区域的函数并通过地图显示，用户通过选择区域获得价格。

（四）基于博弈论的定价模型

博弈论是基于对市场主体行为的决策互动关系描述而发展起来的理论体系。基于博弈论的定价模型主要应用于拍卖定价的场景，如图 3 - 2 所示。这种场景有两

---

① 蔡莉，梁宇，朱扬勇等. 数据质量的历史沿革和发展趋势［J］. 计算机科学，2018，45（4）：1 - 10.

② Yang J，Zhao C，Xjng C，et al. Big data market optimization pricing model based on data quality［J］. Complexity，2019（1）：5964068.

③ Shannon C E. A mathematical theory of communication［J］. Bell System Technical Journal，1948（3）：379 - 423.

④ 韩海庭，原琳琳，李祥锐等. 数字经济中的数据资产化问题研究［J］. 征信，2019（4）：72 - 78.

⑤ Koutris P，Upadhyaya P，Balazinska M，etal. Query-based data pricing［J］. Journal of the ACM，2015（5）：1 - 44.

⑥ Deep S，Koutris P. Qirana：a framework for scalable query pricing［C］. Proceedings of the 2017 ACM International Conference on Management of Data，Chicago，May 14 - 19，2017. New York：ACM，2017：699 - 713.

种：一是某类大数据商品不能广泛传播，只能将其卖给一位或少数几位大数据买家，价高者得；二是大数据买方对需要购买的大数据产品期望值极高，可以与卖方协商进行拍卖式定价。纯粹的博弈论定价模型主要是描绘一个具体场景最后达到均衡状态的过程。

在双寡头竞争下，数据驱动的自动定价模型可以预测竞争对手的价格反应和参考价格演变。[1] 在具体定价策略下运用博弈论，比如：（1）在基于使用量的定价策略下运用博弈论得到服务产品的广义定价模型；[2]（2）以云计算作为辅助、区块链增强的数据市场框架，利用区块链技术建立物联网数据的最优定价数据；[3]（3）采用 Stackelberg 博弈模型来使消费者和所有者各自的利益最大化。

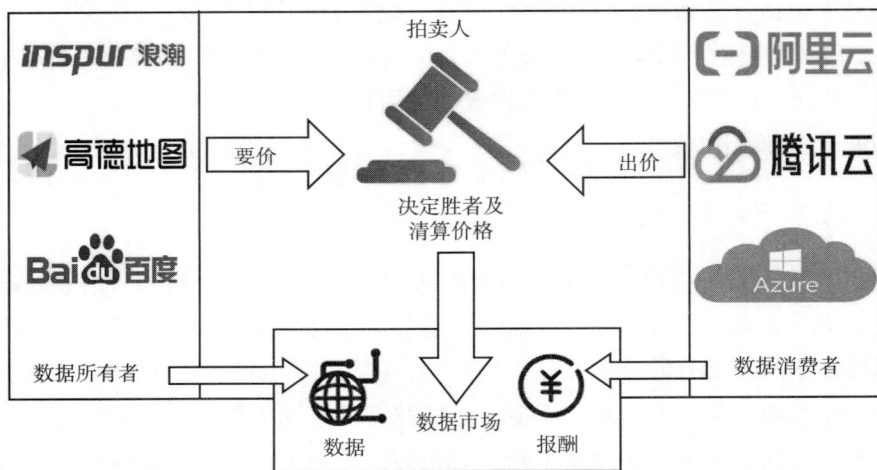

图 3-2 基于拍卖博弈的大数据交易市场框架

（五）基于机器学习的定价模型

人工智能经过多年发展，以深度学习为代表的机器学习等技术的不断发展正成为一系列科技革命的重要驱动力量。机器学习通过模拟人的思维模式，构建模型，自动完成事件活动，在图片处理、自然语言处理和计算机视觉等多方面都有卓越的应用。在金融领域，基于机器学习的定价模型已长期存在，比如将 Adaboost、随机

① Schlosser R, Boissier M. Dynamic pricing under competition on online marketplaces: A data-driven approach [C]//Proceedings of the 24th ACM SIGKDD international conference on knowledge discovery & data mining, 2018 (6): 705-714.

② Zhang C, Tian Y X, Fan L W, et al. Use-based pricing and prepaid-based pricing for service products: analysis of an unlimited prepaid card [J]. IEEE Access, 2018 (6): 57676-57688.

③ Liu K, Qiu X Y, Chen W H, et al. Optimal pricing mechanism for data market in blockchain-enhanced Internet of things [J]. IEEE Internet of Things Journal, 2019 (6): 9748-9761.

森林等经典机器学习算法运用在利率定价和信贷风险预测中。[①] 也可以将消费者的反馈，通过机器学习，构建顾客价值定价模型。[②] 数据定价可被看成多臂老虎机的强化学习问题，或者在定价框架上将基于贝叶斯推理的核回归算法与基于 Bootstrap 的置信区间估计算法相结合。[③]

　　有学者提出了基于模型的定价理论，这一定价方法不仅注重机器学习模型的性能和准确率，而且关注如何以高性价比获取数据。卖家直接出售训练好的机器学习模型实例，而不是训练数据，使用模型精准度来划分不同价格水平。[④] 基于模型的定价方法框架如图 3－3 所示。

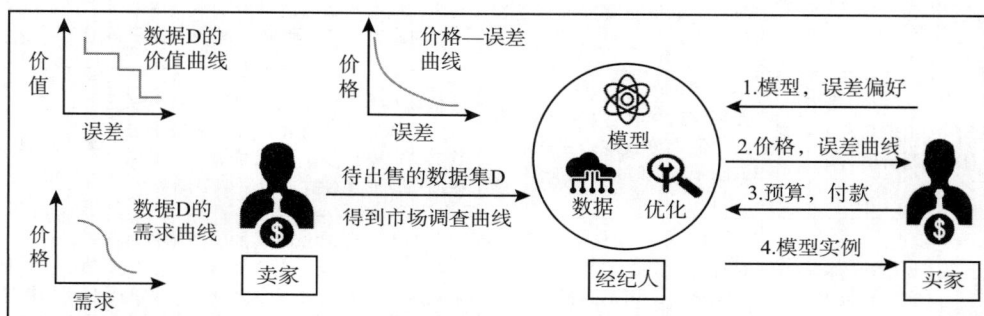

图 3－3　基于模型的定价方法框架

　　基于模型的定价方法框架包含 3 种参与者，卖家提供数据集，买家希望从市场中购买机器学习模型，经纪人负责在中间协调。

　　首先，卖家或者经纪人进行市场调查，以确定代表潜在买家对机器学习模型实例的需求和价值分别对应误差的关系曲线。该曲线将需求和价值表示为训练后机器学习模型误差的函数，经纪人则使用市场调查的信息来构建呈现给买家的价格－误差曲线。买家指定所需的价格或误差预算，经纪人根据误差和价格预算计算出合适的机器学习模型，将模型返还给买家。在模型训练方面，引入一个噪声注入机制，允许经纪人对每组数据只训练一次，得到一个最优模型，当某个买家提出购买需求时，经纪人向模型内注入随机高斯噪声，并将结果返回给买家。定价机制根据注入模型实例中的噪声多少来确定价格：加入的噪声方差越低，训练出的模型效果越好，

　　① 孙存一，龚六堂. 大数据思维下的利率定价研究——以机器学习为视角的实证分析 [J]. 金融理论与实践，2017（7）：1－5.

　　② 唐兴叶. 基于文本分析与机器学习的顾客感知价值定价模型 [D]. 厦门：厦门大学，2019：126.

　　③ Xu L，Jiang C X，Qian Y，et al. Dynamic privacy pricing：a multi-armed bandit approach with time-variant rewards [J]. IEEE Transactions on Information Forensics and Security，2016（2）：271－285.

　　④ Chen L，Koutris P，Kumar A. Towards model-based pricing for machine learning in a data marketplace [C]. Proceedings of the 2019 international conference on management of data，2019：1535－1552.

价格就越高。

该框架可以为买家提供不同版本的机器学习模型，以满足买家的不同需求。

不同数据定价模型之间的对比如表 3 - 1 所示。

表 3 - 1 数据定价模型对比

数据定价模型	机制	优点	缺点	运用场景
基于数据质量	选定数据质量维度，构造效用函数	根据数据质量各个维度公正地客观地评估，维度越多，对数据本身的真实价值挖掘越准确	维度的合理选择影响算法效率和消费者体验，市场上供需关系的作用缺乏考虑；同时，数据质量标准化尚未统一，有待进一步成熟和完善	通用
基于信息熵	由信息论理论判断价值含量	使用信息熵表达数据所蕴含的价值十分直观，在针对个人隐私数据时效果很好	信息熵的本质概率和信息冗余度的关系，单纯的概率与冗余度关系在表达数据的完整程度上缺乏说服力，相对数据质量的多维度评价有明显弱势	私人数据
基于查询	先用视图构建平台，再根据用户需求定价	在针对用户需求的准确性上效果显著，用户画像精准度高	需要事先定价部分底层的、基础性的视图，才能够支撑起整个查询系统，更新压力巨大，可能会出现无意识的套利情况，查询过程的成本与数据本身的价格无关	基于查询视图构建的市场
基于博弈论	多角色的相互作用达到平衡	着重考虑了多个市场对象的决策互动行为影响，很契合拍卖场景	偏向特殊情况的宏观分析，很难指导具体行业的数据定价，对数据本身的真实价值缺少足够的挖掘深度	拍卖
基于机器学习	运用机器学习算法模拟定价问题	围绕人工智能拓展的研究，其在多领域内有杰出表现	训练数据集中的样本缺乏市场反馈，并且稳健性不高	特殊

第四节 数据要素交易

一、数据要素交易流程

数据交易流程，是数据交易双方从数据采集到最终完成数据交易的各环节所构成的关系链，如图 3 - 4 所示。

与传统商品交易相比，数据交易比较复杂。通常，数据所有者将数据代入数据交易平台，平台可以实现数据交易流程中的多个必要步骤，包括数据确权、数据加工、数据定价和数据移交形式等。数据确权是指数据所有权、数据使用权和他项权利的确定；数据加工包括数据预处理、数据挖掘和分析，主要应用数据集成、数据剖析、数据清洗和数据溯源等技术；数据定价是数据交易平台的重要组成部分，将前期所投入的成本与市场供需关系相结合，最终得出数据定价，其数值大小是最终多方共赢的直接体现。此外，一些平台还提供了用户激励措施，对分享数据会给予奖励和鼓励，以减少数据孤岛的形成。双方的交易确定后，数据通过应用程序接口（application programming interface，API）交互、在线查询、数据终端传输、文件下载等方式移交。数据在交易时，需要采用数据加密、数据审计、数据脱敏技术等以保证数据安全。数据保护可以防止数据泄露，保护用户隐私安全，因此覆盖数据交易的全部流程。

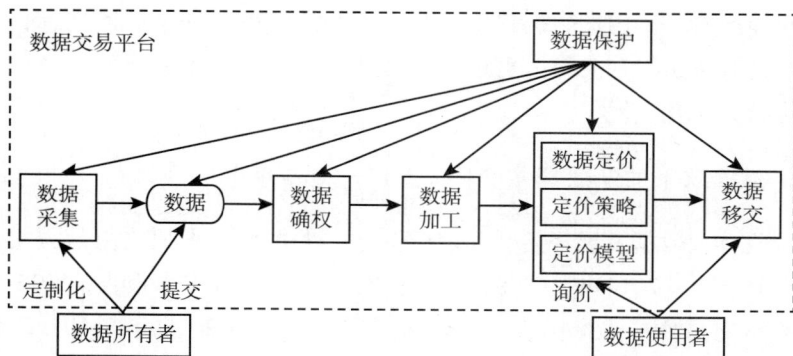

图 3-4 数据交易流程

二、数据要素交易机构

近年来，我国数字经济保持高速发展。2022 年我国数字经济规模达到 50.2 万亿元，同比增长 10.3%，占 GDP 比重的 41.5%。我国数据产量达 8.1ZB，同比增长 22.7%，在全球占比为 10.5%，居世界第二。[①]

2022 年我国数据交易规模超 700 亿元，预计 2025 年市场规模将超 2200 亿元。[②] 2020 年以来，北京、上海、深圳、广州、湖南、福建等多个省市，相继设立数据交易场所。截至 2022 年 9 月，全国各地先后成立 47 家数据交易场所，有 9 家在筹备建设中，包含交易所、交易中心及交易平台等不同类型。在股权架构上，呈现国资控股、国资参股、民企控股等股权组织样式。其中，政府及国资参股是主流，政府

---

① 中国国家网信办发布报告：2022 年中国数字经济规模 50.2 万亿元［EB/OL］. http：//tradeinservices. mofcom. gov. cn/article/news/gnxw/202305/148980. html，2024 - 07 - 02.

② 数据流通发展迎产业浪潮 2025 年市场规模将超 2200 亿元［EB/OL］. http：//www. nmgwx. gov. cn/informatization/10480. jhtml，2024 - 07 - 02.

（国企）发起的数据交易场所达 74%，企业发起的仅占 26%。①

我国数据交易场所主要集中在京津冀、长三角、珠三角和中西部地区的省会城市，呈现出数据交易与区域经济协同发展的趋势。贵阳大数据交易所是我国成立的首个数据交易所，自 2014 年以来，受国家政策支持和实践经验积累等因素影响，交易活跃度持续保持全国前列，与北京、上海、深圳等地交易所构建了"四足鼎立"态势。

三、数据要素交易政策

随着我国数据治理框架持续完善，各地有关数据要素流通和交易的政策文件及改革方案相继落地，进一步推进了数据要素的资源化，数据要素交易市场活力正持续提升。总体来看，国内的数据要素政策大致经历了酝酿探索、落地推行、深化发展三个阶段，政策引导和支撑力度也不断由浅入深，渐次走向成熟，呈现由探索试验到落地推行到深化发展的态势。

（一）数据政策的酝酿探索阶段（2014~2016 年）

在此阶段，大数据发展开始受到广泛关注，大数据发展战略由地方实践层面提升到国家战略层面。2014 年，"大数据"首次被写入政府工作报告，2015 年 4 月全国首个大数据交易所——贵阳大数据交易所正式成立。2015 年 8 月，国务院印发《促进大数据发展的行动纲要》，指出大数据已成为国家重要的基础性战略资源。2016 年的"十三五"规划纲要明确"实施国家大数据战略"。

（二）数据要素政策落地推行阶段（2016~2019 年）

在这一阶段，国家出台大数据相关规划，数据要素价值逐渐凸显，数据流通和交易在数据价值中的枢纽作用越来越凸显。2016 年，工业和信息化部（简称"工信部"）正式对大数据产业发展做出规划，印发《大数据产业发展规划（2016—2020 年)》。2017 年，党的十九大报告明确指出要"推动互联网、大数据、人工智能和实体经济深度融合"。这一阶段数据要素对生产力的促进作用得到肯定，经济价值得到制度性认可，"大数据"也成为政府工作报告中的热词。

（三）数据要素政策深化发展阶段（2019 年至今）

数据与土地、劳动、资本、技术等传统生产要素并列，同为生产要素范畴。因此，激活数据要素潜能，构建数据基础制度，培育数据要素市场，成为数据要素政

---

① 中国信通院、贵州公共大数据国家重点实验室. 数据要素交易指数研究报告 2023 年［EB/OL］. http://www.caict.ac.cn/kxyj/qwfb/ztbg/202305/P020230530525656926749. pdf.

策的重要改革发展方向。2019 年 10 月，党的十九届四中全会首次增列"数据"作为生产要素。2020 年 4 月，《中共中央　国务院关于构建更加完善的要素市场化配置体制机制的意见》明确提出加快培育数据要素市场。2020 年 11 月，《中共中央关于制定国民经济和社会发展第十四个五年规划和二〇三五年远景目标的建议》明确提出，建立数据资源产权、交易流通、跨境传输和安全保护等基础制度和标准规范，推动数据资源开发利用。2021 年 1 月中共中央办公厅、国务院办公厅印发的《建设高标准市场体系行动方案》再次强调了这一点。2021 年底，国家《"十四五"数字经济发展规划》明确提出，要充分发挥数据要素作用，包括强化高质量数据要素供给，加快数据要素市场化流通，创新数据要素开发利用机制；明确到 2025 年初步建立数据要素市场体系。2022 年 12 月，《中共中央　国务院关于构建数据基础制度更好发挥数据要素作用的意见》提出，以促进数据合规高效流通使用、赋能实体经济为主线，以数据产权、流通交易、收益分配、安全治理为重点，深入参与国际高标准数字规则制定，构建适应数据特征、符合数字经济发展规律、保障国家数据安全、彰显创新引领的数据基础制度。

我国国家层面数据要素交易政策情况如表 3 - 2 所示。

表 3 - 2　　　　　　　　　　　国家层面数据要素交易政策一览

政策名称	政策主要内容	施行时间
《中共中央关于坚持和完善中国特色社会主义制度推进国家治理体系和治理能力现代化的若干重大问题的决定》	提出"健全劳动、资本、土地、知识、技术、管理、数据等生产要素由市场评价贡献、按贡献决定报酬的机制"	2019 年 11 月
《关于构建更加完善的要素市场化配置体制机制的意见》	首次提出将数据视为新的生产要素，并明确"引导培育大数据交易市场，依法合规开展数据交易"	2020 年 4 月
《中共中央　国务院关于新时代加快完善社会主义市场经济体制的意见》	提出进一步加快培育发展数据要素市场，建立数据资源清单管理机制，完善数据权属界定、开放共享、交易流通等标准和措施，发挥社会数据资源价值；推进数字政府建设，加强数据有序共享，依法保护个人信息	2020 年 5 月
《建设高标准市场体系行动方案》	提出"建立数据资源产权、交易流通、跨境传输和安全等基础制度和标准规范""积极参与数字领域国际规则和标准制定"	2021 年 1 月
《中华人民共和国国民经济和社会发展第十四个五年规划和 2035 年远景目标纲要》	提出要对完善数据要素产权性质、建立数据资源产权相关基础制度和标准规范、培育数据交易平台和市场主体等做出战略部署	2021 年 3 月
《国家标准化发展纲要》	提出"建立数据资源产权、交易流通、跨境传输和安全保护等标准规范"	2021 年 10 月

政策名称	政策主要内容	施行时间
《"十四五"大数据产业发展规划》	提出要建立数据价值体系，提升要素配置作用，加快数据要素化，培育数据驱动的产融合作、协同创新等新模式，推动要素数据化，促进数据驱动的传统生产要素合理配置	2021年11月
《要素市场化配置综合改革试点总体方案》	提出完善公共数据开放共享机制，建立健全数据流通交易规则	2022年1月
《"十四五"数字经济发展规划》	提出要充分发挥数据要素作用、强化高质量数据要素供给，到2025年初步建立数据要素市场体系	2022年1月
《关于加快建设全国统一大市场的意见》	提出加快培育数据要素市场，建立健全数据安全、权利保护、跨境传输管理、交易流通、开放共享、安全认证等基础制度和标准规范，深入开展数据资源调查，推动数据资源开发利用	2022年4月
《国务院关于数字经济发展情况的报告》	提出加快出台数据要素基础制度及配套政策，构建数据产权、流通交易、收益分配、安全治理制度规则，统筹推进全国数据要素市场体系	2022年11月
《关于构建数据基础制度更好发挥数据要素作用的意见》	提出数据基础制度建设事关国家发展和安全大局，要维护国家数据安全，促进数据高效流通使用	2022年12月
《中共中央 国务院关于构建数据基础制度更好发挥数据要素作用的意见》	从数据要素、流通交易、收益分配、安全治理四方面初步搭建我国数据基础制度体系，提出20条政策举措	2022年12月

在国家政策指导下，各省市也纷纷进行了有益探索，出台了一系列各具特色的数据要素政策。例如，《贵州省大数据发展应用促进条例》首次提出数据交易规则与交易登记等相关要求，《浙江省数字经济促进条例》提出要加强数据资源全生命周期管理，《深圳经济特区数据条例》明确要建立健全数据标准体系，推动数据质量评估认证和数据价值评估，探索建立数据要素统计核算制度，拓宽数据交易渠道，充分尊重市场主体的自由意志，允许市场主体通过依法设立的数据交易平台进行数据交易或者依法自行交易，明确数据交易范围为"合法处理数据形成的数据产品和服务"等。我国国内典型地区数据要素交易政策情况如表3-3所示。

表3-3　　　　　　　　　国内典型地区数据要素交易政策一览

政策名称	政策主要内容	施行时间
《北京市数字经济促进条例》	加快数据要素市场培育，探索建立数据要素收益分配机制，推动数据要素有效流动。回应"数据共享"需求，设计了统一管理的"公共数据目录"和共享机制，推动公共数据和相关业务系统互联互通。	2022年12月

续表

政策名称	政策主要内容	施行时间
《北京市数字经济全产业链开放发展行动方案》	利用 2~3 年时间，制定一批数据要素团体标准和地方标准，开放一批数据创新应用的特色示范场景，推动一批数字经济国家试点任务率先落地，出台一批数字经济产业政策和制度规范，加快孵化一批高成长性的数据服务企业，形成一批可复制可推广的经验做法，在全国率先建成活跃有序的数据要素市场体系，数据要素赋能经济高质量发展作用显著发挥，将北京打造成为数字经济全产业链开放发展和创新高地。	2022 年 5 月
《天津市加快数字化发展三年行动方案（2021—2023 年)》	培育数据要素市场，释放数据要素潜在新价值。完善数据要素市场规则：健全数据要素生产、确权、流通、应用、收益分配机制，构建具有活力的数据运营服务生态，制定数据交易管理办法，完善数据资源确权、交易流通、跨境传输等基础制度和标准规范，健全数据要素市场监管体系，推进数据依法有序流动。	2021 年 8 月
《上海市数据条例》	坚持促进发展和监管规范并举，统筹推进数据权益保护、数据流通利用、数据安全管理，完善支持数字经济发展的体制机制，充分发挥数据在实现治理体系和治理能力现代化、推动经济社会发展中的作用。	2021 年 11 月
《上海市公共数据开放实施细则》	加强远景规划和牵引，推动公共数据开放服务经济发展质量、生活体验品质、城市治理效能提升。	2022 年 12 月
《广东省数据要素市场化配置改革行动方案》	对广东省数据要素市场化配置改革主要思路的贯彻落实，即"1 + 2 + 3 + X"。其中，"1"是坚持"全省一盘棋"，统筹推进数据要素市场化配置改革，完善法规政策，优化制度供给，保障市场的统一开放。"2"是构建两级数据要素市场结构，发挥行政机制和市场机制比较优势，激发各类供需主体活力，促进市场的有序竞争。"3"是围绕数据集聚、运营和交易等环节，推动数据新型基础设施、数据运营机构、数据交易场所三大枢纽建设，打通供需渠道，保障数据要素生产、分配、流通、消费各环节循环畅通。"X"是推进各个领域场景数据要素赋能，释放数据生产力潜能。	2021 年 7 月
《贵州省"十四五"数字经济发展规划》	深化数据价值探索，激发数据要素流通新活力。加快推进公共数据资源开发利用，大力推动数据要素汇聚、共享、开放与流通，搭建一批数据要素汇聚流通平台，创建安全可靠开发利用模式，以场景建应用，以应用促产业，探索数据有序开发利用的机制和路径，打造全国一流的数据要素集聚开发基地及数据流通市场。	2022 年 8 月
《重庆市数字经济"十四五"发展规划（2021—2025 年)》	激活新要素，充分发挥海量数据价值。完善全市公共数据资源共享交换体系，持续提高数据要素的集聚和利用效率。以数据采集、数据确权、数据标注、数据定价、数据交易、数据流转、数据保护等为重点，加速推进数据要素价值化进程。	2021 年 12 月
《四川省国民经济和社会发展第十四个五年规划和二〇三五年远景目标纲要》	培育发展数据要素市场。健全公共数据开放和数据资源有效流动的制度规范，建立数据分类管理和报备制度，推动数据资源管理地方立法。建立社会数据开发利用机制，加大数据采集、加工、存储、分析和应用力度，促进数据价值增值。研究制定数据权属界定、流通交易规则，推动开展数据资产确权、评估、定价、质押、抵押。发挥数据经纪商等市场中介作用，扩大数据市场交易。	2021 年 3 月

随着全球数字经济的发展，世界各国开始认识到数据的战略地位。通过构建适

宜的法律制度来维护这一战略性资源，成为各国的共同选择。例如，欧盟委员会发布"欧盟数据战略"，出于打造自身数字技术主权、培育本土企业、制衡美国大型科技公司等目的，为欧盟将来持续推进数据法律制度设定了路线图。目前，全球数据法律制度呈现出一些新趋势，对我国持续完善数据要素市场的相关法律制度，有一定的借鉴和启示意义。

全球数据法律制度呈现的六大新趋势

1. 多维度推进政府数据开放共享

政府数据开放共享的含义主要体现在以下三个方面。首先，可以开放的数据即公共数据，需要向全社会无条件开放；其次，可以共享的数据，需要在政府部门之间分享，并可向合适的企业分享；最后，秘密的、不能披露的数据，需要以负面清单的方式划定，作为共享与开放的例外。2019年，作为全球数据开放立法的里程碑的美国《开放政府数据法案》和欧盟《开放数据指令》先后生效，前者正式确立了统一的政府数据开放平台（data.gov）的要求，并要求联邦机构将其信息作为开放数据，以标准化的、机器可读的形式在线发布；后者要求在统一的平台上开放政府数据和受政府资助的科研数据，并探索通过API接口开放共享实时数据。此外，G2G、G2B数据共享也被提上日程，因为在政府部门之间共享数据，能够支撑智能高效的政府服务，企业和研究机构也可以基于政府数据进行创新。例如，根据澳大利亚的思路，除不能披露的政府数据（以负面清单的形式存在）以外，其他政府数据应广泛共享，而且为特定目的（如公共利益目的）而进行的数据共享，不需要获得个人的同意，而是以数据管理者、使用者的保护义务代替数据主体的许可。相比于知情同意模式，此种模式更能适应数字时代数据收集和使用活动的无时无刻、无处不在等特征。

2. 探索数据共享的新方式，注重对数据持有者合法利益的保护

数据是数字经济和人工智能等新技术的基础，数据只有充分流通才能发挥出最大化的价值，才有利于竞争、创新和公共利益。国际社会（尤其是欧盟）在推动数据共享共用方面，出现一些新趋势。一是B2B、B2G数据共享，按照欧盟的思路，B2B数据共享以自愿分享为一般原则，只有当出现特殊情况时，比如出现市场失灵时，才赋予数据访问权（data access right），基于公平合理无歧视的条件，强制进行数据分享；而且数据访问权需要考虑数据持有者的合法利益，并尊重法律框架。此外，B2G 数据共享也已被欧盟提上日程，将来制定的《数据法》将确保政府为了公共利益，可以获得企业手中的数据。二是数据公地（data commons），或者说共同数据空间（common data space），为避免数据过分集中在美国大型科技公司手中，同时为欧盟企业（尤其是SME）提供开发人工智能等新产品、新服务所必需的数据，欧盟希望在战略性领域（包括工业/制造、环保、交通、医疗、金融、能源、农业、政务、教育/就业），汇聚各个组织的数据，创建共同的、兼容性的泛欧数据空间，即数据池，从而便利大数据分析和人工智能应用。在此模式下，贡献数据的组织可以访问其他贡献者的数据，也可以获得数据池的分析结果、预测性维护服务及许可费等。但是企业未来如何参与数据空间建设，尚需具体方案予以明确。三是数据合作（data cooperatives），来自不同领域的参与者（尤其是公司）可以借助数据合作这一新型中介分享、交换数据，数据合作不同于个人与公司之间一对一的数据收集，也不同于政府与社会之间一对多的数据开放，而是一种多对多的关系，具有长期性。

3. 承认各方对数据的访问、控制及权益，数据产权有待进一步明确化

目前，在数据产权方面主要存在两种呼声，一种是通过建立知识产权来保护数据，如欧盟的数据库特殊权，我国曾将"数据信息"列为知识产权客体；另一种是通过建立所有权来保护数据，这种方式在全球尚无立法例。进而言之，讨论数据产权，需要区分个人数据和非个人数据。就个人数据的财产权而言，针对个人数据创设财产权利的倡议缺乏共识，原因有二：一方面，大部分个人数据是一种社会构建，赋予个人数据财产权利可能导致不同个体主张权利的冲突情形，难以确保数据的确切归属和有效执行；另一方面，个人数据的财产权忽视了用户与平台之间的权益分配。因此，欧盟《通用数据保护条例》（*General Data Protection Regulation*，GDPR）、美国《加州消费者隐私法案》（CCPA）等国外立法都淡化了数据所有权理念，而是从为各方设置权利义务的角度，加强个人数据收集、存储、使用等处理活动中的个人数据保护。

就非个人数据的财产权而言，欧盟曾考虑对人工智能、物联网等新技术应用中的工业数据（如自动驾驶汽车数据）进行产权保护，提出所有权性质的数据生产者权利来保护机器生成的非个人数据或者匿名化数

据（只保护代码而非信息，避免信息垄断或者权利过度），权利人可以申请禁令将不当获取的数据产品排除出市场，或者请求赔偿。德国也呼吁针对工业数据设立所有权。究其原因，欧洲呼吁保护工业数据，是出于对主导欧洲数据和云服务市场的美国大型科技公司可能不当获取、使用欧洲数据资产的担忧，就像在1996年欧盟出台数据库特殊权是出于对美国数据库行业的市场主导地位的担忧一样。因此，在欧洲，数据产权是欧盟进行产业博弈的政策工具。但最新的"欧盟数据战略"并未继续主张数据产权理念，而是提出修改数据库特殊权，表明其立场有所转变。

整体而言，国际社会有关数据产权及保护的讨论，从所有权转向个人利益、行业和企业利益、公共利益的平衡，以及福利、风险、权利的平衡，强调对数据的访问、控制和权益平衡。此种路径能够较好兼顾各方利益，盘活数据资源，同时兼容数据的知识产权（如版权、商业秘密、数据库权）、合同、反不正当竞争等形式的保护，更容易在各方之间形成共识。而对数据产权的讨论有待进一步具体化和明确化，避免不区分数据场景和类型，导致数据产权泛化。这和我国《意见》提出的"研究根据数据性质完善产权性质"不谋而合。

4. 关注权利落地，支持个人数据控制和管理的新型工具、中介

欧盟GDPR之后，个人数据保护立法成为全球趋势。GDPR赋予个人诸多个人数据保护权利，"欧盟数据战略"提出在后续修订GDPR和制定《数据法》的时候，给用户提供工具和方式来更好地控制、管理其个人数据。一方面是新型管理工具，如同意管理工具、个人信息管理App等，也包括基于区块链等新技术的解决方案；另一方面是数据信托（data trust）、数据合作（data cooperatives）等新型个人数据中介，旨在促进安全、公平、互惠的数据分享。数据信托的概念最早由英国政府报告《发展英国人工智能行业》提出，2019年英国个人数据保护机构ICO认可了数据信托的价值，并开始探索有效且可信的数据信托框架和协议。未来，数据信托可能成为个人从其个人数据的使用中分享收益的重要方式。当然，个人数据保护并非绝对化的权利，个人利益、行业和企业利益、公共利益甚至国家利益之间的平衡至关重要，各国在应对这次的全球冠状病毒疫情时所发布的政策和所采取的做法，很好地印证了这一观点。

5. 数据地缘政治下的全球数据流动博弈凸显

随着全球数字经济的发展，数据的地缘政治重要性不断凸显，各国

开始强调数据主权（data sovereignty），为隐私保护、政府执法、产业发展等目的，要求数据本地化，这给全球化数字经济所要求的数据自由流动带来巨大挑战。目前有三种趋势。一是完全本地化。此种模式可能使各国的数字经济彼此割裂，不大可能成为全球普遍模式，只有个别国家（如俄罗斯、印度等）在推动。二是数据流动圈。以 GDPR 为触手，欧盟已经和 13 个国家达成了双边协议，从而搭建数据自由流动圈；美国也在基于《澄清境外数据的合法使用法案》（CLOUD Act）来推动双边和多边的数据流动框架。国际社会目前在数据流动问题上分歧大于共识，未来可能出现越来越多的基于双边或多边协议的数据联盟、数据同盟、数据俱乐部等，以促进数据流动。三是德国的 GAIA-X 模式，即云联盟（cloud federation）模式。为扭转在云计算领域的劣势地位，实现云服务和数据基础设施自主，并减少对外国服务商的高依赖，欧盟考虑建立欧盟云和数据基础设施联盟，联盟成员要遵守欧盟的规则和标准，以此为外国服务商参与欧盟云服务和数据市场设定游戏规则。

6. 数字税问题彰显不同国家的税收和利益分配之争，国际税改可期

数字经济本质上是数据经济，数据的收集、使用在创造源源不断的价值和收益，但也引发了各国对数字经济的税收和利益分配的争议，以欧盟为首的地区和国家呼吁建立数字税（digital tax）制度。数字税彰显了欧美在数字经济领域的核心分歧，没有数字平台优势的欧盟认为，美国主导的跨国互联网企业获得了从数字经济中产生的大部分收益，但过时的企业税收规则带来"收入来源地"和"税收缴纳地"的错位问题，使得这些收益没有被征税。目前，法国、英国已出台了数字税规定，其他一些国家也在酝酿；欧盟由于成员国之间的分歧，未能达成企业税收改革和数字税方案，目前寄希望于 2020 年底在 OECD 和 G2O 层面就数字税问题达成国际协议，否则将采取单边措施。可见，数字税已经成为全球数字经济的焦点性问题，130 多个国家参与国际谈判，谈判结果将显著影响全球数字经济的走向。

资料来源：曹建峰. 数据上升为生产要素地位，国外数据政策趋势带给我们哪些启示？［EB/OL］. https：//www. tisi. org/qyzz? page_id = 7043&post_id = 852，2020 - 05 - 08.

四、数据要素交易生态

在数字经济发展中，数据交易过程并不是简单的买卖活动，而是一个生态系统，

是数据交易场所、数据商、数据需求方及数据中介的多元主体相互连接，形成彼此之间共生关系的系统（如图 3 - 5 所示）。其中，数据商，即数据拥有者或数据卖方，是数据交易中提供数据的组织机构，通过数据清洗、分析、价值挖掘等一系列活动，得到可以上架的交易标的物，将数据直接提交至交易平台，或使用第三方机构的增值服务处理数据；数据中介，主要是交易平台，按照规定为数据商承担对交易标的物的加密存储、数据集成、质量评估、数据经纪、合规认证、数据公证、数据保险、资产评估、争议仲裁、交易撮合、人才培训等服务；数据需求方是数据交易中购买和使用数据的组织机构，一般是对数据有使用需求的企业或机构。在数据交易过程中，需要以政府为代表的监管方对相关主体及其活动进行必要的合规监督。

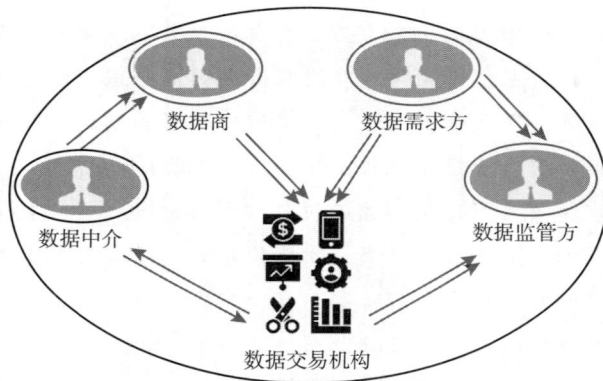

图 3 - 5　数据要素交易生态结构

随着数字经济的高速发展，特别是手机操作系统、搜索引擎、云计算、电子商务、社交生态、工业互联网的发展，以及在线统一大平台的浮现，数据交易生态系统一端连接着多维复杂的商业场景，对海量新技术提出实时、精准的需求；另一端连接着海量基础技术和应用研究能力，能够构建起一个新技术高效研发、低成本验证及大规模、快速商业化的新场景和协同创新体系。数据交易生态系统正在成为新技术、新产品、新品牌、新商业模式的超级孵化器和核心加速器。数据交易生态系统的建设和发展，一方面受与其直接相关的基础设施和机制保障的影响，另一方面也受到国家或社会有关数据产业政策与投入、法治环境与政治制度、经济发展水平、数字化水平等方面的综合影响。因此，数据交易生态系统的建设需要积极探索、综合治理。

目前，我国大数据产业和数据要素市场建设呈现区域集聚协同发展态势，形成了以北京为代表的京津冀地区，以四川、重庆为代表的成渝集聚区，以上海、浙江为代表的长三角集聚区，以广东为代表的粤港澳大湾区集聚区和以贵州为代表的欠发达地区。以贵州为代表的欠发达地区通过数据制度创新先行，个性化、差异化、有侧重、有针对性地探索大数据产业发展和数据要素市场建设，形成了独具特色的发展模式。在数据要素市场建设区域集聚协同发展中，各地积极探索和实践数据要素交易生态建设。我国国内部分典型区域数据要素交易实践探索情况见表3-4。

表3-4　　　　　　　　国内部分典型区域数据要素交易实践探索一览

典型区域	数据要素交易实践做法	交易机构设立
北京	1. 交易生态方面，通过整合数据提供方、算法参与方、场景参与方、技术支撑方、数据交易服务方等，成立了北京国际数据交易联盟 2. 交易技术方面，上线IDeX系统，为上架交易的数据产品进行登记，实现数据资产唯一性确权 3. 交易模式方面，创造"可用不可见、可控可计量"新型数据交易范式，实现数据价值安全流动 4. 交易规则方面，建立数据合理化定价机制，在全国率先推动开展数据资产评估	2021年3月，成立国际大数据交易所，是我国第一家基于"数据可用不可见，用途可控可计量"交易范式和交易原则的大数据交易所
上海	1. 构建包括数据交易主体、数据合规咨询、数据质量评估、数据资产评估、数据交付等的数商体系 2. 创新实施众多数据交易领域的配套制度规范 3. 创新研发全新的数据交易系统，保障数据交易全时挂牌、全域交易、全程可溯 4. 设计数据产品登记凭证、交易凭证，实现数据交易"一数一码" 5. 创新编制数据产品使用说明书，将抽象数据变为具象产品	2021年11月，挂牌成立上海数据交易所，推行"不合规不挂牌，无场景不交易"原则
广东	1. 在全国首次推出数据经纪人名单，并在本省范围内的电力、电商、金融领域龙头企业开展数据要素交易流通模式探索 2. 推出"数据要素生态圈计划"，聚集数据提供方、场景应用方、数据监管方、技术服务方以及法律合规机构等生态 3. 2022年5月，由数库科技生产的数据产品成功与知名境外头部对冲基金达成交易，在深圳开展全国首批跨境数据交易业务	2022年9月，成立广州数据交易所，作为广东省数据要素市场流通交易枢纽；2022年11月，成立深圳数据交易所，打造数据要素跨域、跨境流通的全国性交易平台
贵州	1. 优化贵阳大数据交易所的运营模式和组织架构，探索"政府引导、企业主体、多方参与"的数据交易生态 2. 发布全国首套数据交易规则体系，具体包括数据要素流通交易规则、数据产品成本评估指引、数据产品交易价格评估指引等方面的规则 3. 发布数据产品价格计算器	2015年4月，贵州率先成立贵阳大数据交易所，探索数据要素的交易价值和交易模式
重庆	1. 挂牌运营西部数据交易中心，构建数据交易生态体系 2. 聚焦电力、金融等数据要素比较活跃的领域，引进数商，上架数据产品，探索开展数据交易 3. 与上海数据交易所签署战略合作协议，进一步推动数据要素市场的互联互通，架起数据要素流通市场的"路与桥"，推动上海和重庆两地在数据要素流通和发展领域的协同发展，实现双方数据要素市场的互联互通	2022年7月，西部数据交易中心在重庆市江北区正式投用，致力于打造集聚西部大数据产业链各节点、各行业大数据智能化协同的枢纽
浙江	1. 注重激发微观主体活力和创造力，重点依靠第三方力量，通过开设数据资源服务公司来开展资产化的管理运营 2. 深耕数据要素业务与数字资产业务，促进数字要素价值释放，探索建立数字交易制度体系，推动交易方式数字化，加快构建具有国际影响力的数字交易平台	2021年11月，成立杭州国际数字交易中心，肩负推进国家营商环境试点、国家要素市场化配置试点等重大任务

五、数据交易场景下的数据定价案例分析

当前数据市场中出现了众多数据交易场景，如针对数据集交易的个人数据交易场景，针对数据集交易和流式数据交易的移动群智感知数据交易场景，以及机器学习模型交易中的原始数据集收集、数据标签收集、协作机器学习模型训练和机器学习模型销售的场景。

（一）移动群智感知数据交易场景分析

移动群智感知，是以大量普通用户为感知源，利用大众的广泛分布性、灵活移动性和机会连接性进行的大规模感知，已经被应用在环境监测、医疗保健、公共安全等众多领域。移动群智感知数据交易场景通常涉及流式数据和数据集的交易。在流式数据交易中，数据平台收集移动用户智能设备采集的感知数据并进行定价。为了激励用户参与流式数据收集，有人研究了移动群智感知数据收集过程中的用户激励，设计了基于反向组合拍卖的激励机制，并在定价模型中加入用户信息质量作为关键指标，实现了社会福利的近似最大化。[①] 在数据交易中，数据平台会对收集到的数据进行加工处理和定价，并售卖给数据消费者。有学者设计了基于在线查询的定价模型，将移动群智感知数据的统计结果作为数据市场中交易的产品，生成多个准确度不同的版本，并允许数据平台动态学习数据消费者的估值，从而确定各版本的交易价格。[②]

（二）机器学习模型交易场景分析

有学者总结了构建机器学习模型的三个重要阶段，即收集训练数据、训练模型和部署模型。[③] 其中，训练数据收集阶段又包括原始数据集收集和数据标签收集，模型训练阶段包含协作机器学习模型训练中的数据集选取场景，模型部署过程则包含机器学习模型销售场景。

对上述机器学习模型交易场景已有一些对应的定价模型研究。在原始数据集交易中，有学者提出了一个考虑数据质量和数据版本控制策略的数据定价模型为原始数据集定价，使用遗传算法对数据定价模型进行求解，实现了数据平台所有者利润

---

① Jin H, Su L, Chen D, et al. Quality of information aware incentive mechanisms for mobile crowd sensing systems [C]. Proceedings of the 16th ACM International Symposium on Mobile Ad Hoc Networking and Computing, 2015: 167 - 176.

② Zheng Z, Peng Y, Wu F, et al. An online pricing mechanism for mobile crowdsensing data markets [C]. Proceedings of the 18th ACM International Symposium on Mobile Ad Hoc Networking and Computing, 2017: 1 - 10.

③ Cai H, Zhu Y, Li J, et al. Double auction for a data trading market with preferences and conflicts of interest [J]. The Computer Journal, 2019 (10): 1490 - 1504.

和消费者效用的最大化。[①] 数据标签对机器学习模型的监督训练至关重要，由于缺乏对收集到的标签的真实验证，如何评估标签质量并相应地为标签定价是一项具有挑战性的任务。也有学者提出了 DG 模型为二进制标签定价，其中数据消费者将一组数据标记任务分配给一组工人，每个任务由多个工人标记且每个工人标记多个任务，根据每个工人与其他工人标记结果的一致程度向工人支付费用。[②]

一般来说，高质量的机器学习模型需要多个数据集协作进行训练，来自不同数据所有者的数据集可能对训练机器学习模型有不同的贡献，贡献更多有价值数据的数据所有者应该获得更多的奖励。因此，一个关键挑战是如何公平地奖励数据所有者的贡献，也就是如何对协作训练的数据集进行定价。有学者提出使用联邦沙普利值为模型训练过程中每个数据集的贡献进行评估，不仅保证作为参与者的数据集都会收到与其贡献成比例的报酬，而且能够捕获数据集参与顺序对其价值的影响。[③]至此，完成了机器学习模型的训练，在接下来的模型销售过程中，模型所有者通常会向训练完成的模型中加入不同程度的噪声，将由此产生的多个版本的机器学习模型出售给买家。此过程对应的一个关键挑战是如何为机器学习模型定价来保证模型所有者的收益最大化。也有学者提出了一个端到端的机器学习模型市场，考虑了数据所有者的成本和模型购买者的需求，并制定出了数据所有者的补偿函数和模型购买者的价格函数；在一个由模型经纪人和一组模型购买者组成的市场中，提出模型购买者的沙普利覆盖敏感度，并将其作为机器学习模型定价的重要因素；同时，使用沙普利值模拟数据所有者对数据集收入的公平分享，以此对数据所有者进行补偿。[④]

数据交易典型实例如表 3－5 所示。

表 3－5　　　　　　　　　　　　　数据交易典型实例

产品	描述	交易实例
数字产品	指有版权和著作权的传统图书、音乐等电子化形成的产品	美国苹果公司在 2003 年推出 iTunes Store，为其中的每首歌曲定价 99 美分

① Yu H, Zhang M. Data pricing strategy based on data quality [J]. Computers & Industrial Engineering, 2017 (112)：1－10.

② Dasgupatt, Ghosh A. Crowdsourced judgement elicitation with endogenous proficiency [C]. Proceedings of the 22nd International Conference on World Wide Web. New York：ACM Press, 2013：319－330.

③ Wang T, Rausch J, Zhang C, et al. A principled approach to data valuation for federated learning [J]. Federated Learning：Privacy and Incentive, 2020 (14)：153－167.

④ Liu J, Lou J, Liu J, et al. Dealer：an end-to-end model marketplace with differential privacy [J]. Proceedings of the VLDB Endowment, 2021 (6)：957－968.

续表

产品	描述	交易实例
软件产品	指有知识产权或创造性的基于许可证的软件产品或基于 SaaS 的软件产品	美国微软公司推出 office. 365 家庭版，支持数据消费者以每年支付 498 元或者每月支付 50 元的方式订阅
数据集	指一次性提供给消费者的原始数据集或经过处理的各种未实践的数据集，包括原始数据集、数据标签、定制数据集等	CARUSO 公司将收集到的汽车车载数据出售给数据消费者，并向数据消费者收取固定的会员费和数据包费用
流式数据	指以数据流形式提供的持续生成的数据	美国数据公司 Cryptoquote 从加密货币交易场所汇总历史实时价格，并出售数据给消费者
数据分析报告	指以文字报告形式提供的数据分析报告	美国 ThingSpeak 公司对用户发送至公司的数据进行聚合、可视化等分析，并将分析报告返给用户
数据服务	指为数据的存储、流动、访问等提供服务	阿里云提供各和用途的云服务器，比如提供数据的云存储服务
机器学习模型	指模型交易和对模型使用的交易	Google Cloud 出售机器学习模型的 API 访问权限，并采用免费增值和打包定价的方式对 API 调用进行定价
数据资产	指持有以备出售或处于生产过程中的数字形式资产	去中心化的 NFT 交易所 OpenSea 支持游戏道具、数字艺术以及其他由区块链支持的虚拟产品等数字资产的交易

　　通过对上述两种典型数据交易中的定价案例分析可以看到，不论是移动群智感知数据交易场景中的数据集定价、流式数据定价，还是机器学习模型交易涉及的四种场景的定价，现行的数据定价通常是针对特定数据交易场景发生的，这不利于形成经济学意义上的数据市场，还需要从经济学意义上的市场类型出发，研究数据市场类型与数据定价模型之间的关系。

第五节　不完全市场化背景下数据要素开发利用

一、不平等的市场地位

　　当前，数据要素领域存在"计划管理—市场调节"或"政府控制—市场配置"的二元结构，公共数据主要依赖自上而下计划管理，企业数据则以市场调节为主，导致各类数据要素未能协同调配，两种配置手段不能相互补充，从而阻碍了市场主体及时、准确地获取数据要素生产资料。

　　（1）政府主导下的国有企业与民营企业数据获取地位不平等。政府控制大量公共数据，一些高价值密度的数据不是以开放途径而是通过授权许可、特许经营等手段开放给特定的国有企业，或者仅在公共部门内部交换。

（2）在市场配置手段下，大型企业与中小企业数据支配地位不平等。数据要素的高固定成本、低边际成本特性，使平台型企业为收集、存储和分析数据付出了高昂成本，为保护自身权益就会限制其他市场主体访问和获取数据。

（3）平台型企业依托其用户规模和资金技术优势，而中小型、初创型市场主体受限于权力、资源和技术而无法积累、获取同等质效的数据要素，企业间激烈的数据竞争使市场新进入者很难打破数据要素市场准入壁垒，与占据市场支配地位者展开公平竞争。

（4）数据生成主体和数据控制主体的数据权利地位不平等。在"知情/告知－同意"模式下，数据生成主体实际是以个人数据让渡来置换服务，消费者与服务提供商在技术能力方面的差异，更是使其陷入被动支配地位，难以控制其个人数据并获得合法收益。为此，欧盟《通用数据保护条例》（*General Data Protection Regulation*，GDPR）和我国《个人信息保护法》均规定，不得以个人不同意处理其个人信息或者撤回同意为由，拒绝提供产品或者服务，然而过分强调数据生成主体权益在一定程度上增加了中小企业的数据合规成本。这种数据主体和数据控制者的"零和博弈"，加剧了市场主体间的紧张关系，阻碍了数据要素在主体间的循环流通。

二、不均衡的利益分配

相比传统市场主体的纵向合作、横向竞争，数据要素市场主体面临横纵向双重竞争挤压，阻碍多层次数据要素市场主体培育。一方面，部分市场业务尚未形成稳定成熟的收益模式，导致数据要素市场横向同质化竞争，差异化不足。《全国数商产业报告（2022）》显示，我国现有数据资源集成商约41万家，在数商市场中占比为21.41%，而数据交易经济服务商仅有4649家，仅在数据市场中占0.24%。另一方面，数据利益与数据产品权利归属的模糊性，阻碍了上下游分工合作。这不仅体现在上游主体不愿出让数据给下游生产加工商，如腾讯起诉浙江搜道网络技术有限公司、杭州聚客通科技有限公司，擅自收集微信用户数据用作广告分析；还体现在大型科技公司通过兼并、收购等手段对上下游业务的侵占，全能型、复合型企业数据要素市场主体出现，"赢者通吃"产业发展模式加剧企业间分工边界模糊程度，形成垄断型企业挤压上下游企业和中小企业生存空间的局面。

三、不充分的市场自律

当前数据要素市场主体的行为自律不足集中表现在两个方面：一是平台型企业、政府机构作为数据提供者，独占数据资源，压缩中下游市场主体数据开发利用空间；

二是作为数据市场经营者的数据中介，攫取超额利润，打击供需主体数据创新积极性。

一方面，政府占有大量数据并向特定主体授权，授权标准模糊与缺乏依据，极易引发权力寻租，增加额外制度成本，被独家授权的主体还可能不当提高数据产品的定价，侵害消费者的权益，阻碍数据产品的多样化开发；另一方面，平台型企业依靠其垄断支配地位，不仅易于产生独占数据、操控价格、限制排除竞争、攫取超额利润等影响市场公平竞争的卡特尔行为，而且也会衍生算法剥削、数据不当使用、安全风险等系列问题，影响市场主体和谐发展。如平台型企业的大规模数据即使经过了脱敏、匿名化处理，仍然可能在多源数据整合、关联分析后变为敏感数据，从而危及国家机密、商业秘密和个人隐私。

数据要素市场的阿罗信息悖论加剧了中介机构的自律缺失和运行失序。[①] 由于数据价值的不确定性、数据要素市场的信息不对称、供需双方数据权利的不对等，需要可信的中介机构平衡主体数据关系、参与数据流转交易。但现实运行中，"生产者 – 中介机构 – 消费者"之间的哑铃型结构进一步凸显了中介机构的市场主导作用，导致其可以利用上下游之间的信息差，压低上游生产者价格，抬高出售价格，攫取大量中间利润。因此，如果没有强有力的多主体数据行为监管与实时高效的透明度，则难以培育数据要素市场主体信任关系，不利于提振生产端和消费端的主体积极性。

四、不匹配的能力结构

数据要素市场主体发展需要专业化、复合型数据人才支撑。有竞争力和创新力的市场主体不仅需具备"定义、协调、收集、策展、获取、分析、可视化、传播、实施和评估"基本数据的能力，还要有法律和政策能力、价值评估能力、专家沟通能力、业务能力和服务能力，以及市场主体间的异质技能和持续创新的方法。

然而，当前数据要素市场主体的人才结构与市场发展需求之间并不匹配。根据《网络安全产业人才发展报告（2022）》的分析可知，我国数据安全相关人才尤为紧缺，预计 2027 年缺口将扩大到 300 万人。数据清洗脱敏、数据建模等细分领域专业人才缺失，以及数据知识技术的快速迭代与数据人才培养必要周期之间的矛盾，使数据人才缺口已成为数据要素市场主体发展的掣肘。此外，不同数据要素市场主体对数据人才能力结构的要求存在差异，精准的人才需求描述和匹配对市场主体也构成挑战。

---

① 丁晓东. 数据交易如何破局——数据要素市场中的阿罗信息悖论与法律应对［J］. 东方法学，2022（2）：144–158. 阿罗信息悖论是指，数据或信息交易存在一个"根本悖论"：交易需要买方事先了解或获取数据或信息，以确定数据或信息的价值；但卖方一旦向买方详细披露数据，买方就等于免费获取了信息或数据。

思 考 题

1. 结合日常生活现象，讨论数据要素交换带来的改变，并运用经济学理论加以解释。

2. 结合实例论述数据要素资本化与传统要素资本化的区别和联系。

3. 简要阐述产业资本、金融资本、数据资本的区别及联系，以及从产业资本到数据资本的演化过程。

4. 数据平台在数据资本积累过程中发挥了何种作用？

5. 数据要素的战略地位是如何体现出来的？

6. 结合实例简要分析数据要素细分市场的区别和联系。

7. 当前数据定价的方式主要有哪些？不同定价方式的依据是什么？分析不同定价方式的优缺点。

扫码查看参考答案

第四章
数据变革生产方式

本章阐释马克思主义生产方式及其变革的一般原理和科技革命演进过程中生产方式的变化规律，分析数据要素的生成和应用对生产劳动与生产工人范畴、劳动过程生产要素组合的技术关系与社会关系、劳动组织方式的变革效应，揭示数字经济下我国促进数字产业化、产业数字化催生新质生产力的途径。

第一节　生产方式基本原理

一、生产要素组合方式

物质资料或财富，是人类生存和发展的基础。自从人类学会运用生产工具进行生产，就开始了创造财富的进程。从财富的起源看，威廉·配第说："劳动是财富之父，土地是财富之母。"也就是说，劳动和土地是财富的两个原始生产要素，两者缺一不可。马克思说："人在生产中只能改变物质的形态，而且在这种改变形态的劳动中还是经常依靠自然力的帮助。"因此，劳动并不是它所生产的物质财富的唯一源泉。如果没有自然界，没有感性的外部世界，工人就什么也不能创造。恩格斯也说："劳动和自然界一起才是一切财富的源泉，自然界为劳动提供材料，劳动把材料变为财富。"

马克思从物质资料生产角度对生产要素进行了细分："劳动过程的简单要素是：有目的的活动或劳动本身、劳动对象和劳动资料。"[①] 这样，财富的两个原始要素——劳动和土地又可以分为三个要素。其中，两要素下的土地成为自然界的化身，

---

① 资本论（第1卷）[M]. 北京：人民出版社，2009：208.

即广义的土地，包括狭义的土地及附着其上的自然物。狭义的土地在农业上可能是劳动对象，但在下列情况下成为劳动资料："它给劳动者提供立足之地，给他的过程提供活动场所。这类劳动资料中有的已经经过劳动的改造，例如厂房、运河、道路等等。"[1] 马克思进一步指出：从整个生产过程的结果或产品的角度考察，劳动资料和劳动对象表现为生产资料，劳动本身则表现为生产劳动。[2] 这样，劳动过程的三要素又可以抽象为人和物两个方面。其中，人的劳动——劳动力的使用起着决定性的作用，生产资料只有被活劳动掌握才能发挥作用。由此，劳动力、生产资料构成物质资料或财富生产的基本要素，劳动力与生产资料组合，构成财富生产的基本组合。

劳动力与生产资料的组合，反映一定社会的生产条件和生产形式，不同的生产要素组合，将会有不同的生产效率。生产条件包括生产的技术条件以及由此决定的生产的社会条件，生产形式则包括劳动的技术组合方式及由此决定的劳动的社会组合方式。

（一）生产条件

从生产的技术条件看，生产过程作为人和自然之间物质变换的一般条件，包括一定时期内劳动熟练程度和生产技能的发展程度、生产资料规模和效能、生产工艺水平和生产方法等，以及劳动者素质提升和生产资料质量升级状况。一般而言，劳动者素质、生产资料质量都会随着经济社会技术进步而得到不断提升。从单个劳动力层面看，人的劳动技能的提升有赖于形成劳动力所需要生存资料、发展资料数量的扩大和质量的提升。从劳动力整体层面看，劳动力社会再生产规模的扩大和质量的提升，有赖于物资资料扩大再生产和生产技术、技能的不断积累、传承和发展。同样，生产资料，尤其是劳动资料的进步也是人们在实践中不断进行经验积累、创造的过程。

从生产的社会条件看，劳动力与生产资料的结合过程总是在一定的社会条件制约下进行的。生产的社会条件是人们在物质生产过程中形成的不以人的意志为转移的社会物质关系，是全部社会关系的基础。生产关系是社会生产的前提，只有在一定的生产关系下才能把人和物结合起来，使生产力有可能变为现实。在全部社会关系中，生产关系是构成社会生产活动的最基本、最重要的社会条件。这里的生产关系包括生产过程中协作与分工的发展程度、生产组织的类型与结构、生产过程的管理方式等。单个的劳动力或生产资料技术条件再好，如果不按照一定的生产组织方式结合在一起，他（它）们各自是无法创造财富的。从动态角度看，随着生产社会

---

①② 资本论（第 1 卷）［M］. 北京：人民出版社，2009：211.

化程度的不断提高，劳动分工将会越来越精细，劳动的组织性将会越来越提高，劳动力利用生产资料的能力会不断得到提升。

（二）生产形式

劳动的技术组合方式包括生产中劳动力数量与生产资料数量配置关系或技术构成，即在劳动的手段上有手工的、机器的等生产方式；在劳动对象上有农业、工业和其他生产部门的生产方式；在劳动的主体上有个体的、简单协作的以及以分工为基础的复杂协作的生产方式。

从劳动的社会组合方式看，在劳动的普遍形态上可分为自给式的生产方式、商品生产方式和直接社会化的生产方式；在劳动的特殊形态上可分为原始公社型生产方式、封建的生产方式、资本主义的生产方式、作为共产主义低级阶段的社会主义生产方式和未来高级阶段的共产主义生产方式。其中，资本主义生产方式就是资本家消费劳动的过程，其典型特征是工人在资本家或者其代理人的统一指挥、监督下使用资本家的生产资料生产归属资本家的财富。在我国社会主义市场经济条件下，与公有制为主体的多种所有制结构相适应，生产方式也呈现出多元化特征，主要有四种类型：国有经济中，劳动者在企业统一指挥下使用属于全民的生产资料创造全民共有的财富并按劳取酬的生产方式；农村集体经济中，劳动者在自我或家庭指挥下使用集体所有、家庭承包的土地实现集体和家庭利益的生产方式；个体经济中，劳动者在自我指挥下使用个人或家庭私有的生产资料实现个人或家庭利益的生产方式；私营经济和外资经济中，劳动者在资本或者代理人指挥下使用资本所有的生产资料创造归属资本所有的财富的生产方式。

在财富生产中，劳动力和生产资料的组合方式十分复杂（见图4-1）。任何一种生产方式的产生，既是生产力发展的要求，又会对生产力发展起反作用。因此，顺应生产力不断变化和发展的要求，调整或变革生产方式，是促进财富持续增长、经济高质量发展的必然选择。

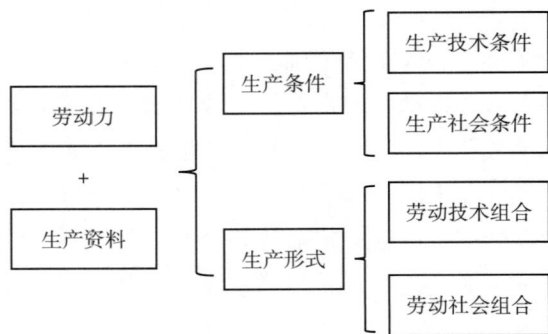

图4-1 财富生产中的劳动力与生产资料组合关系

二、前三次科技革命中生产方式的演进

马克思主义经典作家认为，在生产方式的变革中，科学和创新起着关键性的作用："引起这种改进的是：大规模的生产，资本的积聚，劳动的联合，分工，机器，改良的方法，化学力和其他自然力的应用，利用交通和运输工具而达到时间和空间的缩短，以及其他各种发明，科学就是靠这些发明来驱使自然力为劳动服务，劳动的社会性质或协作性质也由于这些发明而得以发展"。[1] 技术变革一方面改变了劳动者与劳动资料的结合方式，改变了生产的技术条件，例如，机器大工业使"人学会让自己过去的、已经对象化的劳动产品大规模地、像自然力那样无偿地发生作用"；[2] 另一方面，促进了生产关系的变革，不仅改变了劳动过程中劳动技术的组合形式（如从工厂手工业向机器工业的转变过程中，"小生产和工场手工业逐渐被规模更大的工厂所取代，中小规模的生产在竞争中被排挤和兼并，分散的劳动不断转变为企业集中控制下大规模社会结合的劳动过程"[3]），而且变革了劳动的社会组合形式，促进了资本主义劳资关系由形式隶属向实质隶属的转变。

从历史的角度分析，人类社会已经完成的三次科技革命，都从不同层面推动了生产方式的变革，既极大地促进了生产力的发展，又深刻影响着社会关系的演进。

第一次科技革命，从严格意义上说，是第一次工业革命，发生在 18 世纪 60 年代的英国，以蒸汽动力为主要标志。这一时期，资本主义工场手工业得到极大发展，工场内部的分工使劳动者只从事某一部分的工作，而不是像以前那样独立制造一种商品，不仅提高了劳动的操作效率，而且使工人和技师可以不断积累实践经验，推动了生产技术的创新——产生了机器生产。动力机器的使用，又进一步促使局部的工人之间的协作劳动向适应机器本身技术性质要求的协作劳动转变。第一次工业革命对生产方式的变革及由此给资本主义生产力和生产关系带来的影响是深远的。马克思主义经典作家认为，一方面，从生产方式变革对生产力的影响来说，"资本的伟大的文明作用"之一就是通过科学"使自然力受人类支配"，[4] "把物质生产变成对自然力的科学支配"，[5] 从而"克服把自然神化的现象""克服民族界限和民族偏见""摧毁一切阻碍发展生产力、扩大需要、使生产多样化、利用和交换自然力量和精神力量的限制""自然界才真正是人的对象，真正是有用物""使自然界（不管是作为消费品，还是作为生产资料）服从于人的需要"。[6] 但另一方面，从生产形

---

① 马克思恩格斯全集（第 21 卷）［M］. 北京：人民出版社，2003：184.
② 马克思恩格斯全集（第 44 卷）［M］. 北京：人民出版社，2001：208 - 487.
③ 高泽华. 生产社会化理论的本源与分析框架［J］. 政治经济学评论，2017（6）：12.
④ 马克思恩格斯文集（第 1 卷）［M］. 北京：人民出版社，2009：77.
⑤ 马克思恩格斯文集（第 2 卷）［M］. 北京：人民出版社，2009：691.
⑥ 马克思恩格斯文集（第 8 卷）［M］. 北京：人民出版社，2009：90 - 91.

式，主要是劳动的社会组合方式看，在资本主义下，由于劳动者受制于生产条件，不仅没有生产资料，而且受它束缚，"人已经不再是人的奴隶，而变成了物的奴隶";[1] 人的劳动不是自愿劳动，而是被迫强制劳动;不是满足自己的需要，而是满足其他人需要的一种手段，"他在自己的劳动中不是肯定自己，而是否定自己，不是感到幸福，而是感到不幸，不是自由地发挥自己的体力和智力，而是使自己的肉体受折磨，精神遭摧残"。[2] 所以，技术变革所推进的生产方式变化，不仅形成劳资对立，而且使这种对立不断尖锐化。

第二次科技革命始于 19 世纪 70 年代，以电力的广泛应用、内燃机和新交通工具新通信手段的发明为标志。这次科技革命是以资本主义制度在世界范围内确立、资本积累和资本主义国家对殖民地的肆意掠夺积累了大量资金、自然科学取得突破性进展为背景的。其中，与第一次工业革命相比较，最重要的突破之一，是科学同技术开始密切结合，科学对技术革命形成强支撑。由于这次科技革命几乎同时发生在几个国家，所以，这次科技革命的影响是全球性的，尤其是加速了世界市场的形成和资本主义世界体系的最终形成，主要资本主义国家进入帝国主义阶段。从生产方式的角度看，第二次科技革命加速了主要资本主义国家现代大工业的建立，西方企业在机械化生产的基础上，开始流行以福特公司为代表的福特制大规模生产方式。这种生产方式是一种以市场为导向，以大规模、标准化生产为特点，以分工和专业化为基础，以较低产品价格作为竞争手段的刚性生产模式。自动化水平的提高和机器流水线生产方式的普及，既促进了生产力的跃升，又使劳动者沦为更加同质、无技能和半技能的机器操作工。

第三次科技革命产生于 20 世纪四五十年代，以原子能技术、航天技术、电子计算机的应用为代表，包括人工合成材料、分子生物学和遗传工程等高新技术的创新。这次科技革命是在发达资本主义国家推行福利制度与国家垄断资本主义、迫切需要通过高科技创新突破生产力瓶颈的背景下发生的，而 20 世纪初以来科学理论的一系列重大突破及其向各领域的渗透，又为这一轮科技革命奠定了坚实的基础。在第三次科技革命中，科学技术转化为直接生产力的速度大大加快，推动了人们生活方式的变革，第三产业显著上升，社会经济结构转型加速。在生产方式上，由于个性化需求不断增强，提高福利的呼声越来越高。同时，基于信息技术的快速发展，大规模、标准化生产方式开始逐步向灵活、弹性化的生产方式转变。生产过程和劳动关系开始非正规化，企业内部分工向网络化协作分工方向演变，雇佣工人队伍也加速分化。生产上的福特主义向后福特主义阶段转型。

总之，随着技术革命的演进，生产方式的演化在生产条件上体现为劳动资料和

---

① 马克思恩格斯文集（第1卷）［M］. 北京：人民出版社，2009：94－95.
② 胡莹. 数字经济时代我国的劳动过程分析［J］. 社会主义研究，2021（4）：42－43.

劳动对象的演变，主要是劳动工具由手工工具向机器、自动化生产线的不断演进；在生产形式上体现为劳动社会关系的变革，劳动社会组织形式的变化，[①] 比如更多的中小生产者被融入分工体系之中。不过，在资本主义社会，资本对技术变革的主导地位，使任何技术革新都只能体现为资本对劳动统治技巧的提高。尽管在某一个历史时期或阶段，技术革命有可能让工人的劳动看起来更加宽松一些，但改变不了劳动从属于资本——作为价值增值手段或工具的地位。

三、数据要素引起生产方式变革

进入 21 世纪以来，以人工智能、互联网、大数据、云计算、区块链技术为代表的新一轮科技革命高速发展。这次科技革命的重要进展之一是：数据成为重要的生产要素，成为企业、区域甚至国际竞争的重要战略资源，并促进了新经济新业态的不断涌现，极大地改变着人们的生产方式和生活方式，改变着国家经济社会运行及治理方式，也改变着国际经济竞争格局。

数据成为生产要素，极大地促进了生产方式的变革。这一变革首先体现在对生产要素及其组合的变革上。一方面，在生产条件的变革上，数据要素的应用促进了生产的智能化、平台化、柔性化、模块化、个性化。特别是工业互联网、工业软件等非实体形态生产工具的广泛应用，极大丰富了生产工具的表现形态，促进制造流程走向智能化，制造范式从规模生产转向规模定制；加速了劳动力、资本、土地、知识、技术、管理等要素便捷化流动、网络化共享、系统化整合、协作化开发和高效利用；进一步解放了劳动者，削弱了自然条件对生产活动的限制，极大地拓展了生产空间，大幅提升了资源配置效率和全要素生产率，推动生产力跃上新台阶。另一方面，在生产形式的变革上，数据要素的应用，劳动的技术组合关系上呈现出向信息化管理、扁平化、网络化管理结构转型的趋势，而在劳动的社会关系上，以技术为介质的新型劳动关系、劳资关系不断涌现。特别是，劳动者有可能跨越资本积累，依托数字化平台将劳动、知识、技术化直接转化为生产力。

数据要素对生产方式的变革，在产业领域体现为数字经济与实体经济的融合发展，其具体途径是数字产业化和产业数字化。一方面，数字技术革命催生出一大批以数据要素采集、加工、处理、分析、交换等环节构成的产业链，形成产业支撑、关联、配套，形成数字产业化集群；另一方面，数字技术向实体产业的渗透、融合，促进了传统产业数字化转型和发展。新一代信息技术正在与传统制造业、农业、交通等行业深度融合，特别是人工智能、大数据、物联网、工业互联网等数字技术在实体经济中的融合应用，极大地推进了传统产业变革，尤其是中国制造业，正在向

---

① 胡莹. 数字经济时代我国的劳动过程分析 [J]. 社会主义研究，2021（4）：45 – 47.

数字化、网络化、云化、智能化方向升级。

数据要素对生产方式的变革，极大地催生出新质生产力，成为我国高质量发展的重要着力点。所谓新质生产力，是创新起主导作用，摆脱传统经济增长方式、生产力发展路径，具有高科技、高效能、高质量特征，符合新发展理念的先进生产力质态。它由技术革命性突破、生产要素创新性配置、产业深度转型升级而催生，以劳动者、劳动资料、劳动对象及其优化组合的跃升为基本内涵，以全要素生产率大幅提升为核心标志，特点是创新，关键在质优，本质是先进生产力。当然，这一变革也会创造新的生产关系，或者对传统的生产关系产生变革效应。这既有可能产生积极效应，也有可能产生负效应，需要科学认识、深入研究和有效治理。

第二节　生产要素及其组合方式变革

一、数字劳动者和数字劳动

数字经济的发展，造就了的劳动主体——数字劳动者。所谓"数字劳动者"，是指依赖数字技术知识、数字技能、数字素养或数字伦理等来履行工作职责、完成工作任务的劳动者群体。数字劳动者伴随着数字技术的发展而出现，其范畴仍然在不断扩展。依据 2021 年国家统计局发布的《数字经济及其核心产业统计分类（2021）》，数字劳动者已从最初主要分布在数据技术领域，逐步延伸到数字产品制造业、数字产品服务业、数据技术应用业、数字要素驱动业、数字化效率提升业等多个数字经济核心产业领域。同时，依据 2022 年 9 月出版的《中华人民共和国职业分类大典（2022 年版）》，其中首次标注了 97 个数字职业（占职业总量的 6%），由此，我国数字劳动者的职业分类体系正式确立。我国数字劳动者呈现第一、第二、第三产业全覆盖，数字经济核心产业广泛分布，不同职业对技能水平与专业化程度要求差异性强，传统职业与新兴职业并存，以及新兴职业高流动性等特点。

尽管我国对数字劳动者的定义能够达成共识，而且初步建立了数字劳动者职业分类体系，但对什么是"数字劳动"，却存在很大的争议。这一概念最早由特拉诺瓦（Terranova，2000）提出，起初是用于描述和探讨如"建立网页、修改软件包、阅读和撰写邮件"等互联网领域形成非物质形态产品或服务的劳动。[1] 后来，作为传播政治经济学派代表人物之一的克里斯蒂安·福克斯（Christian Fuchs），从生产

---

[1]　Terranova T. Free Labor：Producing Culture for the Digital Economy [J]. Social Text，2000（2）：33 – 58.

性劳动的角度对"数字劳动"的内涵进行了拓展，认为数字劳动是数字媒体技术和内容的生产中资本积累所需要的所有劳动，① 包括硬件生产、内容生产和软件生产者的劳动及生产性使用者的劳动。当然，这一定义在学界也存有争议，支持其观点的学者认为，数字劳动指数字劳动者通过数字平台所进行的各种有酬或者无酬的生产性劳动，可分为互联网中专业劳动者的数字劳动和一般互联网用户的数字劳动，且一般互联网用户的数字劳动也参与了价值创造；② 包括数字平台消费者在内的与数字技术相关联的"总体工人"的劳动，都是生产性劳动。③ 反对者认为，数据的商品价值是由互联网平台企业的劳动者，而非使用平台的用户创造的；④ "形成价值的不是原来分散的数据，而是劳动力在收集、整合这些信息生产数据产品的过程中投入的劳动"。⑤ 多数学者认为，福克斯"数字劳动"的概念具有重要启发意义，其关注了数字经济条件下生产过程中以数据为代表的非物质生产要素的关键作用，同时关注了网络化、生态化、协同化的生产组织方式转变下，"用户参与""零工经济"等新的劳动协作形式。但这一概念也有一定的局限性，即忽视了数字经济中广泛存在的非生产性服务劳动，只将"数字劳动"的概念局限于数字内容领域，因而无法解释和分析农业、制造业等领域中广泛存在的与数字化技术相关的劳动。⑥

　　"数字劳动"的外延还在不断拓展之中，要对其给出一个非常正确的定义还比较困难。但"数字劳动"概念与简单劳动过程的定义相比，既"扩大"了，又"缩小"了。从简单劳动观点来看，凡是投入数字生产过程的劳动都是数字劳动。但是，数据之所以成为生产要素，需要经历采集、挖掘、加工（标注、清洗、脱敏、脱密、聚合、计量等）、分析、交换，再到投入生产或应用过程等一系列阶段，是分工与协作的结果，是结合劳动的产物。在这个意义上，数据成为生产要素的总体工人的劳动，无论是直接生产数字内容，还是传统意义上的非生产性服务劳动，只要参与数据成为生产要素过程的劳动，都属于"数字劳动"的范畴。在这里，"数字劳动"的概念扩大了。但与此同时，对以增值为目的的数据要素供给者来说，只有能够带来增值的劳动才是数字生产劳动，这样的劳动者才是真正的数字生产工人。在这个意义上，"数字劳动""数字劳动者"的概念又缩小了。

　　① Fuchs C. Digital Labour and Karl Marx［M］. Routledge, 2014: 351 - 352.

　　② 李弦. 数字劳动的四要素之争：一个历史唯物主义的分析［J］. 河北经贸大学学报, 2021 (2): 57 -
58.

　　③ 邹琨. 数字劳动的生产性问题及其批判［J］. 马克思主义理论学科研究, 2020 (1): 49 - 50.

　　④ 陆茸. 数据商品的价值与剥削——对克里斯蒂安·福克斯用户"数字劳动"理论的批判性分析［J］.
经济纵横, 2019 (5): 11.

　　⑤ 石先梅. 数字劳动的一般性与特殊性——基于马克思主义经济学视角分析［J］. 经济学家, 2021
(3): 22.

　　⑥ 燕连福, 谢芳芳. 简述国外学者的数字劳动研究［N］. 中国社会科学报, 2016 - 05 - 17.

二、数字经济下生产条件和技术关系变革

劳动过程是劳动者通过有目的的活动，使用劳动资料改变劳动对象、创造使用价值的过程。在数字经济下，劳动过程的变革首先体现在生产条件变革和劳动技术组合关系变革两个方面。

（一）数字经济下生产条件的变革

首先，数字经济下的劳动需要以数字化软硬件及其组成的网络系统为关键劳动资料。例如，处理数据需要计算芯片、服务器等数字硬件的支持；设计算法、编写程序需要计算机软件、代码库的支持；数字内容的创造发布需要依托网络设施、数字终端、传播平台；智能制造系统需要相应的工业互联网和物联网系统进行数据的采集、处理和传输。随着数字技术在更多的应用场景和更广泛的物理空间内的赋能和应用，数字经济的生产组织方式正不断朝着生态化、协同化、网络化方向发展。与之相联系，劳动者的劳动不仅需要依托数字化软硬件本身，还更多地需要依托数字化软硬件相互连接所组成的网络空间和信息基础设施系统，即"在数字化、信息化、网络化的经济发展时代背景下，信息传递系统作为劳动过程的'神经系统'，扮演着越来越重要的角色，也成为数字劳动过程区别于其他时期劳动过程最突出的特征"。①

其次，数据资源和信息成为劳动过程中的重要劳动对象。以数据资源及信息为劳动对象的数据要素生产，成为数字化条件下劳动过程的核心环节。一方面，数字技术的应用造成了传统生产过程中活劳动与物质生产资料的分离，一些生产过程可以智能化生产和"无人化"管理。活劳动不再直接作用于物质生产资料，而是以数据这种物化劳动形式作用于生产过程的各方面。另一方面，从数字经济的发展实践看，数据并不能直接参与生产，而是必须要先转化为有生产价值的信息。② 以数据资源为劳动对象，通过劳动者的脑力（编写算法、程序等）和体力劳动（数据人工标注、人工采集），经济系统中原本无法被采集、识别、分离的信息能够高效地被转化为具备应用和开发潜力的数据要素，③ 即"使那些在原有形式上本来不能利用的物质，获得一种在新的生产中可以利用的形态"，④ 数据的采集、加工、处理等劳动是数字产业生产过程中的重要组成部分。

最后，数字化劳动资料与传统劳动资料的融合。从数字经济发展实践看，随着

① 韩文龙，刘璐.数字劳动过程及其四种表现形式［J］.财经科学，2020（1）：70.
② 田杰棠，刘露瑶.交易模式、权利界定与数据要素市场培育［J］.改革，2020（7）：19.
③ 张昕蔚，蒋长流.数据的要素化过程及其与传统产业数字化的融合机制研究［J］.上海经济研究，2021（3）：62.
④ 马克思恩格斯全集（第21卷）［M］.北京：人民出版社，2003：115.

产业数字化进程的不断推进，数字化劳动资料与传统劳动资料逐渐融合并拓展了其各自的作用范围。一方面，软件、算法等数字化劳动资料与传统产业内机器、设备等传统劳动资料的融合，深化了数字化劳动资料的作用深度。例如，深度学习算法等人工智能技术与各类制造业传感器、机器设备的融合，得以使通用性的算法更具针对性地应用于异质性产品和不同制造流程的深度优化，从而在更深层次上提升生产工艺，最终提升生产效率。另一方面，数字化劳动资料与传统劳动资料的融合，拓展了传统劳动资料的作用广度，例如，网约车、快递行业中，大数据、云计算、智能算法的参与，拓展了出租车、私家车、运输车等传统劳动资料作用的物理和市场空间范围，从而使其能够作用于更为广阔的区域及更具异质性的市场（如大件、冷链、搬家等）。与传统的劳动过程相区别，数字化劳动资料与传统劳动资料的融合作用过程中，数据要素在其中居于主导地位，也就是说，如果脱离数据要素，其生产及劳动过程的效率将大大降低或难以为继。

（二）数字经济下劳动技术组合关系的变革

数字经济不仅变革着劳动过程中的生产条件，而且对劳动技术组合关系（包括劳动者之间的组织形式、组织结构和劳动者与生产资料之间的组合方式）产生了深刻的影响。劳动者与劳动工具的关系、劳动的技术组织形式以及劳动者的劳动职能诸方面发生了综合性的根本变化。[①] 正如工业时代，动力机器的使用替代了人的部分动力职能，从而使物质资料的直接生产过程与劳动过程部分分离。在数字经济时代，一方面，人工智能、机器人等数字技术的发展和应用，替代了生产过程中人的体力劳动和部分脑力劳动，如调试设备、操作仪器、分析参数等，从而使物质资料生产过程与数字化劳动过程进一步分离。另一方面，随着智能算法的发展，翻译、会计等服务劳动过程亦将被智能算法所取代，传统生产过程中的活劳动逐渐被以数据要素为代表的物化劳动所替代。这些分离和替代促进了社会分工体系复杂度的进一步提高，从而使数字化条件下的劳动方式在不同产业部门间出现了分化。此外，随着产业数字化的推进，在不同产业部门内数字化劳动资料的重要程度、数据劳动资料与传统劳动资料的融合程度均存在差异，因此，相较于工业经济时代，其劳动方式也更具异质性和复杂性。

1. 数据要素生产中劳动方式集中化

在数据要素生产过程中，劳动组织方式呈现出一种集中化的趋势，即劳动组织在空间上的聚集和劳动管理上的集中。首先，随着大数据、云计算、人工智能等数字产业化部门开始成为驱动经济增长的核心力量，AI算法、芯片研发等数据要素的

---

① 王鸿生. 论劳动工具与劳动方式的变革及其社会历史后果［J］. 中国社会科学，1986（2）：88.

核心部门呈现出一种空间上的集聚，[①] 作为知识、人才和资本密集型产业，算法研发等核心数字产业一般聚集于经济发达省市的核心区域。据统计，广东、北京、上海、浙江四省市的数字经济招聘岗位约占全国总招聘规模的 65%，其数字经济岗位规模分别占全国总岗位的 25.74%、17.79%、12.25% 和 8.46%。其次，智能化的生产过程进一步加剧了物化劳动替代活劳动的过程。与之相反，技术研发、算法研究等知识密集型产业，逐渐成为新型的劳动密集型产业。[②] 从数字经济发展实践看，算法开发、程序测试、数据清洗等数据要素生产过程需要密集的脑力劳动，资本对劳动者的管理与监督形式同流水线工厂中对工人的监督相类似，在数字化手段下，这种监督与控制甚至有所增强。数据要素生产中数据采集、程序设计、算法开发、测试运营等劳动分工环节通过协同办公软件密切结合，每一个环节都能实时反馈，甚至在非劳动时间仍然能够通过软件系统远程联系劳动者以处理紧急任务。

2. 物质资料生产中劳动方式分散化

与数据要素生产中劳动方式的集中化不同，物质资料生产过程则呈现逐渐与直接劳动过程相分离、数据形态的物化劳动替代活劳动的过程加速的特征。在数字经济下，数据要素成为物质资料生产过程中不可或缺的生产要素，数字基础设施将生产制造的各个环节连接起来，而智能机器人等智能制造的发展亦将实现各制造环节智能化的生产和管理，同时使产品设计、建模、加工、包装等环节逐渐产生了时间和空间上的分离。例如采取远程控制、在线众包、远程 3D 打印等模式。因此，物质资料生产部门的资本有机构成不断提高，物质资料生产中的劳动方式呈现直接的体力劳动需求减少，同时劳动组织、协作和管理模式向一种分散化、网络化和柔性的模式转变的趋势，也即"中心 - 散点"结构，即一个由技术型核心企业与零散分布的边缘经济体共同组成的生产和管理网络[③]（下文再作专门分析）。

3. 数字内容生产和"零工经济"中劳动方式多样性

在数字内容生产领域，劳动方式具有复杂性。一方面存在使用者免费提供数字内容的生产性劳动，另一方面，大部分用户浏览内容、点赞打赏等行为属于一种消费行为，其行为本身只产生非结构化数据，不能直接生成数据要素，只有通过平台雇员及相关劳动者的协作劳动，才有可能变成生产要素。数字内容平台还存在创造"数据流量产品"的专业用户，其以数字内容创造的形式，吸引大量用户的关注，其目的是生产"数据流量产品"出售给广告商以获取收益，"数据流量产品"实质

① 刘刚，刘晨. 智能经济发展中的"极化"效应和机制研究［J］. 南开学报（哲学社会科学版），2020（6）：40 - 41.

② 王梦菲，张昕蔚. 数字经济时代技术变革对生产过程的影响机制研究［J］. 经济学家，2020（1）：56.

③ 刘皓琰. 从"社会矿场"到"社会工厂"——论数字资本主义时代的"中心 - 散点"结构［J］. 经济学家，2020（5）：36 - 45.

为具有"吸引大量客户关注"这种使用价值的数字商品。此外，商品交易方式数字化，推动了外卖服务、网约车服务等"零工经济"的发展和"非典型雇佣关系"的产生，提高了生产过程的社会化程度并催生了劳动方式的多样性。

总之，数据要素及其相关的技术要素的介入，使物质资料生产过程无论是在技术构成上，还是在劳动的组织管理形式上，都正在发生着巨大的变革。

三、"中心-外围"平台模式及其生产方式特征

在数字经济下，以数字技术为关键技术形式、以信息海量交互为业务支撑的新业态不断涌现，平台经济（模式）是典型形式。这些由资本组建的平台汇集了行业供求信息，成为生产过程的"中心"，而处在"外围"的则是大量个体从业者在线下开展生产活动，通过有偿使用平台收集、整理后的需求信息，为消费者提供产品和服务。由此，形成了"中心-外围"生产方式。在这种生产方式下，初始的市场供求信息首先是作为平台的生产投入出现的。平台根据各种"算法"对这些原始信息进行整理、过滤、优化，产出巨量的精确匹配数据，中心根据推荐算法将这些数据发放给"外围"，"外围"再开展相应的生产或流通活动，向消费者提供相应的产品或服务（见图4-2）。

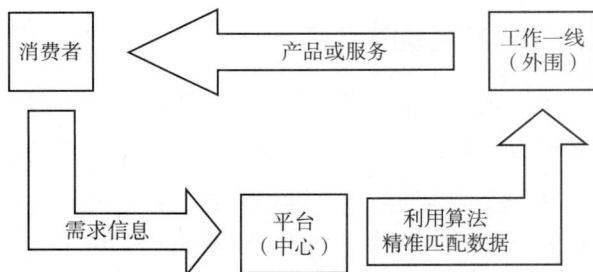

图4-2　"中心-外围"生产流程

在"中心-外围"生产方式中，有两个层面的"劳动力+生产资料组合"。第一种组合是知识性生产资料与高技能劳动者相结合，这种组合是在信息平台或中心实现的。第二种组合是指一般性生产资料与劳动者的结合。生产资料和劳动力在两个层面的结合形成了一种"中心-外围"结构的生产方式。在这一生产方式中，处于中心位置的是一个数据平台，在这个平台中，高技能劳动力和知识性生产资料通过资本纽带结合起来，驾驭巨量信息数据，掌控行业的供给需求动态。而在外围，普通劳动力（主要是体力劳动者和要求较低的脑力劳动者）与一般性生产资料结合起来，通过接收平台发送的数据进行生产活动（见图4-3）。

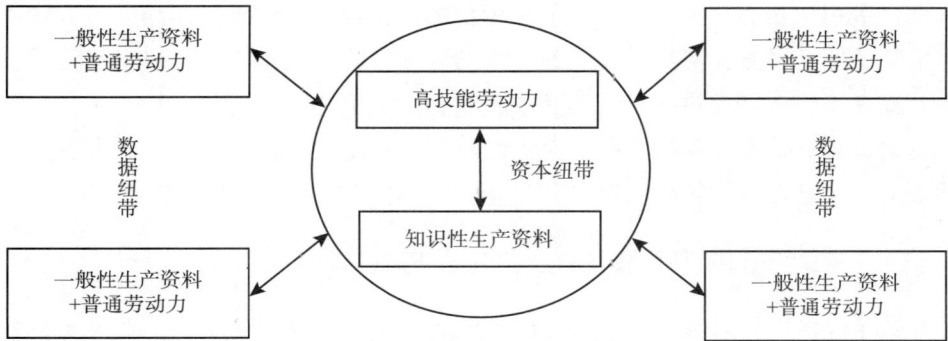

图 4 - 3   数字经济下中心 - 外围生产方式

对于外围的生产或流通活动，既有可能由资本纽带将各种生产资料与劳动者连接起来，形成一个典型的资本雇佣劳动模式，也有可能形成个体和家庭经营模式，即自我雇佣模式。在现实中，具体的劳动技术组合方式可能更多。例如，国外的餐饮外卖行业，根据劳动关系的不同，将处于外围的"外卖小哥"分为四种类型：一是直接受雇于外卖平台的全职劳动者（直营）；二是受雇于劳务派遣公司的全职劳动者（外包）；三是通过平台抢单、自主进行零散送单的兼职外卖员（外包）；四是餐厅自主雇用送餐的全职或兼职外卖员（自营）。

四、数字经济下劳动过程的社会关系变革

在数字经济中，生产条件、生产形式中技术关系的变革，也会影响生产的社会关系变革。在此，我们主要分析经济利益关系的变化，包括劳动者或企业等微观层面的关系、产业或区域等中观层面的关系以及宏观层面的关系。

在微观层面，在数字经济中，数字化分工体系出现了网络化、生态化、协同化等新特征，劳动组织方式在不同的产业部门间也出现了分化，产生了多样性、异质性的分工形式和雇佣关系。例如，制造业中的智能化算法和智能机器人的使用推动了远程协作新模式的发展，数字化劳动资料与传统劳动资料融合促进了的外卖、网约车等"零工经济"的发展，数字化平台催生了直播经济、创意经济、分享经济等新业态的生成。由此，数字技术的介入，深刻改变着企业的组织形式、管理方式，使传统的劳动者通过市场出卖劳动力受雇于资本的形式，会与越来越普遍的劳动者自我雇用、协作劳动等形式并存，从而改变劳动的性质和劳动者的利益实现方式。

数字化下外卖行业劳动的性质及其利益实现方式

传统经济中，外卖配送等个体劳动者提供的服务产品直接进入了消费领域，并未产生资本增值。但在数字经济下，外卖配送劳动者的劳动将转变为一种生产性劳动，并且劳动者个人利益的实现方式也会发生变化。在数字化条件中，外卖行业仅有传统劳动资料参与的劳动过程是无法满足异质性、多样性的市场需求的，需要传统劳动资料与数字化劳动资料的融合和协同作用，即不仅需要电动车等传统配送工具，还需要借助大数据、云计算来进行调度及优化供需匹配。数字平台通过控制供需入口，将诸多传统劳动过程融入其数字化分工体系之内，从而使诸多运用非数字化生产资料的劳动过程，具有了数字化组织形式。在这种形式下，数字平台将食品生产者提供的产品、外卖员提供的服务、平台自身提供的信息服务打包出售给了消费者。在这里，外卖员送餐的劳动转变为一种计件工资形式下的生产性劳动。由于外卖平台垄断了用户数据信息和商品交换渠道，外卖员不得不通过其平台进行配送接单并接受其数字化劳动监督，融入其数字化分工体系。所以，如果缺乏有效监管，数字平台有可能凭借垄断地位，通过压低工资或提升外卖员的劳动强度来实现平台价值增值最大化。

注：本材料是编者对相关问题的看法，具有讨论性质。

在产业或区域中观层面，我国还存在比较典型的二元结构，即现代部门与传统部门并存。相对而言，城市经济尤其是其中的制造业属于现代部门。在数字经济下，他们是数字产业化发展的重点领域。由于这些部门的劳动力素质、生产资料现代化程度都比较高，其数字化转型的进程会比较顺利。但是，乡村经济尤其是其中的农业则属于传统部门，是比较典型的"劳动＋土地"生产组合方式，在数字经济发展中属于产业数字化转型的重点领域。我国农村集体经济实行以家庭承包经营为基础、统分结合的双层经营体制，数据要素嵌入"劳动＋土地"生产组合，既有可能受到劳动力质量相对较低、劳动力组织性不高的制约，又有可能受到数据中心、云计算、物联网、区块链等数字化新型基础设施建设相对滞后的制度性因素制约。因此，要想通过数字经济促进城乡融合发展、三次产业协调发展，实现城乡居民共同富裕目标，必须弥合乡村、农业领域的数字鸿沟，大力推进数字乡村、数字农业建设。

在宏观层面，数据要素对生产方式的变革效应，既有生产力倍增或乘数效应、生成新型的和积极的社会关系等正面效应，也有可能加剧两极分化，出现新的劳资矛盾等负面效应，尤其是数据要素被资本黏合的场景下。中国式现代化是全体人民共同富裕的现代化，要求将有效市场与有为政府结合起来，统筹新质生产力催生、价值增值和共同富裕，统筹数据要素与劳动、土地、资本、技术、管理等要素组合转型升级，充分发挥数据要素的正能量。

第三节　数字经济与实体经济融合

数据要素对生产方式的变革，在产业发展中主要体现为数字经济与实体经济的融合，主要是通过数字产业化发展和产业数字化转型两条途径。数字经济与实体经济融合改变了传统的经济增长方式和发展路径，催生了新质生产力。

一、数字经济与实体经济融合机理

（一）数字经济、实体经济与虚拟经济的关系

实体经济是投入劳动力和生产资料，开展物质生产并进行价值创造的经济活动。虚拟经济是结合货币金融体系，不直接生产物质产品的经济活动，其向实体经济提供必要的非生产性服务，自身不创造价值，但通过分割实体经济物质生产过程创造的价值来维持运转并获得增值。[①] 数字经济兼有实体经济与虚拟经济的特征，三者之间存在着复杂的关系。

一方面，数字经济既有实体经济的成分，又有虚拟经济的成分。可以将实体经济分为传统实体经济与数字实体经济，将虚拟经济区分为传统虚拟经济和数字虚拟经济。实体经济与数字实体经济是整体与部分的关系，数字实体经济脱胎于实体经济，是实体经济进行生产方式变革的产物。同时，二者也是旧生产方式与新生产方式的关系，数字经济的发展必然涉及对旧的实体经济生产方式的渗透与改造。

另一方面，需要辩证看待三者之间的关系。数字技术既可以赋能实体经济，又可以赋能虚拟经济。尤其是在金融领域，数字技术可以推动数字金融发展。但是，数字技术的重点在于赋能实体经济，生产更多的物质产品，积累更多的社会财富，夯实中国式现代化的物质基础。数字技术与虚拟经济结合下的数字金融也必须立足于服务实体经济，避免"脱实向虚"。

（二）促进数字经济与实体经济融合发展

在数字经济中，数据要素既催生出新产业，又具有"融合剂"的功能，推动现

---

① 陈雨露. 数字经济与实体经济融合发展的理论探索［J］. 经济研究，2023（9）：22-30.

有业态和数字业态跨界融合，衍生叠加出新环节、新链条、新的活动形态，如智能制造、数字贸易、智慧物流、智慧农业等新业态。由此，数字经济与实体经济呈现出融合发展的新态势，这也成为我国高质量发展的必由路径。

数字经济和实体经济深度融合发展，对中国经济高质量发展具有重大现实意义和战略意义。①

（1）它是建设现代化产业体系的必然要求。数字经济具有高创新性、强渗透性、广覆盖性，不仅有利于开辟发展新赛道，培育壮大以数字技术为核心的第五代移动通信技术（5G）、工业互联网、大数据、人工智能等新兴产业发展，催生出一大批新技术新业态新应用，形成新的经济增长点，而且能够带动对传统产业的全方位、全链条改造，发挥数字技术对经济发展的放大、叠加、倍增作用。

（2）它是构建新发展格局的重要途径。数字经济和实体经济的融合发展，既能推动各类资源要素快捷流动、各类经营主体深度合作、各类模式业态跨界发展，促进供需对接，深化供给侧结构性改革，拓展发展新空间，增添发展新活力，又能通过算力、算法和数据，促进产业全要素互联互通，打破产业、地域限制，打通堵点卡点，降低交易成本，提升产业链供应链韧性和安全水平，两者共同促进生产、分配、流通、消费各环节有机衔接，联通国内市场和国际市场，增强经济发展动力，畅通经济循环。

（3）它是推进新型工业化的应有之义。以信息化带动工业化、以工业化促进信息化是新型工业化的鲜明特征。工业互联网、大数据、人工智能同制造业的深度融合，推动制造业数字化、网络化、智能化发展，将有力促进资源要素高效配置和全要素生产率提升，推动制造业质量变革、效率变革、动力变革，加快新型工业化进程。

（4）它是打造国际竞争新优势的战略选择。目前，世界经济正在向数字化转型，数字经济正在成为重组全球要素资源、重塑全球经济结构、改变全球竞争格局的关键力量。数字技术、数字经济成为新一轮国际竞争的重点领域，推动数字经济和实体经济深度融合，充分发挥制造大国和网络大国叠加优势，积极抢占制高点，是打造国际竞争新优势、赢得发展先机和主动权的需要。

数字经济与实体经济的融合发展，在微观层面主要通过企业数字化战略、业务数字化、管理数字化、资源与能力数字化以及数字化价值挖掘等途径，实现从"工业化管理"向"数字化管理"的深刻转型、数字技术与企业战略的深度融合。学习、创新、整合、协作等机制，使企业资源、创新能力、商业模式、业务流程、产品服务乃至商业生态等均发生数字化的演变，从而改善其经营绩效和治理水平，促

---

① 中共工业和信息化部党组. 大力推动数字经济和实体经济深度融合［J］. 前进，2023（9）：44－45.

进技术创新，吸引优秀人才，进而引发资本市场投资者的积极反应，最终表现为估值得到显著提升。近年来，美国的 GAFA（谷歌、苹果、脸书、亚马逊）与中国的 BAT（百度、阿里巴巴、腾讯）纷纷抢抓数字经济机遇，布局数字应用创新，让投资者更全面地思考数字技术的影响，并使其相信对数字化转型的投入将在未来获得可观的回报。

数字经济与实体经济的融合发展，在中观或者产业层面，主要有两条途径。一条途径是数字实体经济自身的发展，即数字产业化，主要通过数字技术创新和数字产品生产等经济活动，促进电子信息制造业、信息通信业、互联网行业和软件服务业及新产业新业态的生成。另一条途径是数字经济对传统实体经济的赋能与改造，也就是国民经济非数字产业部门使用数字技术和数字产品带来的产出增加和效率提升，即产业数字化。数字产业化为融合发展提供必要的技术和基础设施支持，而产业数字化是融合发展的重要内容，有利于引导数字经济创新发展的实体化方向。两者相辅相成、相互促进，共同催生新质生产力。

（三）数字经济促进实体经济效率提升的机制

数字经济与实体经济融合发展催生新质生产力，是通过数字生产力作用的发挥来实现的。数字生产力由算力、算法、数据三部分组成。其中，算力提供了强有力的底层支持，算法决定了机器的智能水平，数据则是训练机器学习实现持续进化的重要资源。三者协同工作，提高了机器运行的速度和处理复杂问题的能力。同时，数据能够重复使用，在使用的同时能够自行迭代，具备持续成长性，降低了生产成本，助力数字技术促进生产效率提升。

在经济发展实践中，数字生产力直接促进实体经济效率提升的途径主要有两条。一条是数字技术优化经济系统的生产要素配置结构，提高资源配置效率。在宏观层面，数字技术通过推动流通部门智能化转型，促进各市场主体之间的互动、对接与共享。数字技术使生产要素的流动与配置突破了时空界限，从根本上突破了实体市场的区域与边界。在微观层面，工业互联网、数字平台、企业内部信息系统帮助企业全流程数据贯通，提高了企业微观决策和管理的敏捷性。另一条是数字技术将流通过程的产销环节通过线上网络对接，极大地缩短流通时间，节约流通费用。从事流通活动的企业通过数字技术识别并发现需求变化与市场波动，同时准确掌握供应链上下游的情况，进一步畅通商品流通环节。在商品流通数字化背景下，各领域经济主体革新流通渠道、流通链条和流通场景，形成现代数字流通体系，极大地促进了流通效率的提高。

数字技术还通过提高政府的社会治理能力，间接提升经济运行效率。主要体现在政府通过数字技术实时、广泛、有效地采集各种社会运行数据，按照系统程序分类、整理、分析、决策，由经验决策向依靠大数据决策转变，提高了决策的科学性和前瞻性。同时，政府大量投资建设的新型数字基础设施也为社会治理与经济运行奠定了物质基础。

二、数字产业化发展

在数字经济中，数字产业化是一种全新的劳动力和生产资料结合方式，除了完全依赖于数字技术、数据要素的各类经济活动外，主要为产业数字化发展提供数字技术、产品、服务、基础设施和解决方案，涉及数字产品制造业、数字产品服务业、数字技术应用业、数字要素驱动业等领域。数字产业化的过程，就是形成数字价值链——数据生成、数据采集、数据存储、数据分析等环节的过程，由此衍生出数据设备制造、数据服务、数据产品和数据应用等新兴数字产业。

促进我国数字产业化发展，需要瞄准世界科技前沿，集中优势资源突破数字经济核心技术，加快构建自主可控的数字经济产业链、价值链和生态系统。

（一）增强关键技术创新能力

数据要素生成及应用，本质上是数字技术的创新及其转化应用，需要突破关键技术。根据我国数字技术发展实际，以国家"数字技术创新突破工程"为重点，一要瞄准传感器、量子信息、网络通信、集成电路、关键软件、大数据、人工智能、区块链、新材料等战略性前瞻性领域，发挥我国社会主义制度的优势、新型举国体制的优势、超大规模市场的优势，提高数字技术基础研发能力，为实现关键技术自主可控提供支撑。二要以数字技术与各领域融合应用为导向，推动行业企业、平台企业和数字技术服务企业跨界创新，优化创新成果快速转化机制，加快创新技术的工程化、产业化。三要鼓励发展新型研发机构、企业创新联合体等新型创新主体，打造多元化参与、网络化协同、市场化运作的创新生态体系。四要支持具有自主核心技术的开源社区、开源平台、开源项目发展，推动创新资源共建共享，促进创新模式开放化演进。

数字技术创新突破工程

1. 补齐关键技术短板。优化和创新"揭榜挂帅"等组织方式，集中突破高端芯片、操作系统、工业软件、核心算法与框架等领域关键核心技术，加强通用处理器、云计算系统和软件关键技术一体化研发。

2. 强化优势技术供给。支持建设各类产学研协同创新平台，打通贯穿基础研究、技术研发、中试熟化与产业化全过程的创新链，重点布局5G、物联网、云计算、大数据、人工智能、区块链等领域，突破智能制造、数字孪生、城市大脑、边缘计算、脑机融合等集成技术。

3. 抢先布局前沿技术融合创新。推进前沿学科和交叉研究平台建设，重点布局下一代移动通信技术、量子信息、神经芯片、类脑智能、脱氧核糖核酸（DNA）存储、第三代半导体等新兴技术，推动信息、生物、材料、能源等领域技术融合和群体性突破。

资料来源：《"十四五"数字经济发展规划》。

（二）提升核心产业竞争力

大力推进数字技术创新与产业创新融合发展，形成具有国际竞争力的数字产业集群。为此，一要着力提升基础软硬件、核心电子元器件、关键基础材料和生产装备供给水平，强化关键产品自给保障能力。二要大力实施产业链强链补链行动，加强面向多元化应用场景的技术融合和产品创新，提升产业链关键环节竞争力，完善5G、集成电路、新能源汽车、人工智能、工业互联网等重点产业供应链体系。三要深化新一代信息技术集成创新和融合应用，加快平台化、定制化、轻量化服务模式创新，打造新兴数字产业新优势。四要协同推进信息技术软硬件产品产业化、规模化应用，加快集成适配和迭代优化，推动软件产业做大做强，提升关键软硬件技术创新和供给能力。

（三）加快培育新业态新模式

以"数字经济新业态培育工程"为重点，鼓励、支持和培育数字经济新业态新模式。一是推动平台经济健康发展，引导支持平台企业加强数据、产品、内容等资源整合共享，扩大协同办公、互联网医疗等在线服务覆盖面。二是深化共享经济在生活服务领域的应用，拓展创新、生产、供应链等资源共享新空间。三是发展基于数字技术的智能经济，加快优化智能化产品和服务运营，培育智慧销售、无人配送、智能制造、反向定制等新增长点。四是完善多元价值传递和贡献分配体系，有序引导多样化社交、短视频、知识分享等新型就业创业平台发展，有序引导新个体经济成长和发展。

数字经济新业态培育工程

1. 持续壮大新兴在线服务。加快互联网医院发展，推广健康咨询、在线问诊、远程会诊等互联网医疗服务，规范推广基于智能康养设备的家庭健康监护、慢病管理、养老护理等新模式。推动远程协同办公产品和服务优化升级，推广电子合同、电子印章、电子签名、电子认证等应用。

2. 深入发展共享经济。鼓励共享出行等商业模式创新，培育线上高端品牌，探索错时共享、有偿共享新机制。培育发展共享制造平台，推进研发设计、制造能力、供应链管理等资源共享，发展可计量可交易的新型制造服务。

3. 鼓励发展智能经济。依托智慧街区、智慧商圈、智慧园区、智能工厂等建设，加强运营优化和商业模式创新，培育智能服务新增长点。稳步推进自动驾驶、无人配送、智能停车等应用，发展定制化、智慧化出行服务。

4. 有序引导新个体经济。支持线上多样化社交、短视频平台有序发展，鼓励微创新、微产品等创新模式。鼓励个人利用电子商务、社交软件、知识分享、音视频网站、创客等新型平台就业创业，促进灵活就业、副业创新。

资料来源：《"十四五"数字经济发展规划》。

（四）营造繁荣有序的产业创新生态

数字技术创新和产业创新具有交互作用，繁荣有序的产业创新生态既是数字产业化的保障，也是促进数字技术可持续创新的保证。为此，一要发挥数字经济领军企业的引领带动作用，加强资源共享和数据开放，推动线上线下相结合的创新协同、产能共享、供应链互通。二要鼓励开源社区、开发者平台等新型协作平台发展，培育大中小企业和社会开发者开放协作的数字产业创新生态，带动创新型企业快速壮大。三要以园区、行业、区域为整体推进产业创新服务平台建设，强化技术研发、标准制修订、测试评估、应用培训、创业孵化等优势资源汇聚，提升产业创新服务支撑水平。

三、产业数字化转型

产业数字化，本质上是应用数字技术和数据资源为传统产业带来产出增加和效率提升，是数字技术与实体经济的融合。数字技术赋能传统产业转型升级，涉及企业数字化转型、产业数字化转型、产业园区和产业集群数字化转型、培育转型支撑服务生态等多个方面。其中，前三个方面直接与生产相关，涉及产品研发、生产工艺、市场营销等"硬实力"，关键是要通过数字技术将企业"专精特新"的市场优势置于产业集群建设、产业链分工深化以及产业整体升级的过程中，与国家整体基础设施、创新生态和产业生态等形成良性互动；培育数字化转型服务生态则间接与生产相联系，涉及与产业数字化紧密联系的人力资源开发、企业组织创新、产业生态培育等"软实力"。

（一）加快企业数字化转型升级

企业是最活跃的能动性市场主体，企业数字化是产业数字化转型的重点。一要引导企业强化数字化思维，提升员工数字技能和数据管理能力，全面系统地推动企业研发设计、生产加工、经营管理、销售服务等业务数字化转型。二要支持有条件的大型企业打造一体化数字平台，全面整合企业内部信息系统，强化全流程数据贯通，加快全价值链业务协同，形成数据驱动的智能决策能力，提升企业整体运行效率和产业链上下游协同效率。三要实施中小企业数字化赋能专项行动，支持中小企业从数字化转型需求迫切的环节入手，加快推进线上营销、远程协作、数字化办公、智能生产线等应用，由点及面向全业务全流程数字化转型延伸拓展。四要鼓励和支持互联网平台、行业龙头企业等立足自身优势，开放数字化资源和能力，帮助传统企业和中小企业实现数字化转型。五要推行普惠性"上云用数赋智"服务，推动企业上云、上平台，降低技术和资金壁垒，加快企业数字化转型。

（二）全面深化重点产业数字化转型

根据我国国情和产业发展实际，立足不同产业特点和差异化需求，大力推进"重点行业数字化转型提升工程"，推动传统产业全方位、全链条数字化转型，提高全要素生产率。一是大力提升农业数字化水平，推进"三农"综合信息服务，创新发展智慧农业，提升农业生产、加工、销售、物流等各环节数字化水平。二是纵深推进工业数字化转型，加快推动研发设计、生产制造、经营管理、市场服务等全生命周期数字化转型，加快培育一批"专精特新"中小企业和制造业单项冠军企业。三是深入实施智能制造工程，大力推动装备数字化，开展智能制造试点示范专项行动，完善国家智能制造标准体系。四是培育推广个性化定制、网络化协同等新模式。五是大力发展数字商务，全面加快商贸、物流、金融等服务业数字化转型，优化管理体系和服务模式，提高服务业的品质与效益。六是促进数字技术在全过程工程咨询领域的深度应用，引领咨询服务和工程建设模式转型升级。七是加快推动智慧能源建设应用，促进能源生产、运输、消费等各环节智能化升级，推动能源行业低碳转型。八是加快推进国土空间基础信息平台建设应用。九是推动产业互联网融通应用，培育供应链金融、服务型制造业等融通发展模式，以数字技术促进产业融合发展。

重点行业数字化转型提升工程

1. 发展智慧农业和智慧水利。加快推动种植业、畜牧业、渔业等领域数字化转型，加强大数据、物联网、人工智能等技术深度应用，提升农业生产经营数字化水平。构建智慧水利体系，以流域为单元提升水情测报和智能调度能力。

2. 开展工业数字化转型应用示范。实施智能制造试点示范行动，建设智能制造示范工厂，培育智能制造先行区。针对产业痛点、堵点，分行业制定数字化转型路线图，面向原材料、消费品、装备制造、电子信息等重点行业开展数字化转型应用示范和评估，加大标杆应用推广力度。

3. 加快推动工业互联网创新发展。深入实施工业互联网创新发展战略，鼓励工业企业利用5G、时间敏感网络（TSN）等技术改造升级企业内外网，完善标识解析体系，打造若干具有国际竞争力的工业互联网平台，提升安全保障能力，推动各行业加快数字化转型。

4. 提升商务领域数字化水平。打造大数据支撑、网络化共享、智能化协作的智慧供应链体系。健全电子商务公共服务体系，汇聚数字赋能服务资源，支持商务领域中小微企业数字化转型升级。提升贸易数字化水平。引导批发零售、住宿餐饮、租赁和商务服务等传统业态积极开展线上线下、全渠道、定制化、精准化营销创新。

5. 大力发展智慧物流。加快对传统物流设施的数字化改造升级，促进现代物流业与农业、制造业等产业融合发展。加快建设跨行业、跨区域的物流信息服务平台，实现需求、库存和物流信息的实时共享，探索推进电子提单应用。建设智能仓储体系，提升物流仓储的自动化、智能化水平。

6. 加快金融领域数字化转型。合理推动大数据、人工智能、区块链等技术在银行、证券、保险等领域的深化应用，发展智能支付、智慧网点、智能投顾、数字化融资等新模式，稳妥推进数字人民币研发，有序开展可控试点。

7. 加快能源领域数字化转型。推动能源产、运、储、销、用各环节设施的数字化升级，实施煤矿、油气田、油气管网、电厂、电网、油气储备库、终端用能等领域设备设施、工艺流程的数字化建设与改造。推进微电网等智慧能源技术试点示范应用。推动基于供需衔接、生产服务、监督管理等业务关系的数字平台建设，提升能源体系智能化水平。

资料来源：《"十四五"数字经济发展规划》。

（三）推动产业园区和产业集群数字化转型

一要引导产业园区加快数字基础设施建设，利用数字技术提升园区管理和服务能力。二要积极探索平台企业与产业园区联合运营模式，丰富技术、数据、平台、供应链等服务供给，提升线上线下相结合的资源共享水平，引导各类要素加快向园区集聚。三要围绕共性转型需求，推动共享制造平台在产业集群落地和规模化发展。四要探索发展跨越物理边界的"虚拟"产业园区和产业集群，加快产业资源虚拟化集聚、平台化运营和网络化协同，构建虚实结合的产业数字化新生态。五要依托京津冀、长三角、粤港澳大湾区、成渝地区双城经济圈等重点区域，统筹推进数字基础设施建设，探索建立各类产业集群跨区域、跨平台协同新机制，促进创新要素整合共享，构建创新协同、错位互补、供需联动的区域数字化发展生态，提升产业链供应链协同配套能力。

（四）培育转型支撑服务生态

优化数字化发展环境，建设公平规范的数字治理生态，处理好中小微企业与大平台企业的关系、运用市场机制与优化政府治理的关系，是促进产业数字化的基本保障。为此，需要以推进"数字化转型支撑服务生态培育工程"为重点，建立市场化服务与公共服务双轮驱动，技术、资本、人才、数据等多要素支撑的数字化转型服务生态，解决企业"不会转""不能转""不敢转"的难题。一要面向重点行业和企业转型需求，培育推广一批数字化解决方案。二要聚焦转型咨询、标准制定、测试评估等方向，培育一批第三方专业化服务机构，提升数字化转型服务市场规模和活力。三要支持高校、龙头企业、行业协会等加强协同，建设综合测试验证环境，加强产业共性解决方案供给。四要建设数字化转型促进中心，衔接集聚各类资源条件，提供数字化转型公共服务，打造区域产业数字化创新综合体，带动传统产业数字化转型。

数字化转型支撑服务生态培育工程

1. 培育发展数字化解决方案供应商。面向中小微企业特点和需求，培育若干专业型数字化解决方案供应商，引导开发轻量化、易维护、低成本、一站式解决方案。培育若干服务能力强、集成水平高、具有国际竞争力的综合型数字化解决方案供应商。

2. 建设一批数字化转型促进中心。依托产业集群、园区、示范基地等建立公共数字化转型促进中心，开展数字化服务资源条件衔接集聚、优质解决方案展示推广、人才招聘及培养、测试试验、产业交流等公共服务。依托企业、产业联盟等建立开放型、专业化数字化转型促进中心，面向产业链上下游企业和行业内中小微企业提供供需撮合、转型咨询、定制化系统解决方案开发等市场化服务。制定完善数字化转型促进中心遴选、评估、考核等标准、程序和机制。

3. 创新转型支撑服务供给机制。鼓励各地因地制宜，探索建设数字化转型产品、服务、解决方案供给资源池，搭建转型供需对接平台，开展数字化转型服务券等创新，支持企业加快数字化转型。深入实施数字化转型伙伴行动计划，加快建立高校、龙头企业、产业联盟、行业协会等市场主体资源共享、分工协作的良性机制。

资料来源：《"十四五"数字经济发展规划》。

思　考　题

1. 全面正确理解马克思主义生产要素组合原理。
2. 从历次科技革命的演进中把握生产方式变化的规律。
3. 如何科学理解数字劳动是一种生产性劳动？
4. 数字经济下生产条件和劳动的技术关系呈现何种变化？
5. 数字经济下劳动的社会关系在不同层面有何变化？
6. 如何理解数字经济和实体经济融合发展的必要性和效率提升机制？
7. 我国数字产业化发展的必要性和途径是什么？
8. 促进我国产业数字化转型的依据和途径是什么？

扫码查看参考答案

第五章
数据变革流通方式

本章在分析现代流通方式特征和类型的基础上，阐述数据要素对流通经营方式、流通组织形式、产业融合的变革效应，对流通生产力水平的倍增效应，揭示了数据要素嵌入对现代流通关系的影响，重点揭示了对不同流通业态下不同流通主体利益关系产生的具体影响。

第一节　现代流通方式的特征与类型

一、现代流通方式的特征

商品交换是人类社会发展到出现产品剩余的产物，而起初的交换是物物交换。商品流通则是商品经济发展到一定阶段的产物，即产生了货币，物物交换发展到以货币为媒介的商品交换。

商品流通方式，是商品由生产阶段过渡到消费阶段所采用的方法与形式。流通方式并非一成不变的，而是随着经济发展、科技进步和消费者需求的变化而变化，总体上呈现出从传统向现代，即从简单到复杂，从单一到丰富、由低层次向高层次发展的过程。所谓现代流通方式，是指应用现代经营管理思想和管理理念，采用现代科学技术手段，对传统流通方式进行改革与创新形成的新型流通方式，既包括新的流通经营方式，也包括新的流通组织形式。

与传统流通方式相比，现代流通方式具有四点特征。

（1）现代流通方式是以信息技术为核心的新技术革命，改变了整个流通产业的运作方式和盈利模式，同时打破了时间与空间的限制，实现了接近零距离、零时间的交易，实现了生产者和消费者的即时互动，流通渠道逐渐趋于扁平化。

（2）物流配送业已成为整个国民经济的战略性产业，是现代化流通中先进生产力的代表，具有将仓储业、交通运输业、配送业、批发业、零售业等高度整合融为一体的能力。第三方物流发展迅速，第四方物流的地位不断提升。

（3）以市场需求为起点，由供应商、经销商、生产商组成市场供给方的完整供应链，在供应链上的企业按照现代物流技术和理念整合成一个虚拟企业群体。过去单个企业之间的竞争，变成了一个群体企业与另一个群体企业之间的竞争，一个供应链与另一个供应链之间的竞争。

（4）传统流通企业以产权关系为纽带，实现纵向一体化经营，而现代流通企业基于核心能力，实现横向一体化或虚拟一体化运营。这种形态以提升核心竞争力为目标，集中经营核心业务，而其他一些非核心业务则尽可能实行外包。随着大量企业的核心业务与非核心业务分离，外包业务比重不断提高，流通速度不断加快。

二、现代流通方式的主要类型

现代流通方式是一个历史的、动态的范畴，随着时代变迁和客观环境条件的变化，新的流通方式不断涌现。原来属于现代流通方式的一些流通形式，因为不再适应客观环境条件的变化失去其原有的技术和管理优势，转变为传统流通方式，并为更新的流通方式所取代。[①] 目前所指的现代流通方式，主要有连锁经营、物流中心、电子商务、超级市场等类型和模式。

（一）以连锁经营为代表的新型流通组织形式

连锁经营是近年来出现的现代流通崭新的组织形式，是流通组织形式的一次重大创新。它突破了原来单个企业规模扩张所受到的地域限制，拓展了企业的市场空间。同时，又较好地解决了企业内部各组成部分之间的关系。通过总部与分店之间的分工，降低了连锁企业的管理成本，尤其是通过统一采购、统一配送，大大降低了连锁企业的物流成本，形成整个连锁企业的竞争优势。在连锁经营发展过程中，由一般的正规连锁又发展出特许连锁的经营形式，以总店出让技术、分店申请加盟的方式，组成特许连锁系统。特许经营一方面使一些大企业能够在短时间里实现低成本的快速扩张，降低了规模扩张的市场风险，另一方面也为广大中小企业提高组织化程度和经营管理水平、增强市场的生存能力和竞争力，提供了一条有效的途径。

（二）以物流中心为代表的新型流通组织机构

商品流通包括商流和物流两个组成部分。商流是指商品所有权的转移，物流是

---

① 刘向东，张小军，石明明. 中国流通产业增长方式的转型——基于流通增长方式转换模型的实证分析[J]. 管理世界，2009（2）：167–169.

指商品实体的转移。物流中心是将所有的物流功能集于一身，为企业提供专业化、集约化物流服务的专业机构。物流中心的出现为生产、流通企业免除了物流的负担，降低了物流成本，同时将原来分散的物流资源加以集中使用，提高了物流活动的效率。正因为如此，物流在西方发达国家被视为"第三利润源"，并将物流业的发展作为提高流通效率的重要途径而给予大力提倡和广泛支持。

（三）以电子商务为代表的新型流通技术

电子商务的出现和快速发展，对流通的地位、作用及运营方式都产生了巨大的影响。这不仅表现为交易方式的改变，而且表现为流通业内部作业流程和经营管理的一系列深刻变革，主要包括利用电子技术的信息管理系统（POS/MIS）、在计算机信息网络基础上的企业资源计划（EPR）、基于新的技术平台对流通企业的业务流程再造（BPR）、运用电子商务进行零售业的供应链管理（SRM），以及实现零售业的及时供应（JIT）、运用电子商务及商业智能技术建立零售业快速响应系统（QR，ECR）、运用电子商务实现流通企业的客户关系管理（CRM），等等。因此，电子商务不再仅仅是一种新的流通技术，而且也是一种新的经营理念和作业方式，带来了流通方式的深刻变革，并作为一种新的流通方式而成为未来流通业的发展方向。

（四）以超级市场为代表的新型零售业态

在零售领域，现代流通方式主要表现为以超级市场为代表的新型零售业态。超级市场将工业生产中的专业化分工思想引入零售经营，采用先进的信息技术（如POS/MIS系统）来进行管理，简化了业务流程，提高了作业的效率。同时，采取低成本、低价格、高周转的策略，形成了独特的经营优势。另外，还以方便、快捷的购物方式，适应了现代消费者生活节奏加快对购物活动的要求。超级市场为后来出现的折扣店、仓储店、便利店、综合超市、购物中心等新业态所借鉴，成为现代零售方式的基本模式。

（五）以产销一体化为代表的新型流通渠道

传统的流通渠道以相互分离的生产商、批发商、零售商之间的层层转手，完成商品由生产到消费的转移过程。这种渠道模式增加了流通环节，拉大了生产与消费之间的距离，增加了不同环节的矛盾和冲突，加大了流通过程的交易成本。为解决这些问题，一些企业开始尝试采取产销一体化形式来组织商品流通，包括生产企业的后向一体化和流通企业的前向一体化。生产企业与流通企业的一体化，将原来的市场交易关系内化为组织内部的协作关系，缩短了渠道的长度，减少了流通环节，拉近了生产与消费的距离，降低了流通中的交易成本。由于一体化是从社会的层面对原来分属于生产和流通的不同资源进行整合，提高了资源的利用效率，因此成为一种具有竞争力的新型流通方式。

第二节　数据要素创新流通方式

一、数据要素推动流通经营方式升级

（一）商品流通经营方式的升级

传统的商品流通经营方式表现为"生产商生产商品—中间商采购、运输、销售商品—消费者购买商品"（如图 5-1 所示）。该方式在当代社会仍大量存在。例如，在水果产销领域，"果农生产水果—批发商采购、运输、销售水果—零售商采购、运输、销售水果—消费者购买水果"，就是一种典型的传统流通经营方式。

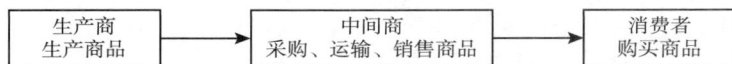

图 5-1　传统商品流通经营方式

随着数据要素的引入和互联网、信息技术、电子产品的发展，商品流通逐步演化升级出多种新的流通经营方式，大体上可分为连锁商业经营方式、私人定制经营方式、农超对接经营方式三种类型。

连锁商业经营方式涉及的主体包括特许加盟店、直营店、配送中心、信息共享平台、连锁企业总部、供应商等（见图 5-2）。这一商业经营方式一般具有企业规模较大、组织化程度高、业务标准化程度高、内部各类主体分工明确，以及企业下属直营店或特许加盟店彼此之间服务理念统一、商品种类统一、定价统一、技术统一等特点。如"蜜雪冰城""海底捞"等品牌的加盟店。在这种经营方式中，直营店或特许加盟店的原料、商品等由连锁企业总部统一按直营店或特许加盟店的实际需要配送，而连锁企业总部可以通过信息共享平台，及时了解各直营店或特许加盟店的销售情况，进而向上游供应商提供明确的需求信息。

私人定制经营方式强调生产商直接按照消费者的需求生产商品，即消费者通过信息交流平台与生产商直接对接，向生产商提起生产需求，生产商按照消费者的需求进行商品定制，并通过第三方物流平台配送到消费者手里，而交易支付则主要通过第三方支付平台进行，如支付宝、微信等（见图 5-3）。这一经营方式符合当代

B2C 逐渐过渡到 C2B 的趋势。目前，这一经营方式在传媒领域、广告领域，以及财务、人事、ERP 等管理系统设计开发领域被普遍应用，而且还在不断拓展应用空间。

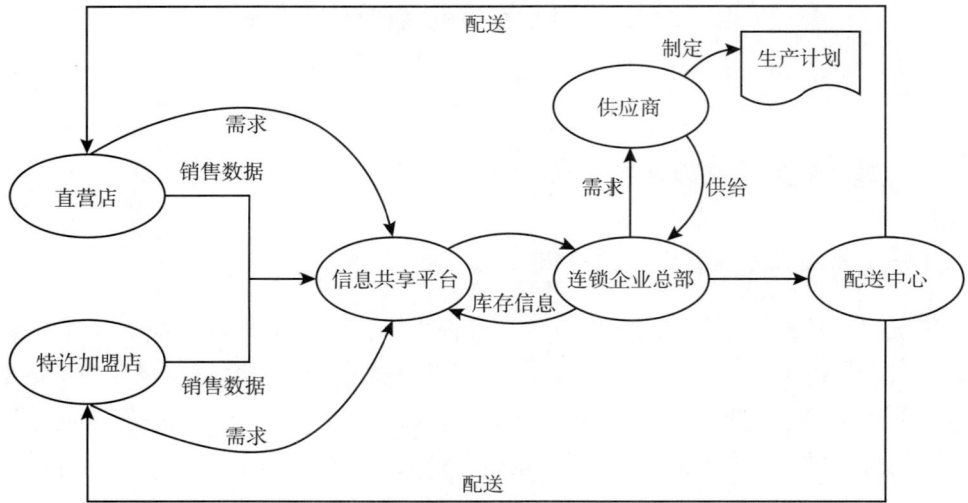

图 5 − 2　连锁商业经营方式

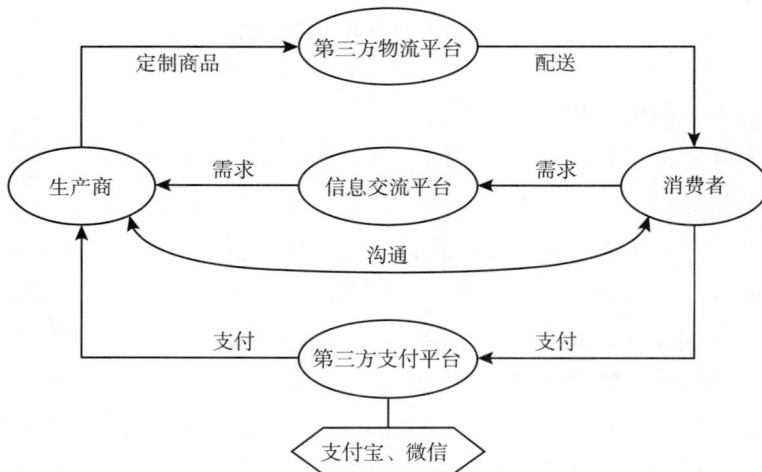

图 5 − 3　私人定制经营方式

　　农超对接经营方式是将现代商品流通经营方式引入农村，将农村小市场同城镇大市场进行对接，构建产销一体化链条的形式（见图 5 − 4）。在这一经营方式中，连锁超市一方面与农户或农民合作社等组织直接对接，签订合作协议，另一方面与城镇消费市场直接对接，向消费者供应优质、实惠、安全的农产品。签约的农户需要按照合作协议进行标准化农田建设、标准化农产品生产，必要时，需配合连锁超市进行 QS 认证、商标注册等流程，有效地实现农产品的可追溯，实现农业的产业化、生产的标准化，提高农产品的安全系数。同时，具有平抑农产品市场价格的作用。

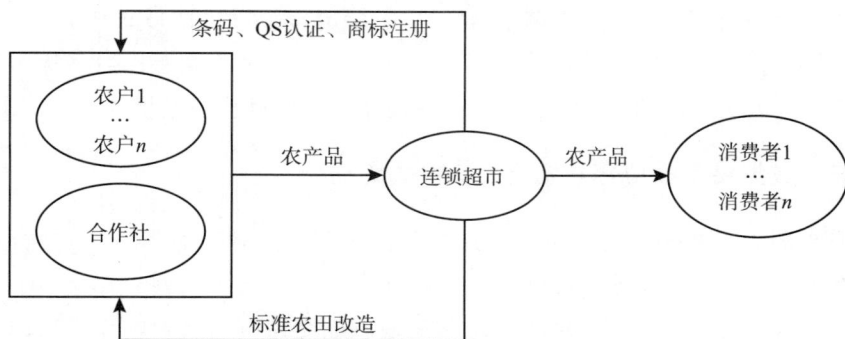

图 5－4　农超对接经营方式

（二）催生货币流通经营新方式

货币流通与以货币为媒介的商品流通相互交织。数据要素、数据技术对商品流通的影响，还通过催生货币流通经营新方式的途径实现。

传统的商品流通以"柜台经济"为主。配合"柜台经济"的货币流通，是以纸币为主的流通，即商品交换以纸币为媒介，进行"线下"面对面的交易。在数字经济下，商品流通越来越向"平台经济"方向发展。在电商平台上的"线上"交易，会催生出多种货币流通方式。

1. 第三方支付

依据 2021 年中国人民银行《非银行支付机构条例（征求意见稿）》的定义，第三方支付机构是"在中华人民共和国境内依法设立并取得支付业务许可证，从事储蓄账户运营、支付交易处理部分或者全部支付业务的非银行支付机构"。随着数字经济的发展，第三方支付已渗入大众生活的各个场景，如零售餐饮、交通出行、医疗社保、公共缴费等，微信转账、支付宝转账、微信红包等新兴货币流通方式越来越被大众接受。

2. 数字银行

数字经济的发展，支付行业竞争的加剧，促使银行业推进数字化建设，逐步将线下业务拓展到线上，从传统银行转型为数字银行。通过数字化经营，既简便了银行传统的存款、取款、贷款等业务，又全方位地方便了民众，缴纳水电、缴纳社保、转账汇款等与民众息息相关的业务都被囊括在各大银行的 App 之中。各大银行的 App 与第三方支付平台的互融互通，极大地改变了货币流通的方式。

3. 数字货币

数字货币根据信用基础的不同，可分为虚拟货币（以比特币为代表）、商业数字货币（以天枰币为代表）、法定数字货币（以数字人民币为代表）三种类型。数字货币是由严格的数学算法或者加密技术来保证其安全性、专有性的。从效力范围来说，数字货币由其开发者发行和控制，并在特定虚拟社区的成员中接受和使用。从发展趋势看，随着数字货币技术的不断成熟和法律制度的完善，数字货币流通形式将越来越成为更便捷的、更安全的、适用场景更全的新型流通形式。

（三）数据要素推动资本流通经营方式变革

数据要素不仅对货币流通经营方式，而且或多或少地对有形资本、无形资本、金融资本和人力资本等的流通经营方式产生影响。

在有形资本流通方面，传统的流通方式是通过交易市场或者中介进行面对面的线下交易，随着电子商务、大数据、互联网的发展，很大一部分有形资产的流通已经出现了线上交易或者线上辅助交易的渠道。例如，房地产行业有链家平台、安居客平台、天猫好房等渠道，汽车行业有瓜子二手车平台、易车平台等渠道。

在无形资本流通方面，随着淘宝、京东、拼多多等电商平台的兴起，IP品牌授权这种无形资本的流通也随之如火如荼地发展。所谓的品牌授权，也就是贴牌生意，是指品牌方把自己积累的知名度高的品牌租赁给其他人使用，后者生产和售卖的产品和品牌方没有关系，但需给品牌方缴纳一定费用，作为使用品牌的回报。例如，南极人、恒源祥等，都是对外授权品牌的典型。

在金融资本流通方面，像资产证券化这类业务链条较长、参与方多达十几个的业务，审批模式一般都是以线下为主，需要对加盖公章的纸质材料在不同的机构进行层层报批、流转、审议等，不仅效率低，而且成本高。区块链技术的发展和完善，使资产证券化这类业务链中的资产信息、现金流信息、交易信息等，实现共享、无纸化审核与查阅。

在人力资本流通方面，空中双选会、空中宣讲会、网上招聘会等线上招聘活动逐渐取代传统的线下招聘活动，越来越多的求职者接受网络求职的形式。随着大数据技术、数据挖掘技术的发展，诸多求职软件和就业平台已引入相关算法，实现了"精准荐岗"。从宣讲会到双选会，再到简历投递、求职面试、岗位签约、档案查询这一整条求职链路，均实现了线上流程。

二、数据要素推动流通组织形式创新

（一）流通组织形式的概念及分类

流通组织形式是流通主体对产品生产、加工和销售各环节所形成的网络化结构，进行一体化管理的组织形式。

关于流通组织形式的具体类型，有学者提出，[①] 从广义上说，流通组织形式可以分为两类，其一是产销直接对接模式，即生产商与消费者直接对接；其二是中间层组织模式，即生产商与消费者之间还存在其他流通环节，如极具代表性的"生产商—物流商—批发商—零售商—消费者"流通组织形式（见图 5 - 5）。也有学者提出，[②] 依据扁平化和关系化程度由低到高来分，流通组织形式可分为专业市场模式、特许经营模式、直供直销模式三种典型模式。其中，专业市场模式和特许经营模式一般都属于多层级流通供应链组织结构，如经营各种中低端商品的企业的专业市场模式和围绕品牌运营的特许经营模式；直供直销模式属于扁平状流通供应链组织结构，如 ZARA 直营企业的直供直销模式。

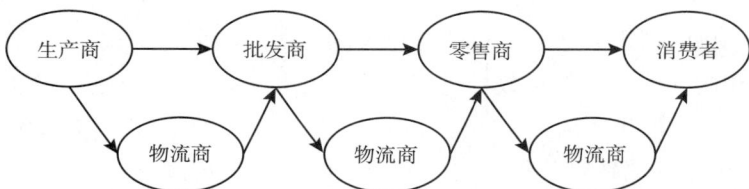

图 5 - 5　"生产商—物流商—批发商—零售商—消费者"典型流通组织形式

（二）数据要素对流通组织形式的变革效应

在我国，长期以来存在着区域市场分割、流通组织化程度低、流通组织规模小、彼此分散、跨区域协调整合难度大、同质化恶性竞争激烈等现象。由此，商品流通产生了一系列问题，主要是：中间层多、流通环节复杂与流通效率低下；产销不平衡、中间商市场地位高，生产商、消费者议价能力弱；消费者与生产商之间存在沟通障碍，等等。在数字经济下，数据要素促进了商品流通组织形式的变革，为有效解决以上问题提供了契机。

在数字经济下，越来越多的生产企业开始变革传统的流通组织形式，探索建立"生产商—电商平台—消费者"的新型流通组织形式（见图 5 - 6），而一些流通领域的企业、经销商、合作社等主体也开始尝试建立"流通主体—电商—流通主体"或"流通主体—电商—消费者"的新型流通组织形式。与传统的流通组织形式相比较，这些新型的流通组织形式减少了中间层，简化了流通环节，促进了流通组织跨时空、跨区域协调整合。同时，借助日益发展的物流业，降低了流通成本，提高了流通效率。

---

① 胡文静，王路云．"新流通"产业链组织模式的优化变革［J］．商业经济研究，2019（22）：5 - 8．
② 李直娴．流通供应链组织模式变革对流通效率的驱动作用［J］．商业经济研究，2022（3）：40 - 43．

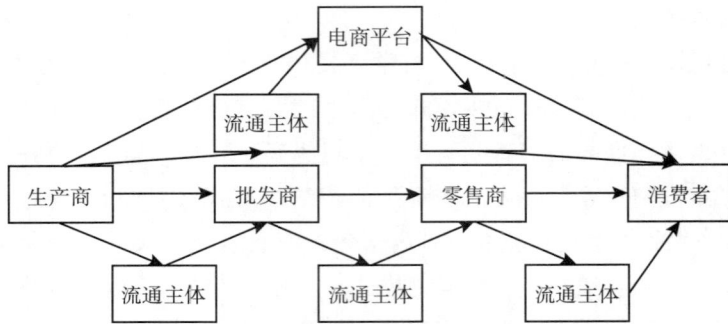

图 5－6　引入数据要素的新型流通组织形式

新型流通组织形式带来了流通中相关主体地位的重大变化。信息技术和互联网的发展，不仅实现了数据的快速、广泛传播，而且实现了自动记录存储。生产商可以很快获悉市场的销售数据，尤其对已开展线上直销的厂家来说，获悉销售数据的速度更快，在此基础上，再对数据进行分析，可以很好地实现生产与销售的平衡。特别是，越来越多的生产商开展线上直销，厂家与消费者直接对接，意味着传统的"生产商—中间商—消费者"组织形式下的中间商的地位降低了，而生产商和消费者的市场地位提高了（见图 5－7）。由于互联网的存在，生产商及其生产商品的信息更加透明，那些物美价廉商品的销量会显著提升，竞争力不强的商品则会被淘汰，生产商为争取市场份额会努力提高产品质量、优化流通组织形式、降低产品价格、追求创新等；在新型流通组织形式中，消费者也逐渐取代中间商，成为流通组织形式中的核心。

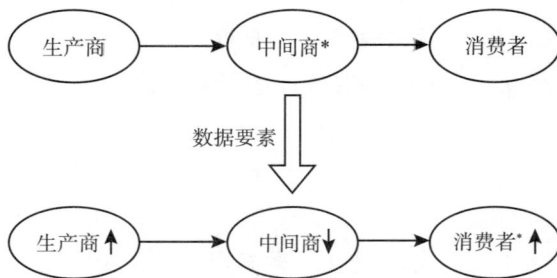

箭头代表市场地位的变化。箭头朝上代表市场地位提高；箭头朝下代表市场地位降低。
*表示该主体在当前流通组织形式中处于核心地位。

图 5－7　引入数据要素后流通组织形式中主体的地位变化

在新型流通组织形式下，传统的中间商地位下降了，替代传统中间商的是各种电商平台。这一平台不只是发挥传统中间商的功能。电商平台掌握了参与网购消费者的偏好，进而可以充分利用算法实现对消费者的精准商品推送，这样，既减少了消费者寻找商品的时间，又满足了消费者的个性化需求。由于产销对接等扁平状流通供应链组织结构的发展，传统的"以产定销"的产销关系成为"可选项"，"以销定产"的产销关系逐渐被生产商认可接受（见图5-8）。

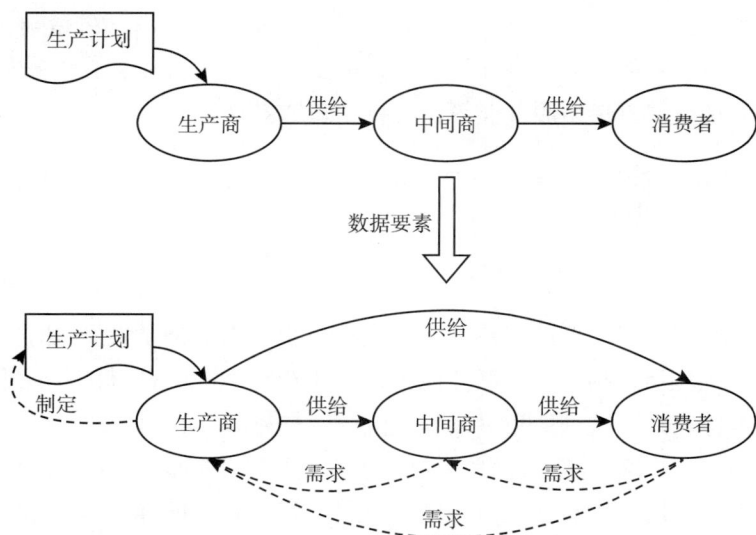

图5-8　引入数据要素后流通组织形式中产销关系变化

三、数据要素促进产业融合发展

在传统重生产、轻流通的产业模式下，农业、制造业与流通产业结合的紧密程度较低。伴随着互联网、信息技术和电子商务的发展，其他产业与流通产业的融合特征越来越明显，逐步确立了以流通业为产业链中心的产业结构，催生出新产业、新业态。

数字经济下，产业融合促成以流通业为产业链中心这一新型产业结构的形成，主要有三种方式。（1）高新技术的渗透融合，即高新技术及其相关产业向其他产业（尤其是传统产业）的渗透、融合，形成新产业、新业态，如电子网络技术向传统商业、运输业渗透而产生的电子商务、物流业等新型产业等。（2）产业间的延伸融合，主要是通过产业间的互补和延伸，特别是服务业向第一产业和第二产业的延伸和渗透，赋予原有产业新的附加功能和更强的竞争力，形成融合型的产业新体系。例如，第三产业中相关服务业向第二产业的生产前期研究、生产中期设计和生产后期的信息反馈过程展开全方位的渗透，金融、法律、管理、培训、研发、设计、客户服务、技术创新、贮存、运输、批发、广告等服务在第二产业中的比重和作用日趋加大，相互之间融合成不分彼此的新型产业体系。（3）产业内部重组融合，主要是以信息技术为纽带的、同一产业内部不同行业之间或产业链的上下游的重组融合，使原来各自独立的产品或服务在同一标准约束或集合下，通过重组完全结为一体，产生新型产品或服务。例如，第一产业内部的种植业、养殖业、畜牧业等子产业之间重新整合，形成生态农业、旅游农业、现代农业生产服务体系等新型产业形态。

以流通业为产业链中心的产业结构，有利于建立产业、企业组织之间新的联系，促进更大范围的竞争，有利于不同行业的技术、产品和要素相互渗透和交叉，产生全面的网络效应。随着市场需求和竞争模式的多样化，跨行业合作的重要性日益凸显，服务型制造业和制造型服务业等业态将越来越普遍。

四、数据要素提升流通生产力水平

（一）流通生产力水平的概念

在 20 世纪 80 年代，高涤陈在《流通过程与生产力经济学》一文中认为：社会把产品从生产领域运送到消费领域的能力，属于社会生产力范畴，是社会生产力在流通过程的具体表现，这种能力可以称作流通生产力。[①]

流通生产力有广义与狭义之分。广义的流通生产力是指：如果缺少流通这个环节或因素，就不可能有社会生产力的任何发展。流通领域的经济运行是否正常和有效，不仅影响到流通领域本身的经济效益，而且必然会对社会生产力的发展产生直接的促进作用或制约作用。狭义的流通生产力实际上是指流通领域（市场交换过程）本身的运行效率和经济效益能力，主要强调流通领域的资源配置和经济运转的有效性。

在流通生产力内涵中，流通的全过程既是信息传递加工处理反馈的过程，也是劳动产品所有权和使用权转移的过程，这一全过程的效率反映了流通生产力高低的程度。其质的规定性不是简单的人和物，而是一种不能离开人和物存在的非物质实体的能力。从这一规定性出发，流通生产力可以表述为：创造和提供任何用于交换的劳动产品进入消费领域，并使之适应交换形式构成的经济活动流程及其效率的能力。[②]

从社会再生产环节上，流通通常包含分配和交换两个环节。由于分配更多意义上属于生产过程，因此交换就构成了流通的载体形式，交换的能力和效率也就是流通的能力和效率。因此，流通时间、流通成本、供需匹配和产销对接是衡量流通生产力水平必不可少的三个方面。

---

①　高涤陈. 流通经济论——高涤陈文集［M］. 北京：中国商业出版社，1991：472.

②　杨建文，魏农建. 流通生产力：理论思考与现实分析［J］. 上海经济研究，2000（5）：3-10.

（二）数据要素提高流通生产力水平的机制

（1）数据要素的共享性大大降低了信息获取成本和流通成本。数字经济背景下，流通业依托5G、大数据、云计算、人工智能、区块链为代表的新型科技，逐渐摆脱传统单一的信息来源，转向多元化信息获取。此时，流通业信息获取成本日益降低，促使社会资源获取的深度与广度极大增强，这为流通业现代化、高质量发展提供了良好的信息环境。

（2）数据生产要素减少了流通时间，提升了运营效率。数据作为一种生产要素投入生产和流通各环节中，以及借助信息通信、大数据技术对流通过程进行有效整合，可以极大地减少流通时间，提升运营效率。[①]

（3）数据生产要素能够提高流通业全要素生产率。数据作为生产要素可被流通业内每一名员工共享或分享，数据规模越大则种类越丰富，继而能够产生越多的信息和知识，同时减少单位产出的资源投入，在提高全要素生产率的同时，能够带来流通设施设备应用的创新及流通方式的创新。

（4）数据生产要素能够帮助流通业实现产业跨界和知识共享，优化市场供给，同时也激发市场需求，优化供需匹配。数据生产要素的投入使技术更新成本更低，能够实现以较低成本推动流通业数字化转型。

（5）数据要素通过发挥其对传统生产要素的替代效应、融合促进的乘数效应和协同提升的增值效应，推动技术创新和产业结构升级，解决供需不平衡、产出价值单一等问题，帮助流通业形成规模经济和范围经济效应，创造更多元化的价值。[②]

数据要素对流通生产力水平影响的实证分析

首先，建立数据要素评价指标体系。设立数据要素运载水平、数据要素应用水平、数据要素价值水平以及数据要素开发潜力四个二级指标以及互联网宽带接入端口、域名数、网页数等八个三级指标（见表1），评估我国数据要素的发展水平，探讨对流通生产力水平的影响效应。其中，流通生产力水平用流通速度、流通成本、供需匹配来衡量（见表2）。

[①] 刘月，郭亚红.数字经济、产业链韧性与流通业高质量发展［J］.商业经济研究，2022（19）：176 - 179.

[②] 杨向阳，徐从才.数据要素与流通企业高质量发展［J］.商业经济与管理，2024（3）：5 - 17.

表1 我国数据要素评价指标体系

一级指标	二级指标	指标含义	三级指标	单位
数据要素 DA	数据要素运载水平	数据运载流量	互联网宽带接入端口	万个
			域名数	万个
	数据要素应用水平	客户端数据生成	网页数	万个
		企业端数据处理	信息传输、软件和信息技术服务业就业人员	万人
	数据要素价值水平	信息产业数据价值	软件业务收入	万元
		实体产业数据价值	电子商务销售额	亿元
	数据要素开发潜力	创新开发潜力	发明专利授权数量	件
		资本支持	R&D 支出	亿元

表2 数据要素对流通生产力水平影响的变量说明

变量	变量名称	变量符号	变量描述
被解释变量	流通速度	$y1$	流通业资产周转率
	流通成本	$y2$	社会物流总费用
	供需匹配	$y3$	参考已有研究的计算结果
核心解释变量	数据要素	DA	数据要素的水平
控制变量	经济发展水平	Eco	人均国内生产总值
	流通业就业规模	Lab	流通业就业人数/社会就业总人数
	交通基础设施建设水平	$Infra$	公路里程数

注：表1、表2相关变量的选取来源于2010~2020年《中国统计年鉴》。

其次，采用常规的固定效应模型估计数据要素对流通生产力水平的影响（见表3）。结果显示，数据要素对流通生产力水平的影响作用显著，体现在提高流通速度、降低流通成本等方面。

表3 数据要素对流通生产力的影响效应估计结果

变量名称	模型(1)	模型(2)	模型(3)
数据要素(DA)	3.2462 ** (2.74)	− 8.3661 ** (− 3.23)	− 0.2681 *** (− 5.00)
经济发展水平(Eco)	− 0.9607 (− 0.84)	0.0003 *** (5.70)	0.1290 ** (2.49)

<table>
<tr><td></td><td>续表</td><td></td><td></td></tr>
</table>

变量名称	模型（1）	模型（2）	模型（3）
流通业就业规模（Lab）	-84.1801* (-2.06)	-94.6029 (-1.45)	0.0518 (0.03)
交通基础设施建设水平（Infra）	-10.5401* (-2.14)	20.132** (2.72)	0.7449** (3.35)
常数项	78.6789** (2.93)	-177.1053** (-2.60)	-5.1138*** (-4.21)
R^2	0.7183	0.9954	0.8933
调整后的 R^2	0.5305	0.9923	0.8222

注：*、**、*** 分别表示在10%、5%、1%的显著性水平下通过检验；括号内为 t 检验值；数据处理由 StataSE15 完成。

具体效应结果的分析如下。

1. 流通速度

流通速度的高低是反映流通产业竞争能力和流通生产力水平的一个重要方面。模型（1）结果显示，数据要素对流通速度有显著的正向促进作用，效应值通过了5%的显著性水平检验，这表明数据要素能明显提升流通业一定时间内固定资产的周转次数，促进流通速度增长。经济发展水平对流通速度的影响并不显著，流通业就业规模和交通基础设施建设水平对流通速度呈显著负向影响，这些均与经济结构调整协同优化提升流通速度的现实要求相悖，也反映出我国流通业就业规模可能存在一定挤兑、交通基础设施建设存在一定资源配置低效的现实问题。

2. 流通成本

流通成本的降低可以在一定程度上增加流通收益，提高流通效率，进一步激发流通生产力。模型（2）结果显示，数据要素对降低流通成本有显著的促进作用，效应估计值通过了5%的显著性水平检验，这表明数据要素能明显降低流通成本，且相比于数据要素对流通速度的提升作用，数据要素对降低流通成本的作用更强，可能是数据要素的投入与开发以及数字技术的应用促使数据资源合理充分流动，提高优化配置水平，最大化发挥数据承载的价值，并创造出额外价值，提升了商贸流通效率，降低了流通成本。流通业就业规模对降低流通成本的作用并不显著，经济发展水平与交通基础设施建设水平对降低流通成本具有不同程度的抑制作用，这对数据要素的正向赋能作用产生不利影响，说明资源配置还需进一步优化，投入冗余问题还需进一步改善。

3. 供需匹配

流通供需匹配度体现了流通行业高质量发展水平，反映了资源配置效率和流通生产力水平的高低。流通生产力水平的高低，体现在供给能力和需求水平上，更体现在供给与需求的匹配程度上。当供给大于需求时，会造成物流资源的浪费；当供给小于需求时，物流需求得不到满足，流通市场的繁荣受限，两种情况均不利于现代流通体系的健康发展和流通质量的提升。测算结果如图 1 所示，当供需匹配度小于 1 时意味着供给不足，当供需匹配度等于 1 时意味着供需平衡，当供需匹配度大于 1 时意味着需求不足。通过观察 2010～2020 年我国物流供需匹配度数值，发现虽然整体上全国物流供需匹配度呈现上升趋势，但供需匹配度均小于 1，说明我国物流供给水平严重滞后于物流需求水平，物流供给能力不能满足物流需求。模型（3）结果显示，数据要素对流通供需匹配度表现出负向作用，说明数据要素对需求的拉动作用大于对供给的拉动作用，原因可能是在需求端，海量数据的挖掘以及智能大数据推荐算法的应用，使数据要素较好地促进了广大消费者群体需求的充分迸发；但在供给端，供给尚未跟上需求扩大的节奏，供给端在对需求数据进行充分解读分析的同时还需要通过产业升级、各界协同联动等方式提高流通供给水平。经济发展水平和交通基础设施建设水平对供需匹配度的提升有不同程度的正向促进作用，说明经济发展和基础设施建设投入有利于稳产保供，流通就业观模对供需匹配的作用并不显著，应当进一步提升人员配置结构，优化人员配置效率，促使供给水平进一步提高，以更好地匹配需求水平。

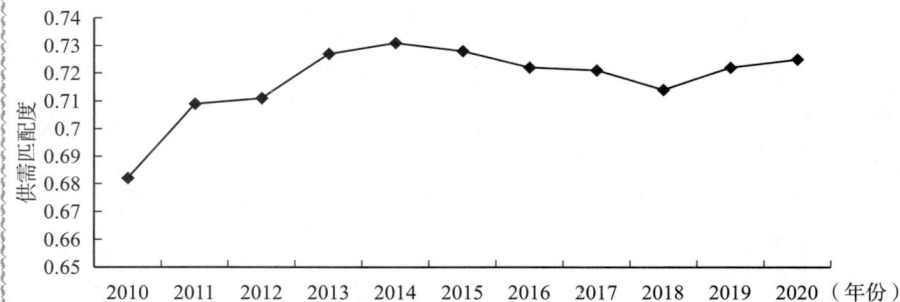

图 1　研究者测算的 2010～2020 年我国物流供需匹配度数值

资料来源：张潇化，赵云海，王琳. 我国区域物流供需能力匹配度分析与优化策略——基于引力模型的实证 [J]. 商业经济研究，2022（10）：101－104.

研究发现，我国 2010～2020 年数据要素资源总体上呈现稳步上升趋势。数据要素对提升流通速度和降低流通成本均有促进作用，且相比于对流通速度的提升作用，数据要素对降低流通成本的作用更强。数据要素并未对提升流通供需匹配度起到正向影响，而是起到了负向作用，说明数据要素对需求的拉动作用大于对供给的拉动作用，致使供给不能满足需求，供需匹配度偏离 1。经济发展水平对流通速度的影响并不显著，流通业就业规模和交通基础设施建设水平对流通速度呈负向影响；流通业就业规模对降低流通成本的作用并不显著，经济发展水平与交通基础设施建设水平对降低流通成本具有不同程度的抑制作用；流通就业规模对供需匹配的作用并不显著，经济发展水平和交通基础设施建设水平对供需匹配度的提升有促进作用。本研究具有四点启示。

其一，要重视数据要素对提升流通速度和降低流通成本的作用，加大对数据要素的投入与开发，大力应用数字技术，促使数据资源进一步流动，提高优化配置水平，最大化发挥数据承载的价值，并创造额外价值，提升商贸流通效率，充分激发数据要素对商贸流通业的提速、降本作用。

其二，要搭建数据要素的共享和分析平台，加速数据要素的市场化配置和流动，在发挥数据要素对需求的拉动作用的同时，进一步发挥数据要素对供给端的扩大作用，结合需求对标查漏，用数据要素助力产业升级、产量质量双提升，实现数据要素赋能商贸流通业，稳供给，以真正激发数据要素对供需匹配度的提升作用。

其三，要改善流通业就业人员配置结构，减少人员挤兑，优化人员配置效率，以提高流通速度和降低流通成本，加速促进数据要素向供给端流动与开发利用，实现保通保供保稳，提高商贸流通业的供需匹配度。

其四，要继续发挥经济发展与交通基础设施建设对稳产保供的促进作用，同时减少基础设施的投入冗余问题，优化资源配置效率，以提高流通速度、降低流通成本、促进流通生产力进一步提高。

资料来源：编者的研究。

第三节　数据要素对流通关系的影响

一、数据要素嵌入下的现代流通关系

（一）现代流通关系的概念

商品流通，并不仅局限于物质或商品的移动过程，更非仅仅涉及商品与货币的交换流程，它实则承载了商品和货币背后复杂的人际交往与互动，是流通环节中所有相关主体之间利益关系的综合体现。数据要素嵌入商品流通，不仅改变了信息流、物流和资本（金）流，而且影响相关主体的利益关系及其地位调整。

伴随着新科技革命和数字经济的快速发展，我国流通领域数据驱动与科技赋能趋势已经形成，不仅催生出悦己型消费、定制型消费、沉浸式消费等全新理念，异质性消费需求特征凸显，从而加速商品流通经营方式、组织方式、产销体系的重构、调整或优化升级，而且也引起商品供求关系、商品货币关系、流通过程中各经济主体之间关系的调整或优化，共同引导着商品供给与需求实现更优动态契合，推动现代流通关系的高质量发展。[①]

基于马克思政治经济学的流通理论，现代流通关系是指以货币为媒介的商品（或服务）交换过程中所形成的各种行为主体相互联系、相互制约的利益关系的总和。[②] 其中涉及的相关行为主体，包括但不仅仅局限于数据平台企业、批发商、物流服务商、零售商，以及提供金融、保险、品牌、质检、监管等服务的主体；交易或交换行为，包括各类批发商之间的交易、批发商与零售商之间的交易，以及批发商、零售商与其他类型的中间商之间的交易，如经纪人、代理人、物流企业、营销企业、广告商、咨询机构、会计师事务所、金融机构等中间商之间的交易；涉及的流程或流通职能包括商流、物流、信息流和资金流。

相对于传统的流通关系，在现代流通关系中，各行为主体的数量更大且异质性程度更高，商品品类更丰富，设施更先进，技术含量更高，渠道更多元，流程更复杂，场景更加拓展，集聚的生产要素更丰富，对资源、知识、能力和营商环境的要

---

① 俞彤晖，陈斐. 数字经济时代的流通智慧化转型：特征动力与实现路径 [J]. 中国流通经济，2020（11）：33 – 43.

② 杜丹清. 新型生产—流通关系与产业发展：基于分工协调理论的分析 [J]. 经济学家，2008（5）：124 – 126.

求更高，各行为主体的分业分工程度更加深化，行为主体间的相互影响及行为主体与环境间的影响也都更加复杂。

（二）流通主体数字化转型及其价值创造

数据要素对现代流通关系产生的影响，既体现在生产力层面，也涉及生产关系层面。上一节主要分析的是前者，在此我们重点分析后者，揭示数据要素对流通主体及其经济利益实现所产生的影响。

在人工智能、大数据、物联网、云计算、区块链等新一代数字技术的蓬勃发展与数据要素的广泛渗透下，现代流通关系正在发生深刻的变革。一方面，推动流通主体的数字化转型。所谓流通主体数字化转型，即流通组织在多元目标激励下，通过广泛应用新型数字技术，强化与互联网深度融合，坚持包容性创新导向，构筑智能学习、推理、决策系统，沿着智慧化方向完成自身变革，最终建立高效畅通且具有持续竞争优势的智慧流通体系，其具有科技密集型、消费便利性、跨界融合性、服务增值化特征。另一方面，改变着商品流通中相关主体的价值创造方式及地位，这可以从流通产业链的生产端、交易端和供应链端的角度分别考证。

数据要素对生产端的价值表现为，在市场需求导向下，生产商如何有效发现市场并根据市场需求及其变化进行精准研发、精准生产和精准定价。在数字经济下，数字平台或数据赋能对生产端的价值创造功能在于：一是根据终端需求大数据，生产端可以优化产品研发设计、产量、规格，拓展定制化生产业务的发展空间；二是通过前、中、后台的数字化集成，加快智慧工厂的数字化改造，对单位产品的生产实现可追溯、可确认、可监管，增强生产端的精准生产能力；三是提高对产品价格信息的监测水平，以增强生产端对市场变化的响应能力和应变能力。

数据要素对交易端的价值体现在，交易的信息化、数据化、智能化，能够有效克服传统商品交易中层级较多、上游企业"找客户难"且对市场信息反应滞后、下游采购客户"找货难"与交易成本较高等缺陷，解决信用、品控、价格评估等关键问题。在数字经济下，数字平台通过数据渗透，畅通供给与需求双方信息，实现交易信息化、交易数据化、交易智能化，建立产业主体信用数据，助力买家快速识别产品基础信息，减少买卖双方的不信任问题。同时，依托数字平台推出产品信息与采购信息并定向推送，主动匹配上下游需求，并通过提供品质、价格辅助评估以及质量智能分析等创新服务，高效解决交易对手方的信任、产品质量的分级和价格合理性的评估等难题，有效降低交易成本，提高交易效率。

数据要素对供应链端的价值在于，有效克服产业主体在传统供应链上面临的"三大难题"，释放整个供应链的数字化升级价值。在传统经济增长方式下，产业主体在供应链上普遍面临着以下问题：（1）产品标准化程度低，仓储成本压力大；

（2）物流配送流通环节冗长，物流主体之间信息不对称，协同水平低，配送成本大；（3）产业链企业资金需求大，但企业融资难。在数字经济下，数字平台通过技术赋能与数据赋能，依托平台数据建设智能仓配管理体系，实施供应链全链路监控，形成智能集货运输网络服务，将仓储物流资源数据化、过程可视化、决策智能化，合理配置仓运资源，缩短物流周期，有效衔接上游生产与下游物流计划，提高物流主体的协同能力。同时，数字平台衔接上游金融机构资金端，通过交易数据分析，构建风控模型，打通买卖双方的信用数据链条，深化大数据风控应用能力以提供有效的供应链金融产品。挖掘整个产业供应链的数字化升级价值，为供给侧高水平转型升级提供了"供应链数字力量"。

二、数据要素对不同流通主体的影响

从智能化应用、智慧化场景，到更高效的线上线下交易流程、更智能的运营解决方案，数字经济给整个产业链的优化升级赋予了新的动能。当然，数字化对不同商品流通业态中各类流通主体经济利益实现的影响是存在显著差异的。为了深入探究这种差异，我们选取农业、大宗商品、批发市场以及跨境等典型应用场景，详细分析数据要素如何具体影响不同流通主体之间的利益关系。

（一）农业产业链：生产端—交易端—仓储物流端—金融服务端

数字平台向农业产业链引入物联网等关键技术，有助于提高生产到销售全环节的流通效率，加速智慧农业发展。数字技术为农业产业链中生产端、交易端、仓储物流端、金融服务端带来了解决方案，大幅提升了产业链价值。

（1）生产端：数字技术助力提高农业生产场景全流程的效率。数字平台依托数字技术，将智能灌溉、收获检测、土壤监测、农业数字化管理等先进技术引入农业生产的全过程，实现种植养殖、产品品质追溯检测、包装等多环节的数字化，不仅能够有效降低生产成本，而且能够提高农作物产品品质及做出高效精准决策。

（2）交易端：农业数字平台促进产业链信息互通，提升农产品交易效率。传统的农产品交易存在生产端和采购端信息不对称、供需难以精准对接以及流通环节较多的弱点，加之农产品利润薄、难贮藏等特点，因此产生农产品流通效率低、交易成本偏高等问题。农业数字平台通过产业链资源整合，快速及时地促进贸易企业、消费者等产业主体的信息交互，有利于提高农产品的交易效率。

（3）供应链端（仓储物流）：加大物流数字化能力建设，能够强化对农产品物流信息的掌控，提高物流效率。在传统经济中，农产品在从上游生产端运往下游消费端的过程中，由于物流技术落后、信息交互水平低下以及物流资源分散，常常面临高损耗、高成本以及品质下降等问题。仓储、物流的数字化，有利于物流体系参与主体掌控农产品物流全流程信息，提升彼此的协同能力与物流资源配置水平，提高仓储物流效率。

（4）供应链端（金融服务）：以大数据风控能力建设提高识别农业经营主体信用质量的能力。农业经营主体抵押产品不足、融资难是我国农业发展的普遍问题。以数字平台为主导的数字化农业供应链金融建设，通过数字化平台和基于大数据的风险控制技术，能够实时掌握农业经营主体的生产与交易信息，了解真实的融资需求，实行贷款全过程实时监控，并实时评估其信用质量，有望缓解农业经营主体融资困境。

（二）大宗商品：交易端—仓储物流端—金融服务端

以我国钢铁交易为例，传统的钢材交易存在供应链模块分割、信息孤岛、物流中商流和物流分散、产业链中下游融资渠道不稳定（即商流、物流、资金流和信息流无法"四流合一"）的难题。对此，数据要素会产生以下变革效应。

（1）交易端：通过消除产业信息不对称，优化流通环节，提升钢铁数字产业平台的服务价值。钢铁数字产业平台通过数据化渗透，消除产业信息不对称，引导钢铁行业过剩产能有效改善，促进钢铁行业转型升级、高质量发展，助力生产端提质增效。同时，通过分析平台交易数据，推出钢铁价格指数，降低交易价格风险和市场不确定性。

（2）供应链端（仓储物流）：通过科技赋能仓储物流，大力提升钢铁供应链协同能力。数字产业平台通过数字技术赋能，在仓储环节提升信息化水平，在运营管理环节实现数智化经营管理，在物流环节实现物流资源数据化、物流过程可视化、物流决策智能化，进而消除物流主体之间的信息壁垒。

（3）供应链端（金融服务）：依托真实贸易场景穿透业务，优化钢铁产业主体的现金流。钢铁数字产业平台利用大数据、AI、区块链等技术监控交易全流程，构建自身的数字化能力，进而补足真实贸易背景，辅助银行把控操作风险，为商业银行开展钢铁产业的供应链金融业务提供可行性。在钢铁数字产业平台和银行的合作下，产业链上企业的真实贸易融资需求得到满足，产业链上整体资金流动得以优化。

（三）批发市场：交易端—仓储端—物流端

批发市场处于产业链的核心地位，其优势是集交易、选品、产销于一体，集供应链集采、物流、仓储等于一体。在数字化背景下，批发市场利用现代信息技术进行数字市场建设，构建一站式数字化产业服务平台，加强数字技术与批发市场各个环节的深度融合，通过线上线下互动结合，把产业链的供应商、批发商、采购商以及仓储物流等利益相关方有机联系起来，促进批发市场实现从传统单一的"商品交易场所"向现代综合型的"产业服务供应方"转变。

（1）交易端：批发市场直播加快产业带"源头好物"价值释放，提升批发市场在产业带竞争中的地位。批发市场交易环节的数字化包括商品线上化、商家数字化、买家数字化以及营销数字化等环节。其中，作为营销数字化的重要实现方式，批发市场直播对交易效率提升的重要性不断增强。因为商品的极大丰富、注意力的极度碎片化，需要"中间商"（批发商）通过产业带直播，帮采购商增强"源头好物"的快速识别力，并借助批发商搭建的具备行业特色的场景体验，快速建立采购商对产品的信任感，从而实现批发市场全渠道销售的"高互动＋高转化"。

（2）供应链端：批发市场供应链端数字化升级，可以弥补传统批发市场供应链上面临的"三大难题"，降本增效。重点是通过提供智慧仓储硬件与系统支持、创建物流联盟体等途径降低仓配成本，通过充分利用批发市场在产业链中承上启下的作用，积累交易与信用数据，联合金融机构，提供与批发市场参与主体融资需求相匹配的供应链金融服务。

（四）跨境数字贸易：交易端—供应链端

随着国家政策对跨境电商的支持力度不断提升，跨境数字贸易将成为外贸强劲增长点，推动全球价值创造要素重组，赋能企业转型升级。

（1）交易端：跨境数字贸易简化贸易链路，大幅降低贸易成本。一方面，跨境数字贸易缩短贸易链路，省去中间商，企业将省的成本更多地用于拓展业务、研发投入、提升产品质量、完善配套服务。另一方面，跨境数字贸易实现交易全链路的线上化，促进各环节的数字化智能化，助力建立柔性供应链，助力生产端的产业升级，同时线上透明化使贸易秩序更加公平，有利于降低采购商的贸易成本，优化采购体验。

（2）供应链端：智能仓储物流技术解决信任难题，有效提升跨境贸易效率。智能技术在传统跨境贸易物流领域的不断应用，极大地提升了数字平台在跨境物流环节的整体服务能力。一方面，数字平台通过将智慧仓储管理系统与全自动分拣设备等智能终端设施结合，提升仓内操作的运作效率；平台运用物联网、区块链、大数据等技术加强物流信息的线上化、透明化，实现实时跟踪物流信息，保证货品运输的安全。另一方面，数字平台通过将区块链技术应用于物流端，为交易双方提供完善且高信任度的物流数据跟踪及验证，有利于跨境交易双方快速建立信用机制，加快贸易速度，提高贸易效率。

思　考　题

1. 请简述现代流通方式的特征？
2. 请举例说明常见的现代流通方式类型。
3. 请分析数据要素对流通方式的影响？
4. 结合实例解释传统流通组织形式的缺点以及数据要素对其产生的变革。
5. 思考什么是流通生产力水平，数据要素对流通生产力水平提升有何作用？
6. 科学阐述数据要素嵌入对产业融合的影响。
7. 为什么说数据要素嵌入有利于流通主体的价值创造？

扫码查看参考答案

第六章
数字经济变革消费方式

数字技术和数字经济的发展，不仅重塑生产方式，而且通过购物方式、消费内容、支付方式和消费行为，引致人们消费方式和消费关系的变革。本章在分析消费和消费方式等基本理论的基础上，探讨数字经济变革消费方式的作用机制，阐述数字经济变革消费方式的主要表现，揭示数字经济或数字技术对消费关系的影响和居民面临的消费矛盾。

第一节　消费和消费方式

一、消费的含义及其地位

（一）消费的含义

广义地说，消费包括生产消费和生活消费两大类。前者指生产过程发生的各种生产资料及劳动者体力、脑力的消耗，是生产客体与主体的使用与消耗，属于生产行为和生产过程本身，包含在生产之中，属于中间消费。后者指为满足个人或家庭和群体生活需要而对物质产品和劳务的使用与消耗，属于最终消费，也就是通常所说的消费，即狭义的消费。马克思把前者称为"与生产同一的消费"，把后者称为"原来意义上的消费"。① 本章所研究的消费，是生活消费。

消费是社会再生产总过程中的一个重要环节。社会再生产总过程包括生产、分配、交换和消费四个环节，各个环节之间紧密联系、相互作用，使社会再生产周而

---

① 马克思恩格斯全集（第30卷）［M］．北京：人民出版社，1995：31.

复始地不断运行。正如马克思所说："我们得到的结论并不是说，生产、分配、交换、消费是同一的东西，而是说，它们构成一个总体的各个环节，一个统一体内部的差别。"① 四个环节的相互作用，组成错综复杂、不断运行的社会再生产总过程。

（二）消费在经济社会中的地位

在经济社会发展过程中，各种需求相互联系，构成一个完整的需求体系。消费需求作为社会需求体系的重要组成部分，既离不开其他需求构成的客观条件，也和其他需求一起推动着社会分工和合作的发展。

1. 消费需求是人们初始的需求、最基本的需求

人类要生存，社会要发展，必须有消费资料，必然产生消费需求。马克思说："人从出现在地球舞台上的第一天起，每天都要消费，不管在他开始生产以前和在生产期间都是一样。"② 因此，"我们首先应当确定一切人类生存的第一个前提，也就是一切历史的第一个前提，这个前提是：人们为了能够'创造历史'，必须能够生活。但是为了生活，首先就需要吃喝住穿以及其他一些东西。因此第一个历史活动就是生产满足这些需要的资料，即生产物质生活本身"。③ 可见没有消费资料的生产，不首先满足消费需求，人类就不能生存，社会就不能发展。

2. 消费需求直接体现社会生产的最终目的

马克思在詹姆斯·穆勒《政治经济学原理》一书摘要中指出："生产、分配、交换只是手段。谁也不为生产而生产。所有这一切都是中间的、中介的活动。目的是消费。""非生产性消费不是手段，而是目的；是通过消费得到的享受，是消费前的一切活动的动机。"④ 随着经济的不断发展，消费品日益丰富，消费需求的满足程度不断提高。

3. 消费需求是优化资源配置的根据

社会需求，即社会规模的使用价值，对社会劳动时间分别用在各个特殊生产领域的份额来说是有决定意义的。在社会需求中，消费需求是最终需求。在市场经济中，社会需求或消费需求的规模表现为市场需求的规模，是市场配置资源规模优化的根据，社会需求的结构或消费需求的结构是优化资源配置结构的根据。

4. 消费需求是一切经济活动的起点和归宿

从社会再生产的内在联系来看，没有消费资料的生产，就不会引起对生产资料的需求，也就没有生产资料的发展。消费需求是初始的需求，生产需求是由此而引

---

① 马克思恩格斯文集（第 8 卷）[M]. 北京：人民出版社，2009：23.
② 马克思. 资本论（第 1 卷）[M]. 北京：人民出版社，2004：196.
③ 马克思恩格斯选集（第 1 卷）[M]. 北京：人民出版社，2012：158.
④ 马克思恩格斯全集（第 42 卷）[M]. 北京：人民出版社，1979：31.

起的需求。马克思指出："消费的需要决定着生产。"[1] 列宁也曾说过："生产消费（生产资料的消费）归根到底总是同个人消费联系着，总是以个人消费为转移的。"[2] 正是多样化的消费需求及其变化趋势引导着企业的生产和营销活动。

二、消费方式及其影响因素

（一）消费方式的含义

消费方式，即消费需求的满足方式，是在一定的生产力发展水平和生产关系条件下，消费主体（消费者）与消费客体（被消费的商品和服务）相结合以实现消费需求满足的方法和形式，是消费的自然形式与消费的社会形式的有机统一。消费的自然形式，是指消费者用什么方式去消费消费资料，是人与物之间的自然关系。例如，消费者是骑马坐轿，还是乘坐火车、飞机来解决出行需要，是由当时的科学技术水平决定的，反映的是人认识自然、利用自然的问题。消费的社会形式，是指消费者在多大范围内，通过什么方式取得并消费消费资料，以及对社会造成的影响，主要反映人与人之间的社会关系。例如，消费的组织形式是个体消费，还是集团消费；消费的实现途径是自给性消费，还是商品性消费；消费的后果是合理的消费，还是浪费性消费。

（二）影响消费方式的因素

影响消费方式的因素很多，归纳起来，主要有三个方面。

1. 生产力水平影响消费方式

生产力发展水平是决定消费方式的根本因素。生产力的发展通过提供新的消费对象、消费手段和消费方法来影响消费方式。产品的电气化、自动化、智能化，特别是互联网技术的迅猛发展，引起消费方式的革命。世界变得越来越小，人们有了更广阔、更丰富的生活消费空间。消费的范围不断扩大，人们的购物方式发生改变，足不出户就可以获得世界各地消费资料的信息，购买所需要的各种商品；人们的教育方式、医疗方式发生改变，在家中就可以接受远程教育，享受远程医疗服务；等等。随着生产力的发展和科学技术的进步，新的消费方式将层出不穷。

2. 生产关系影响消费方式

一方面，生产资料所有制不同，人们所处的经济地位不同，产品分配方式不同，消费方式也会不同。在资本主义生产关系中，资本家的消费方式与工人阶级的消费方式有着完全不同的性质。资本家由于拥有生产资料，占有工人所创造的剩余价值，

① 马克思恩格斯选集（第2卷）[M]. 北京：人民出版社，2012：699.
② 列宁全集（第4卷）[M]. 北京：人民出版社，1984：44.

在国民收入中占有更大的比重，奢侈性消费、炫耀性消费是其典型特征。工人阶级由于受收入水平低下的限制，消费主要是维持基本生活，节俭是其主要特征。在社会主义生产关系中，人们在生产中的地位是平等的，按劳分配的基本分配制度避免了资本主义社会所存在的严重两极分化。尽管不同社会成员的消费方式存在差异，但不存在根本性质的对立。另一方面，经济体制作为一定经济制度所采取的具体组织形式和管理制度，对消费方式也有重要影响，不同的经济体制下有不同的消费方式。我国在高度集中的计划经济体制下，主要是非商品化、非市场化的供给制半供给制的消费方式，其特点是消费的单一化、集中化、实物化、封闭化。经过 40 多年的经济体制改革，我国当前市场经济条件下消费方式的特点是丰富化、分散化、货币化、开放化。

3. 上层建筑影响消费方式

国家的消费法规和政策体现了国家对消费行为的调控和引导，必然会对消费者的消费方式产生重要影响。例如，国务院办公厅于 2007 年 12 月发布的《关于限制生产、销售、使用塑料购物袋的通知》，有助于改变消费者大量使用塑料袋的消费方式，从而减少由此产生的资源浪费和环境污染。又如，政府对奢侈品征收消费税、对新能源汽车提供补贴等政策措施，对消费者消费方式的选择具有明确的导向性，有助于可持续消费方式的形成。

传统习惯也会对消费方式产生影响。传统习惯是人们在长期的生产和生活过程中形成的，会对人们的消费行为产生持久的影响。例如，20 世纪五六十年代出生的中老年人崇尚节俭，尽管现在他们的收入水平大幅度提高了，但节俭的消费方式没有什么改变。由于经济发展水平的提高以及消费观念的改变，年轻人大多崇尚能挣会花，消费方式呈现出完全不同的特征。

第二节　数字经济变革消费方式的机制

数字经济不仅改变生产方式，而且深刻改变着人们的消费方式，其影响机制体现在收入水平、商品价格、交易成本、普惠金融等多个方面。

一、增加就业，提高收入水平，增强消费能力

从就业渠道来看，数字经济催生出新的就业形态，增加就业机会。基于数字经济平台、数字媒体和电子商务的经济活动模糊了生产者的界限，使越来越多的个人或家庭成为产品和服务的提供者。"分享经济""零工经济"不断扩大家庭部门参与

社会生产活动的范围，催生新的就业形式，如网约车、快递员、外卖骑手、代驾、网络直播等。人力资源和社会保障部发布的《中华人民共和国职业分类大典（2022年版）》中，首次标注97个数字职业，占职业总数的6%。互联网营销师、数字化管理师、商务数据分析师、电子商务师等数字领域从业人员规模逐渐壮大。数字经济催生大量新岗位，促进社会灵活就业，提高各层次劳动者的收入水平。虽然数字技术的自动化和生产要素的提升可以替代程序化的简单低技能劳动力，但有研究表明，数字技术对灵活性、创造性和抽象性劳动的高技术工人的需求将不断增长；[①]也有实证研究证明，数字技术新创造的岗位将大于消失的岗位，高技能工人的就业岗位和工资会逐渐增加。[②]

从职位匹配来看，数字经济通过加速职位匹配增加居民收入。随着数字技术的不断应用，企业对求职者的简历筛选，从原先的人工操作走向大数据的机器识别运算，达到快速定位高素质人才的目的，有效降低企业信息搜寻、筛查的成本。求职者只要上传个人简历，系统就会根据求职者的条件自动匹配岗位信息，缩短了求职者的信息搜寻时间，提高了就业率，求职者更易获取工资溢价。

从劳动者素质来看，数字经济创新学习方式，使人们的学习突破时空局限，劳动者更容易获得新知识和新技能，从而提高综合业务素质和人力资本水平，增加劳动收入回报。

二、降低商品价格，提高消费意愿

在商品市场上，数字经济的发展能够从供给侧和市场侧两个方面影响商品或服务的价格，而商品价格的下降将导致居民消费意愿和消费行为的改变，进而导致居民消费水平和消费结构的变化。

在供给侧，数字技术的应用以及数据生产要素作用的发挥，可以提高企业的运营效率。在采购环节，智能采购和数字物流所采用的自动化设备、物流机器人以及AI决策新兴技术等，提高了采购和运输效率，可以有效降低物流费用。在生产环节，数字化载体为数据信息自由高效流动提供基础条件，部分生产过程实现了自动化，生产时间缩短，中间消耗减少，资本周转率提高，企业生产效率显著提高。在销售环节，直播带货、电商平台入驻商家直接面向消费者，既减少中间商环节，也节省了实体店经营中的人工、运营等成本，进而为降低商品价格提供更大空间。

在市场侧，数字经济有利于打破贸易壁垒，降低市场均衡价格，进而推进市场

---

① Autor D, Salomons A. Is Automation Labor Share-Displacing? Productivity Growth, Employment, and the Labor Share [J]. Brookings Papers on Economic Activity, March 2018: 1 – 87.

② Dauth W, Findeisen S, Suedekum J, Woessner N. Adjusting to Robots: Worker-Level Evidence [J]. Opportunity and Inclusive Growth Institute Working Papers, August 2018: 45 – 76.

一体化进程。数字经济带来的超大型虚拟市场有助于缓解地理阻隔导致的信息不对称，使不同地区的消费者都能享受到相同的产品和服务，进而增强购买意愿。商品信息透明度增加，消费者可选产品与服务增多，使生产者不得不通过提升产品质量和降低产品价格来获得一定的市场份额，整体市场价格向下调整的趋势明显。可见，数字经济推动的市场一体化进程有助于释放全国市场的消费潜能，进而扩大国内消费需求。

三、降低交易成本，提高交易效率

消费者通过互联网平台或其他数字渠道进行交易，丰富的信息搜寻渠道，降低了消费者的搜索成本，有效缓解了传统市场环境下消费者只能被动接受商品信息的局面，提高了商品信息的透明度，有助于消费者做出最优决策。企业通过大数据技术分析消费者的潜在需求，将相关商品信息准确推送到目标群体，从而降低企业和消费者之间的交易成本，加速供需匹配，提升居民消费意愿和消费倾向。与传统消费相比，数字经济节约生产者和消费者大量的时间和精力，降低由于信息不对称所造成的供需双方不匹配矛盾，促进消费市场有序发展。

四、普惠金融缓解流动性约束

随着数字经济与传统行业的不断融合，金融模式发生改变，进而也影响了居民的消费。

（一）数字经济催生互联网消费信贷的产生

互联网消费信贷是指金融机构、各类金融组织及互联网企业等依托数字技术向消费者提供以个人消费为目的的短期、小额信用类消费贷款服务，例如，京东白条，阿里巴巴的花呗和借呗，美团月付等。与传统信贷体系相比，互联网消费信贷利率低、审批快、流程少，更加方便快捷，为消费者提供更多额度适中的借贷选项，使消费者可以无门槛获得金融服务，增强了互联网用户的黏性。互联网消费信贷能够为全体社会成员提供信贷支持和跨期消费选择，在更大范围内有效缓解消费者的预算约束，在收入不足时及时起到跨期平滑作用，进而释放潜在消费需求，扩大社会消费需求。

（二）数字经济使投资理财更加平民化

互联网和数字技术的发展使理财平台拓展到互联网领域。互联网理财种类多、门槛低、流动性强，居民可以随时随地进行理财投资活动，可以没有门槛地享受到理财服务。各类理财产品信息可以在手机上清晰查到，购买和赎回非常简便，甚至可以看到理财产品的每日收益，极大地满足了民众的理财需求。互联网理财为居民提供了规避风险的渠道，市场用户规模稳定增长，表现出强大的发展韧劲。

（三）数字经济推动互联网保险快速发展

互联网保险是一种新兴的保险营销方式，通过互联网平台，网民可以快捷购买到适宜的保险产品。有别于传统的保险营销模式，互联网保险不再需要通过保险销售人员走访、电访等方式来实现，在线上就可以对保险内容和条款进行详尽的咨询。互联网保险费用透明，保障权益清晰，投保简单，理赔轻松，退保率也大大降低。

数字经济通过居民收入途径、普惠金融途径、商品价格途径、交易成本途径影响消费者行为，从而对居民的消费方式产生影响。居民收入和普惠金融带来消费者消费能力的提升，属于主体因素；商品价格、交易成本带来消费环境的变化，属于客体因素，二者分别从两端作用于居民的消费行为，实现消费方式的变革。其作用机制如图 6 - 1 所示。

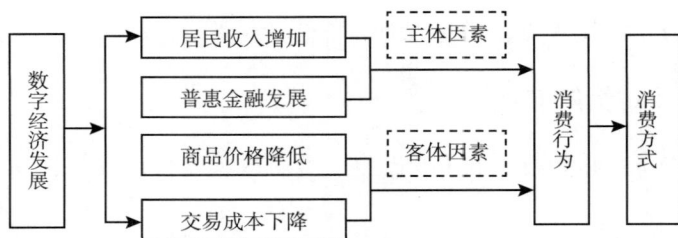

图 6 - 1　数字经济影响消费机制

第三节　数字经济影响下的消费方式

受数字技术的影响，我国居民消费呈现出与传统实体经济不同的特征。数字经济带来消费场景的革命，催生出新业态和新产品，扩大了居民消费选择的范围，使个性化与多元化需求得到满足。居民购物方式、消费内容、支付方式等都发生了巨大变化。

一、购物方式网络化、平台化

数字经济时代，网络平台逐渐占据消费渠道的主导地位，人们的消费方式发生巨大改变。

一方面，网络成为连接生产者、供给者和消费者的中间纽带，通过信息传递和互动，消费者可以获得个性化的商品和服务。互联网的快捷和便利使消费突破了时间和空间的限制，使消费边界不断扩展。消费者可以在网络上购买家电、书籍和日用品等实物商品，还可以购买虚拟化的产品和服务。网络平台通过大数据分析可以较快地实现供需双方信息的匹配，供给者可以更好地满足消费者的个性化需求。

另一方面，平台经济依靠数据收集、数据传输、数据处理和数据挖掘等集成商品流和信息流，形成跨越时空的全球性网络体系，连接全球范围的生产、交换、分配和消费等活动，[①] 极大地改变着消费者的购物方式，极大地方便了居民的日常生活，改变了居民的消费方式和消费习惯。消费者通过手机等移动终端接入某一专业平台就可以完成商品的筛选、购买、预订、评价等活动。例如，在京东、淘宝、拼多多等购物平台上可以购买各类生活用品，通过美团、饿了么等平台可以点外卖，通过携程和飞猪等旅行平台可以预订机票和酒店，通过滴滴打车等平台可以预约网约车等。

平台经济提高了资源配置和使用的效率，带动了新经济的快速发展。据统计，2019 年实物商品网上零售额达 8.5 万亿元，比上年增长 19.5%，占社会消费品零售总额的比重为 20.7%，比上年提高 2.3 个百分点。2022 年，我国数字经济规模达 50.2 万亿元，占到 GDP 的 41.5%。我国数据产量达 8.1ZB，在全球占比为 10.5%，居世界第二。[②]

二、消费对象数字化、虚拟化

数字经济的发展促进了消费对象的数字化。一方面，传统消费内容逐渐实现数字化转型。第一、第二产业等实体性产业通过"互联网+"、数字化和智能化进行结构转型，不断提高产品的科技含量和附加值。第三产业中的现代服务业与数字化融合比较快。服务业中的很多内容具有非实体性特征，容易与数字技术结合形成新的服务内容。例如银行和保险行业的部分产品、服务逐渐向数字化转型，网上银行、在线理财和数字保险产品等逆势成为这些行业的新增长点，其交易模式也逐渐转为在线交易。另一方面，数据产业化创造出新的消费内容。数据产业化，就是通过数据储备、数据挖掘和数据可视化等技术，对数字实现管理、开发和利用，形成数据产品，如网络操作、广告推送、大数据营销、搜索服务、数据定价和交易等。数据产业化发展带动了数字产品服务的新消费，其内容涵盖新闻资讯、社交娱乐、短视频、教育培训、知识学习等方面。

与此同时，数字经济也促进了消费对象的虚拟化。数字经济加速消费结构由实

---

① 谢富胜，吴越，王生升. 平台经济全球化的政治经济学分析 [J]. 中国社会科学，2019（12）：62-81.

② 我国加速推进数据要素全面应用 [J]. 信息化建设，2023（6）：53-54.

物型消费向虚拟型服务消费的转变。消费者不再局限于实物型消费，而是转向虚拟型的服务消费，对精神层面的需求愈加重视，非物质性消费的增长趋势显著，网络空间成为人们获得虚拟消费商品的新场所。数字时代加速了人们消费结构由物质需求到精神给养、由实物型消费向虚拟服务型消费的转变趋势。

三、支付方式非现金化

人类支付方式的演变是沿着安全、便捷的路径向前发展的。根据马克思的货币起源理论，贵金属作为一般等价物，克服了物物交换带来的不便，以其体积小、易分割、便于保存、价值大的特点从商品世界中游离出来，固定地充当一般等价物促进了商品交换，提高了交易效率。但贵金属携带笨重、安全性不足，不利于大宗商品交易，而且金银蕴藏、开采的有限性满足不了商品生产与流通扩大的需要，因此纸币就应运而生了。纸币携带方便、安全，促进了交易效率的提高和市场规模的扩大。但纸币存在易伪造、可能失窃、有印制成本、需找零等不足，因此，借助于计算机信息技术的电子货币——各种借记卡、信用卡开始出现。但这种通过 POS 机刷卡付款的方式增加了交易双方的交易成本，如卖方需随身携带 POS 机，并且每笔交易需向提供 POS 机的金融机构交付手续费；买方需随身携带银行卡，且也存在丢失、密码失窃或遗忘的风险。

随着互联网信息技术的发展，一种借助微信、支付宝等第三方支付平台，直接用手机扫码完成支付的移动支付方式迅速推广开来。移动支付因其更安全（避免被盗、假币问题）、更高效（不排队、不验钞、不找零）、更环保（节约制造成本、减少货币交易带来细菌传播机会）的特点，得以迅速普及。此时货币真正成为马克思所说的观念货币，变成了转瞬即逝的价值符号，① 支付形式变成交易双方银行账户数字的加减运算。

四、消费行为个性化、非理性化

（一）消费行为更加个性化

传统生产模式下，消费者的小众需求因为难以达到厂商规模经济生产的临界值而时常被忽视。数字平台能够引导厂商关注并聚合全国乃至世界范围的小众需求，积少成多，实现规模化生产。正如"长尾理论"的提出者克里斯·安德森（Chris Anderson）所言，在一个没有货架空间限制和其他供应瓶颈的时代，面向特定群体

---

① 马克思认为，货币在流通领域中只是转瞬即逝的要素，它马上又会被别的商品代替。因此，在货币不断转手的过程中，单有货币的象征存在就够了。

的小众产品可以与那些主流热点具有同样的经济吸引力。① 在数字经济背景下，由于互联网技术、数字技术以及人工智能技术等新技术的驱动，消费者通过网络对产品进行个性化、特色化定制，消费者的"个性化"需求得到充分释放。

（二）消费者冲动型消费增加

相对于传统的消费方式，数字经济背景下消费者对消费对象选择的不确定性增加。消费者在生活中接收到的商品信息冗余，让消费者很容易陷入选择困境。受电商平台影响和丰富商品的诱惑，消费者冲动型消费行为持续增加，往往会购买一些对消费者本人来说作用甚微的商品。

移动支付让人们购物更冲动

"双十一"光棍节网购大促销来袭。在看到妻子的购物账单后，苏先生当即决定对她实施"限购令"，以应对在短期内可以预见的诸多促销活动。

苏太太婚后当起全职太太，网购成了她每天最喜欢做的事情。为了满足她网购的需要，苏先生将自己的三张信用卡开通了网银功能，并和支付宝挂钩。

一年多前，苏太太得知自己怀孕，便迷上了在网上为孩子添置物品。11 月，孩子刚满半岁，恰逢网站大规模促销。她早早就打探好要买的东西，从前一天晚上的零点就开始守候，足足在电脑前守了一个晚上。而当时，苏先生就听见自己的手机每隔几分钟就有"叮"的一声来电提醒。就这样，一个晚上下来，网购总额共计 1.2 万元。截至 11 月，家里已经购入 3 个电热水壶，4 条羊毛毯，2 套 64 件的骨瓷餐具、8 个不同款式用途的锅具，衣服和鞋子更是不计其数。有很多包裹到后，苏太太都来不及拆封，随意堆放在墙角。

淘宝零点活动开始，在外资公司工作的苏先生又担心家中网购成瘾的妻子再次疯狂购物。他偷偷地将自己申请网银服务的三张银行卡限定了额度，一天限定只能刷 500 元。这样一来，即使妻子将三张卡全部刷爆，金额最多也就 1500 元。

---

① 安德森. 长尾理论：为什么商业的未来是小众市场［M］. 北京：中信出版社，2015：55 – 56.

> 与苏太太心理相似的还有丁小姐。看着自己的网购消费记录，丁小姐心情复杂。她特意放弃凌晨的"秒杀"，就是希望不要被"抢货"的氛围影响，但仅上午半个小时后就表示："又没控制住，花掉 2000 多元。"在短短三十天内，她网购消费已经破万元，虽然她一直强调买来的大多数商品都是有用的，但大批廉价的夏装起码还要等半年后才能用上。
>
> 资料来源：卢明明. 读懂经济必备的经济学常识全知道（专家案例版）［M］. 北京：中国铁道出版社，2017：133.

（三）消费者热衷于消费体验

在数字经济下，伴随着技术升级而来的 AR/VR 等新体验影响着消费者决策，居民消费方式正在从商品消费转向体验消费。消费者不仅重视商品品质，而且愈加关注购买商品带来的愉快体验。对部分消费者来说，买东西时喜欢比实用更重要，买东西的过程所带来的愉快体验往往能引起消费者的消费行为。伴随着技术升级，消费者在购物中的新体验会让他们产生更多的购物需求。

第四节　数字经济变革消费关系

消费关系，是指人们在消费过程中结成的生产者、销售商、消费者、消费品之间的相互关系。消费者一般通过销售商获得商品，生产者通过销售商间接获得市场信息或通过市场行情直接获得，消费者由于受空间阻碍和信息不对称影响，消费者购买行为主要受周围亲戚朋友影响；消费者首先必须获得商品的所有权才能行使使用权，消费行为是一种排他性独占行为。这些消费关系都是在传统消费方式下形成的，随着数字经济时代的到来，受互联网、大数据、云计算等技术影响，生产者、销售者、消费者、消费品之间的消费关系发生了颠覆性变化，传统消费关系得以重塑，一种新型消费关系正在形成。

一、销售商与消费者关系的变革

在传统消费方式下，消费者购买商品和服务，必须在特定时间内到特定地点选购商品，经过反复搜寻，在发现自己心仪的商品和服务后，进行讨价还价才能最终达成协议，完成消费过程。因此，传统消费方式受限较多。一是受到时间限制。消费者必须在商家营业时间内才能进行消费，受一天 8 小时工作时间和节假日的影响。二是受到空间限制。消费者必须到达具体地点进行商品选购，花费时间和精力，提高了商品交易成本。三是受到货物的限制。由于存在信息不对称，就会出现因商家缺货消费者无功而返或商家有货消费者搜寻遗漏的现象，造成交易失败。传统消费方式要求在时空范围内人、场、物的高度一致性，缺一不可。

在数字经济背景下，人们购物消费由现实空间转向虚拟空间，打破了时空限制，实现即时消费。只要有网络覆盖的地方，人们可以随时随地上网购物，交易场所由有形到无形，交易人数由有限到无限，交易空间无限拓宽；消费者 24 小时全天候随时上网购物，交易时间是传统 8 小时交易时间的 3 倍；数字消费突破实体店商品选择的限制，消费者可以在一国乃至全球范围内选购商品。消费者很容易找到自己需要的商品，以往是实体店"有什么买什么"，数字经济背景下，是从网上销售者那里"想买什么买什么"。

二、生产者与消费者关系的变革

旧的生产模式是生产决定消费，生产什么就消费什么，消费者处于被动地位；生产者与消费者的关系是间接的，要通过层层中间商，商品才能到达消费者手中。数字经济下，互联网、人工智能和数字技术加速了消费环节和生产环节的融通，改变了消费者的被动地位。

（一）消费者也是生产者

在数字经济时代，商品生产者和消费者的关系开始由过去的"对立"转向"统一"，他们之间泾渭分明的界限逐渐淡化甚至消除，消费者成为实际生产过程的参与者。[①] 数字经济时代的消费者被视为"产消者"，即将生产和消费功能在个人行为中合二为一的"产消合一者"。[②] 消费者在线消费行为的本质都是在消费"数据"，同时又会生产出包含所有浏览痕迹在内的全体数据（具体数据）。这些数据集合经过生产者测算分析形成有效数据（一般数据），用来刻画用户数据肖像，生产者据此调整设计方案，完善产品和服务，以满足消费者需求，或者创造新的需求。数字经济将传统的推式消费变为新型的拉式消费，即原来把产品推给消费者，现在变为消费者通过网络输送商品信息并选择厂商，然后把定制好的消费品"拉"到手上。消费者实际上参与商品的设计和制作，很大程度上充当生产者，尤其是充当产品或

① 杨慧民，宋路飞. 数字资本主义能否使资本主义摆脱危机的厄运——"生产—消费"认知模式下的误区与批判 [J]. 马克思主义理论学科研究，2019（5）：49-59.
② 周延云，闫秀荣. 数字劳动和卡尔·马克思——数字化时代国外马克思劳动价值论研究 [M]. 北京：中国社会科学出版社，2016：161.

服务的"设计师"，处于主动的地位。这种积极的传递和反馈，推动消费需求和生产供给的有效互动，加深生产者和消费者之间的联系，使生产和消费结构优化，精准匹配。

（二）中间商被虚化

以往商品销售在生产商和消费者之间隔着销售商，销售商又分为一级、二级、三级和零售商，层层加价，抬高了物价。数字技术在各产业的应用，使中间商的作用和地位逐渐降低，生产制造环节与消费环节直接联通，消费市场内部供需对接更加高效、平衡。借助网络平台，许多生产商在网络商城开设自营店，生产者与消费者直接对接，形成"在线下单预订—线下组织生产—物流运输"直供模式，生产者可以把原来让渡给中间商的商业利润以较低的商品价格让渡给消费者，使生产者和消费者双方受益。[①]

三、消费者之间关系的变革

（一）实现不同区域消费主体的无差别消费

传统消费方式中，一种新产品往往首先在发达地区销售，不同地域的居民面临的消费机会不同，呈现出消费的不公平性。数字技术在消费领域中深入使用，可有效扩宽信息获取与分享渠道，降低信息不对称性，为消费者提供准确、便捷的信息服务，打破空间限制，促进城乡之间、区域之间消费市场的共通共享。电子商务、快递物流行业的下沉，为消费者提供了公平无差别的商品和服务，缩小了区域间的消费差距。

（二）实现转移消费，以平滑不同收入群体的消费水平

传统消费的特点是一手交钱一手拿货，谁消费谁买单，买单者和消费者是统一的，不可分割的。数字经济使买单者与消费者分离，改变了"谁消费谁买单"的消费方式，使"我买单你消费"成为现实。人们可以网上下单购物，让别人消费，实现转移消费，能够平滑不同收入水平群体之间的消费差距。

（三）消费示范效应由核心熟人圈向泛熟人圈、陌生圈扩展

以前由于经济不发达，人们信息交流相对闭塞，消费信息的分享与传播仅限于亲朋好友、邻居等"核心熟人圈"。随着数字经济的发展，微博、微信、QQ 等以人

---

① 按照马克思的观点，商业资本是从产业资本分离出来的，帮助产业资本家实现商品资本价值的职能资本；产业资本家要以低于生产价格的价格把商品出售给商业资本家，形成零售价格与购买价格之间差额，成为商业资本家的商业利润。

际关系为核心的社交软件蓬勃发展，商品信息的传播突破以前狭隘的"核心熟人圈"，走向泛"熟人圈"。每个圈子中的消费者作为具有消费示范作用的独立个体，将消费信息通过泛"熟人圈"延伸推展，引导扩大的"熟人圈"成员改变消费习惯。① 近年来，直播平台的兴起打开了人与人之间弱连接的"陌生圈"。它以网红主播（明星主播）为消费示范主体，帮助"陌生圈"的消费者亲测产品、传达商品信息，合情合理地主动向消费者推送商品。主播的"粉丝流量"不断积累循环，向外扩散，形成更加强大、更加有影响力的泛"陌生圈"。"陌生圈"的每一个消费个体都成为消费的示范媒介，带动商品交流，扩大消费需求。

四、消费者与消费品之间关系的变革

传统消费方式是基于商品的所有权而获得商品的使用权，从而实现消费行为的独占性消费，这种排他性的消费方式不可避免地造成资源的闲置与浪费。随着现代工业文明的不断发展，人们消费需求不断增加，传统消费方式的负面效应开始显现，资源短缺、能源紧张、交通拥堵、环境污染等问题日益突出，人类开始反思消费方式。

基于互联网信息技术的发展，在所有权归属明晰的条件下，通过支付一定报酬取得商品短暂使用权的共享消费方式开始兴起。共享经济的本质是整合闲置资源（物品或服务），以较低的价格被更多的人使用，使消费者和供给者都能获得收益，实现资源利用的最大化。共享消费理念下，基于所有权的传统消费方式向基于使用权的新兴消费方式转变，排他性、独占性消费方式被打破。共享消费倡导共享大于占有的理念，从价值观念上由注重"拥有产权"转为注重"分享使用权"。这种基于使用权的共享消费方式，既节省人们的消费成本，又减少社会资源的浪费，对人们养成绿色低碳生活方式有重要意义。

第五节　数字经济下的消费矛盾

数字经济无疑对居民消费产生积极的促进作用，但是在现实生活中，这种促进作用也受到一些限制，存在诸多矛盾，需要通过综合治理加以克服。

---

① 例如，社交拼团就是在新社交软件的作用下，通过"砍一刀""相互种草"等减价让利的方式，鼓励消费者主动在微信群、朋友圈、淘宝社群等社交圈进行商品分享，转发商品的次数越多，"砍刀"人数越多，获得的商家让利就越多。

一、数字鸿沟与消费排斥的矛盾

在现实生活中，数字经济转型并不是同步和均质的，由此产生了不同地区、不同群体之间的数字鸿沟。

数字鸿沟从两个方面对居民消费增长产生负面影响。一方面，那些尚未顺利实现数字经济转型的地区和群体，比如农村居民和部分老年人群体，会因为不会使用或者无法使用数字产品而被排斥在数字消费之外，但传统消费则在数字消费的冲击下日渐衰落，由此导致这部分地区和群体既无法进行数字消费，也越来越难以通过传统消费来满足自身的消费需求。因此，数字鸿沟会直接限制和排斥部分居民消费。另一方面，数字鸿沟还会产生先进地区对落后地区生产要素的"虹吸效应"，使数字经济转型落后地区与先进地区之间的经济增长速度和发展差距越来越大，最终降低落后地区和落后群体的收入水平、消费水平，间接阻碍居民消费增长。

二、数字技术与消费选择的矛盾

数字环境中信息的爆炸式增长和碎片化传播，导致消费者与企业在信息获取和处理能力上的严重不对称，同时催生消费选择中信息不对称和算法依赖的双重矛盾。

一方面，海量信息和虚拟化场景增加了消费者选择的难度。海量复杂碎片化的商品信息远远超出消费者作为选择主体的信息处理能力范围，消费者普遍陷入从冗长信息中筛选有效内容的困境。此外，虚拟化消费场景阻碍了消费者对商品的直接体验，无法如线下消费那样通过亲身体验来减少购买风险，进一步加大了数字环境下的消费决策难度。这些因素的综合作用导致数字环境下的消费决策呈现出明显的非理性特征，消费者只能依赖有限的主观经验和感知进行商品选择，陷入消费选择难题。

另一方面，算法依赖限制了消费者选择。数字平台的出现和智能算法技术的应用，显著提升企业作为供给方的信息处理能力。企业既可以利用大数据和云计算技术，对消费者的购买习惯、浏览喜好等数据进行精确跟踪和监测，并据此建立详尽的消费者画像，也可以依托精准推荐算法技术，针对不同消费群体推送个性化内容，进行精准营销。但算法仅依据用户的历史数据进行推断，不可避免地会强化消费路径依赖，减弱消费选择的开放性。用户被算法锁定在历史喜好形成的信息框架内，难以接触到更广领域的消费选择。此外，由于算法核心机制的非透明性，非专业消费者很难对算法推荐结果的合理性进行判断，也就面临被算法操纵的潜在风险。更严重的是，长期依赖算法推荐还会逐步削弱用户的消费创新意识和对消费多样性的追求，进而陷入因算法依赖导致的消费选择矛盾。

魏则西事件

2016 年 4 月 12 日，在"知乎"上一则"魏则西怎么样了？"的帖子下面，魏则西的父亲用魏则西的账号回复："我是魏则西的父亲魏海全，则西今天早上八点十七分去世，我和他妈妈谢谢广大知友对则西的关爱，希望大家关爱生命，热爱生活。"青年魏则西的去世引爆了舆论，社会影响持续发酵，引发了人们对"百度竞价排名""莆田系"的声讨。

魏则西，出生于陕西咸阳，生前就读于西安电子科技大学，是 2012 级计算机专业的学生。2014 年 4 月，他被查出患了滑膜肉瘤，这是一种恶性软组织肿瘤，到目前为止，还没有有效的治疗手段，生存率极低。当时，他读大二。检查结果出来后，魏则西父母带着魏则西在全国各地求诊，但各大肿瘤医院几乎都给出一致的回答：希望不大。对生存极度渴望却又走投无路的魏则西通过百度搜索，发现了武警北京总队第二医院（三甲医院）的生物免疫疗法，这是一种号称与美国斯坦福大学合作的肿瘤治疗方法，有效率能达到百分之八九十，该医院的医生告诉魏则西，他的情况能保 20 年没问题。对于魏则西来说，这成了延续他生命的一丝希望，2014 年 9 月至 2015 年 7 月，魏则西先后在该院进行 4 次生物免疫疗法的治疗，几乎花光家中所有的积蓄。可结果不仅没有达到预期的疗效，癌细胞反而迅速向肺部转移，耽误了治疗时间。这项号称与斯坦福合作的治疗技术，真相却是，在国外因为有效率太低，早在临床阶段就已经被淘汰了。2016 年 4 月 12 日，年仅 22 岁的魏则西在家中去世。

资料来源：王素娟. 知识产权典型案例的法理分析［M］. 北京：中国政法大学出版社，2017：118.

三、数字营销与消费安全的矛盾

企业通过收集、分析大量个人数据，从而实现更为精准的广告投放和个性化推荐。然而，这种精准度的提升往往伴随着对用户隐私的过度收集，如位置数据、身份信息、住址、电话、头像等。个人信息被收集后，如果没有得到妥善处理和保护，可能会被用于不正当的目的，消费者可能因此遭受频繁骚扰、财产损失甚至人身伤害，消费安全问题日益凸显。

消费者隐私保护是一项系统工程，需要社会各界共同努力。企业作为第一责任人，应加强自律，切实履行个人信息保护义务，不得滥用数据处理能力；消费者要提高警惕，增强个人信息保护意识，谨慎授权个人信息；执法部门要加大执法力度，畅通投诉渠道，及时回应社会关切；新闻媒体要加强宣教引导，普及个人信息保护知识，多方共建安全放心的消费环境。

思 考 题

1. 简述影响消费方式的主要因素。
2. 简述数字经济变革消费方式的机制。
3. 简述数字经济影响下消费方式发生哪些变化？
4. 论述数字经济如何变革消费关系？
5. 论述数字经济影响下居民消费面临哪些矛盾？

扫码查看参考答案

第七章
数据要素收益分配

本章在分析数据要素确权和数据要素的收入分配效应等基本问题的基础上，阐释数据要素参与收入分配的现实路径，揭示数据垄断及其利益分配中的公平与效率、数据贫困及两极分化，以及数字经济下相关主体的矛盾与利益调整，强调激活数据要素潜能与抑制其负效应"两手都要抓、两手都要硬"的客观必要性。

第一节　数据要素确权与收益分配

一、数据要素确权

在市场经济下，产权是生产要素所有制关系的法律表现形式——谁拥有或控制该资源，就能凭借该权利对资源进行处置和获得利益。数据要素产权界定是要素市场化配置的前提条件，只有产权清晰，数据才能顺利进入要素市场，从而确定交易权和收益权，形成按市场评价贡献、按贡献获得报酬的分配机制，实现数据要素在各个生产部门间的合理配置。

在数字经济发展中，经常出现各种利益纷争，国外有 hiQ 公司诉 LinkedIn 公司案、Facebook 数据泄露案，国内有新浪诉脉脉案、菜鸟与顺丰的物流数据争夺、微信与华为的数据争夺等事件，这些都是数据资产化中数据主体与数据产业者、数据产业者之间对数据权利归属和数据权益分配矛盾的反映，表明用户隐私利益、平台方及其开发者之间在数据共享和利用上的利益冲突。人们试图用隐私权/人格权、财产权、合同法、知识产权法、竞争法等来解决上述冲突，但都不尽如人意。其中，主要涉及的是数据要素确权。

美国经济学家哈罗德·德姆塞茨①指出：产权本质上是一个成本收益权衡的过程。当确定数据产权的收益大于确定数据产权的成本时，数据就有了确权的经济基础。数据产权的收益之所以会变大，在于数据的价值日趋凸显并具有了财产属性，甚至成了生产要素。数据收集、挖掘、开发、利用、共享与交易等环节都绕不开对数据产权的认定，这是数据要素有效配置的基础。

政府推动数据确权的进展

2017年1月，欧盟委员会发布《打造欧洲数据经济》报告，明确了欧洲数字单一市场战略的三大目标：一是最大限度发挥数据效益，便于对机器生成的数据的获取和共享；二是保护投资、资产和机密数据，建立完善的投资和创新激励机制；三是确保数据持有人、处理者和服务提供商在价值链内公平分享利益。在这一背景下，欧洲就非个人数据和数据生产者权利展开研究，提出了新型数据产权，以规范市场和交易。

2020年3月，中共中央和国务院《关于构建更加完善的要素市场化配置体制机制的意见》提出研究根据数据性质完善产权性质。在数据要素分配过程中，"数据产权"的概念被反复提及，主要是因为当下对如何拥有数据要素及如何分配数据要素的财产权益尚无明确的规则。强化数据产权保护，能够更好地激励数据流通交易和数据产品应用，对解放和发展数据生产力、培育数据要素市场、实现创新为主要引领和支撑的数字经济有重要意义。

资料来源：欧盟委员会.（1）Building a European Data Economy［R］. An official website of the European Union. www. eesc. europa. eu/en/our – work/opinions – information – reports/opinions/building – european – data – economy – communication. 2017 – 01 – 24：130 – 137.（2）中共中央，国务院. 关于构建更加完善的要素市场化配置体制机制的意见［EB/OL］. www. gov. cn/zhengce/2020 – 04/09/content_5500622. htm.

数据产权，是数据主体对数据享有的权益，包括数据的所有权、占有权、使用权、收益权、处置权等。数据主体的权利共有三类：第一类是维护主体尊严的权利，包括知情权、访问权和更正权；第二类是消极控制数据使用的权利，包括清除权（被遗忘权）、限制处理权、拒绝权、拒绝自动分析权；第三类是数据移转权（数据携带权）。

① 哈罗德·德姆塞茨（Harold Demsetz, 1930 – 2019）. 所有权、控制与企业——论经济活动的组织［M］. 北京：经济科学出版社，1999：33 – 34.

　　与其他生产要素相比，数据要素有其特殊性。一是作为一个新兴生产要素，数据要素主体复杂，权属关系复杂，与其他生产要素存在多维度联系。二是非排他性。数据可以无限复制给多个主体同时使用，任何主体对数据的使用都不会影响其他使用者的利益。三是可再生性，传统的生产要素是有限资源，其不可再生性决定了要对各种生产要素进行合理的配置，以期用有限的资源获取最大的收益。数据作为新型生产要素，通常情况下可以源源不断地产生，且不会随着使用而减少，可以多次重复使用，数据产权的初始主体可能无法获得类似知识产权的长期收益。因此，数据要素的产权认定比以往任何权利的认定都更为复杂（见表 7－1）。

表 7－1　　　　　　　　　　　　　　　　生产要素特质比较

生产要素特质	土地	劳动	资本	技术	数据
要素主体特征	主体单一	主体单一	主体多样	主体多样	主体复杂
要素权属界定	权属清晰	权属清晰	权属清晰	权属清晰	权属复杂
价值溢出效应	不明显	不明显	明显	明显	价值倍增
交叉关联性	相对独立	存在交叉	存在交叉	存在交叉	紧密交叉
资源稀缺性	稀缺性	稀缺性	较为稀缺	较为稀缺	非稀缺性
资源均质性	一定均质性	一定均质性	均质性	一定均质性	非均质性
资源排他性	排他性	排他性	排他性	非排他性	非排他性

　　由于数据要素涉及多个主体，如原始数据提供者、数据要素生产者和数据要素使用者等，传统的对要素产权划分的原则和方式已经不完全适用于数据要素产权的界定。

　　目前数据要素确权的主要争议在于数据属于哪个主体。根据数据持有主体，可以分为个人数据、企业数据和政府数据。这些主体既可能是供给方的生产者，也可能是需求方的使用者或消费者。目前相对一致的看法是，从数据要素生产链出发，把数据主体确定为原始数据提供者和数据要素生产者，在此基础上按照传统生产要素的产权原则来深化细分数据产权。

　　一方面，数字经济时代，各行各业已经逐步实现数字化，每个经济主体的经济活动都会产生原始数据信息，这些原始数据信息的积累便形成海量的"大数据"。这些原始数据信息并不能直接提供有价值的信息，只有经过数据处理企业的加工、分析所形成的数据信息才是可供使用的数据要素。也就是说，原始数据信息相当于原材料，数据要素凝结着数据处理企业的智力劳动，因此，在数据要素生产层面上，数据要素的产权应当属于数据处理企业，同时也应该对提供原始数据的主体进行利益补偿，并注意保护原始数据主体的数据隐私。把数据要素产权划归数据处理企业也可以激励企业不断增加生产资料的投入，提升数据处理技术，不断降低处理数据要素的成本，进而为数字经济发展持续提供有价值的数据要素。

另一方面，对提供原始数据的主体进行利益补偿，并注意保护原始数据主体的隐私，是数字经济得以健康有序发展的必要条件。对原始数据提供者的利益补偿可以参照对公共产品的补偿，即政府代表原始数据提供者，对数据处理企业依靠数据要素获取收益的那一部分进行征税，征得的税收收入用于维持数字经济的长久有序发展，从而补偿原始数据提供者的贡献。从广义上说，原始数据提供者不仅囊括整个社会的公民，还包括政府、企业等其他主体。因此，通过对数据处理企业进行征税并将税收用于经济社会发展也能在一定程度上补偿原始数据提供者。此外，注意对原始数据提供者的隐私保护，相应地要求数据处理企业建立行为规范，在不侵犯原始数据提供者隐私的前提下进行数据的处理加工。在隐私保护方面，要赋予原始数据提供者选择的权利，即个体可以选择是否将数据提供给数据处理企业，个体也有权利对已被收集的数据进行更改或删除。

目前，我国数据要素市场的培育和发展尚处于初步阶段，政府对数据要素市场的治理缺乏经验，有关法律规章仍处于空白状态。为此，需要在民商法关于信息、数据和隐私权利规定的基础上，加快制定出台数据产权法，构建具有制度约束力的数据产权制度，形成完善的数据产权认定、转让、使用、保护等规则，明确数据产权归属及其使用者行为规范，为数据要素市场治理提供制度保障。

二、生产要素按贡献分配相关理论

1830 年古典资产阶级政治经济学分化后，有关生产要素分配，学术史上产生了很多理论。

在庸俗资产阶级政治经济学演进中，法国庸俗经济学的创始人萨伊（Jean-Baptiste Say），在其"生产三要素"论的基础上，用"效用价值论"取代了劳动价值论，认为生产三要素——劳动、资本和土地在生产过程中所提供的"服务"是各种收入（工资、利息和地租）的源泉，把三种收入分配归属于三种要素的提供者（工人得工资，资本家获利息，地主获地租）说成是天经地义的事情，这样，便完全掩盖了资本主义中的剥削关系。19 世纪 70 年代以后，奥地利学派的维塞尔（Friedrich Von Wieser）在主观主义的边际效用论和生产要素论的基础上，提出了"归属论"的分配理论，强调任何产品都是几种生产要素的共同产物，而参与了某种物品的生产过程的每一种生产要素，都对生产的成果做出了自己的"贡献"，因此也应该从这个生产成果中获取一份报酬。19 世纪末，美国经济学家克拉克（John Bates Clark）在生产要素论、边际效用论的基础上，又结合运用生产率递减律，提出用边际生产率论来说明分配问题。总之，在西方经济学中，收入分配问题变成了一个生产要素的价格决定问题，即劳动、资本、土地等生产要素在分配中所获得的各种报酬（工资、利息和地租），就是它们各自的价格，而且主要取决于需求与供给。这些理论都是在资本主义私有制为神圣不可侵犯的社会制度、市场是最有效率的基本制度的前提下分析的，其理论具有辩护性、肤浅性和庸俗性。其有关生产要素贡献的某些分析方法，可以批判性地借鉴。

在马克思主义政治经济学中，收入分配包括生产条件的分配和社会总产品的分配①两大部分。无论哪个部分，都以科学的劳动价值理论为基础，以其价值的存在为对象。根据马克思劳动价值论的基本内容和分析方法，可以对劳动做出如下区分：② 一是把生产商品的劳动区分为具体劳动和抽象劳动，二者分别创造或决定使用价值和价值；二是把劳动者生产商品价值的劳动分为必要劳动和剩余劳动，分别创造劳动者的工资，即劳动力价值和剩余价值；三是生产商品的劳动既是具有社会属性的社会劳动，又是具有私人属性的私人劳动，只有通过交换，私人劳动才能转化为社会劳动；四是把社会各个部门的劳动分为生产性劳动和非生产性劳动，生产性劳动强国富民，非生产性劳动也不可或缺，对创造财富有积极的贡献。马克思主义收入分配理论同中国具体实际相结合，是正确处理生产与分配关系的关键。

在新科技革命、新经济下，生产要素正在发生新的变化，具有以下时代特征：③数据逐步成为驱动生产力跃迁的核心要素，不断促进劳动者、劳动资料、劳动对象及其优化组合的跃升；数字平台改变了新型企业的组织形式、商业模式和资源配置方式，推动数字经济和实体经济深度融合，带来产品架构、商业模式、应用场景的迭代；数字经济通过改造提升传统产业、培育壮大新兴产业、布局建设未来产业，进一步提升产业链供应链韧性和安全水平，提高了全要素生产率，推动着中国经济高质量发展。2020 年，我国数字经济总规模 39.2 万亿元，同比名义增长 9.7%，占GDP 的 38.6%；到了 2022 年，数字经济规模达 50.2 万亿元，总量稳居世界第二，同比名义增长 10.3%，占 GDP 比重提升至 41.5%。④

因此，无论是从理论上看还是从实践角度看，根据数据要素的贡献进行收入分配，都具有必要性和重要现实意义。

---

① 马克思．资本论（第 3 卷）[M]．北京：人民出版社，2004：993 − 996.
② 马克思．资本论（第 1 卷）[M]．北京：人民出版社，2004：201 − 210.
③ 李涛，欧阳日辉．数据是形成新质生产力的优质生产要素 [N]．光明日报理论版（A11），2024 − 04 − 23.
④ 国家互联网信息办公室数字中国发展报告（2022 年）[R]．中共中央网络安全和信息化委员会办公室．www. cac. gov. cn/rootimages/uploadimg/1686402331296991/1686402331296991. 2023 − 05 − 23，pdf：7 − 10.

三、数据要素的收入分配效应

（一）对劳动者就业和收入的影响

数据对我国劳动力市场和劳动者收入的影响很大，这与中国人口大国的国情高度相关。根据中国信息通信研究院测算，2018 年我国数字经济领域就业岗位为 1.91 亿个，占当年总就业人数的 24.6%，同比增长 11.5%，显著高于同期全国总就业规模增速。[①]

在数字经济下，平台经济具有劳动力就业带动和收入增长效应。中国人民大学劳动人事学院的一项课题研究表明，阿里巴巴集团（简称"阿里"）主营的电商平台在 2022 年共带动了 7309 万个就业机会，其中，阿里自身就业岗位约 24 万个，主要为阿里的正式员工；直接带动就业机会约为 4057 万个，其中商户创业带动就业机会约为 3298.8 万个，新就业形态约为 714.8 万个，生态用工就业约为 43.5 万个；间接带动的上下游供应商、合作商就业机会共约为 3228.6 万个。[②] 美团配送发布的数据显示，2022 年有 624 万名骑手通过美团获得收入。[③] 就平台劳动者的收入而言，2019 年滴滴网约车司机（含专职和兼职）的平均月收入为 2522 元，在一线城市则超过 5000 元；2020 年美团骑手（含"专送"和"众包"）月平均收入为 4950.8 元，而当年我国农民工月均收入为 4072 元。[④] 平台经济创造了大量相对灵活的就业机会，增加了劳动者的就业选择和收入渠道。

平台经济下工作性质和就业具有三个特点。一是加剧了用人单位的小微化。平台经济发展的基本格局和趋势是平台 + 小企业/个人，小微企业由于规模小、人数少、员工流动快、企业平均存续期短、人力资源管理专业水平低等原因，成为劳动保障违法行为易发多发的重点领域和构建和谐劳动关系的难点环节。二是加剧了用人单位的非正规化。平台经济的发展为个人、家庭及合伙组织等非法人主体参与经济活动提供了条件。按照现行的法律法规，自然人从事网络商品交易不用办理工商登记，只需要向依托的平台提交真实信息即可。由此导致身处监管体制外的非正规经济组织大量出现，给实施劳动合同制度特别是开展劳动保障监察带来了困难。三是提高了灵活用工的使用频率，降低了劳动关系的稳定性。平台经济发展扩大了兼

① 中国信息通信研究院. 中国数字经济发展与就业白皮书（2019 年）［R］. www.caict.ac.cn/kxyj/qwfb/bps/201904/P020190417344468720243.2019－04－18，pdf：46－49.
② 吴清军，等. 阿里巴巴全生态就业体系与就业机会测算报告（2021）［R］. 中国人民大学劳动人事学院. 2023－06－30，slhr.ruc.edu.cn/kxyj/cgfb/906d28118dbf498296808efbc2d7fa5e.htm.
③ 美团配送. 生活平台就业生态体系与美团点评就业机会测算报告［R］. 美团官网. www.meituan.com/news/NN230322001054486.2023－02－28.
④ 黄益平主编. 平台经济——创新、治理与繁荣［M］. 北京：中信出版集团，2022：148－152.

职劳动、非全日制用工等灵活就业形式，同时，平台企业兼并重组时有发生，必然伴随着劳动关系的快速建立、变更、终止或解除。

一方面，平台经济创造、带动了就业，降低了相关职业对所需劳动力的技能要求和工作门槛。例如，近几年兴起的直播平台，为许多农民提供了扎根乡村获取收入的机会，也为农村的脱贫工作与解决留守儿童问题提供了新的思路。同时，平台经济还为消费者尤其是中低收入的消费者提供了更为实惠和便利的商品与服务，提高了他们的消费水平。另一方面，平台经济也有可能产生一些负面效应。在微观层面，平台经济下劳动关系具有不稳定性，在劳动者权益保障体系尚未完善的条件下，极易引发劳动争议，甚至发生群体性事件；平台通常是包括算法在内的各项规则的制定者，而平台劳动者只是各项规则的遵从者，难以与平台获得平等对话的权利，在收入分配中处于弱势一方。[1] 在宏观层面，数字经济下也有可能拉大行业、城乡、地区间的发展差距。大量互联网公司集中于北京、上海、广州、深圳等少数城市，中国数字经济发展空间极不平衡，产生数字鸿沟并引致区域间收入差距拉大。还有研究显示，在区域内部，信息基础设施建设和互联网普及拉大了本地区的城乡收入差距，对其他区域城乡差距影响不大；而移动电话普及和电子商务发展不但能有效缩小本地区的城乡收入差距，而且还会缩小其他地区的城乡收入差距。[2]

（二）对资本收入的影响

与产业资本和金融资本主导时代相比较，在数字经济下，数字技术和数据要素的广泛应用，大大降低了生产成本与交易成本，分散劳动者与规模较小的企业被整合到网络化生产环境中，网络资源配置的社会范围逐步扩大，数据资本生产的社会化程度，远远超过了产业资本企业分工协作与金融资本时代的垄断生产。所以，数据资本相较于产业资本与金融资本，在高效灵活的生产分工与普惠共享的分配交换基础上，可以占有更多的利润。数据资本在资本结构中往往位于顶层，引导产业资本、金融资本的数字化转型。

在数字经济中，平台企业成为一种可以获得利息收入和投机收入的投资对象，数据要素资本化、证券化、虚拟化。平台企业具有实体企业、虚拟资产双重身份。一方面，平台作为现实的中介场所参与生产和流通，平台企业凭借对数据要素的所有权垄断获得租金。另一方面，在金融市场上，平台又以"副本"形式表现为可交易的资产证券，它的交易价值以租金资本化水平为基础。平台企业在金融市场的估

① 李胜蓝，江立华. 新型劳动时间控制与虚假自由——外卖骑手的劳动过程研究 [J]. 社会学研究，2020（6）：91-112，243-244.
② 魏萍，陈晓文. 数字经济，空间溢出与城乡收入差距——基于空间杜宾模型的研究 [J]. 山东科技大学学报（社会科学版），2020（3）：75-88.

值不是由现实的收入决定的，而是由预期得到的、预先计算的收入决定的。[①] 现实中，平台企业的市场估值不只是其真实的租金收入，关键是获得的垄断地位、具有制定垄断价格能力后可能获得的垄断租金规模。这种预期可以极大提高平台企业在金融市场的市值。

（三）对租金（地租）和利润收入的影响

马克思的地租理论，除了揭示资本主义下超额剩余价值转化为地租的三种机制——级差地租Ⅰ、级差地租Ⅱ和绝对地租外，还有一种特殊机制——由垄断价格而产生的垄断租金。这里要区分两种垄断价格：一种是因为产品本身有一个与地租无关的垄断价格，即通常意义上的垄断价格，往往与价值、生产价格无关；另一种是因为地租存在，产品才能按垄断价格出售。由于所有权限制了投资，导致产品的市场价格高于生产价格甚至价值，即地租导致垄断价格。这两种垄断价格所对应的租金本质不同，垄断租金是流通环节中产品购买者向销售者进行的价值转移，而地租是本部门内部生产的剩余价值。

数据平台所有者获得的收入，在性质上与土地所有者相同，都属于租金收入，但二者也有显著区别。尽管平台企业不直接创造价值，但具有促进社会总产品生产和流通、促进财富增长或价值增值的功能。因此，平台所有者必然要求参与利润分割。其所获得的利润量，可能等于也可能大于平均利润，其具体数量取决于平台在其发挥作用的部门是否具有垄断地位。从表7-2可以看到，当平台在其所处经济部门中不具有垄断地位时，平台所有者只能根据等量资本获得等量利润规律，从产业资本或职能资本那里，以租金的形式获得平均利润。当平台在其所处经济部门中具有垄断地位时，平台所有者可以从使用平台的职能资本和消费者那里获得超过平均利润的垄断利润。

表7-2　　　　　　　　　　　不同类型平台企业利润的性质

平台		主营业务	资本作用	利润性质	租金来源
生产性平台		物流、工业互联网等	提高生产效率	级差租金和垄断性经济租	使用平台的产业资本雇用工人生产的剩余价值
流通性平台	交易性平台	撮合线上交易	促进流通	级差租金和垄断性经济租	产业资本雇用工人生产的、商户在平台系统内实现的部分剩余价值
	媒介性平台	广告服务	促进流通	垄断租金	产业资本雇用工人生产的、广告商户转移给平台的部分剩余价值

---

① 谢富胜，吴越. 平台竞争、三重垄断与金融融合［J］. 经济学动态，2021（10）：34-47.

平台企业获得租金，是通过对数据要素使用权和所有权垄断实现的。数据要素是在对平台大数据进行采集、处理、存储等过程中形成的，但数据要素不是数据本身，而是一定规模的资本并黏合专门技术、专用型人才，共同作用于数据（碎片）进行特殊生产的产物，是一般人、小资本或企业无法涉足的。这是平台企业能够获得租金的原因。为了长期稳定地获得租金，通常情况下，平台企业利用"网络效应""长尾效应""杠杆效应"等运行特点，不断强化其对数据要素的所有权垄断，以获得更多的租金收入。① 这又会导致资本流动受限，并可能产生其他副作用，需要加以科学、系统的治理。

四、数据要素按贡献分配的现实路径

（一）推进市场与政府协调互补，建立科学的数据要素贡献评价机制

对数据要素贡献进行科学估值和合理定价，是数据要素按贡献获得相应报酬的根本依据。在我国社会主义初级阶段，坚持按劳分配为主体多种分配方式并存，就是要鼓励和支持各类生产要素按照在生产过程中的贡献获得相应的经济回报。数据要素贡献的科学估值和合理定价，需要充分发挥市场和政府"两只手"的优势。既需要发挥市场的决定作用，也需要更好发挥政府的宏观调控作用。

在市场端，以市场对数据要素贡献的定价作为收入分配的主要参照依据。数据的贡献大小、数据要素的价格形成，需要遵循市场化的基本原则，由市场根据需求及数据的稀缺程度、数据资产质量、数据要素的贡献等信号，在市场参与主体的充分竞争和博弈中形成价格共识。

在政府端，政府不仅要持续不断培育和建设新型数据要素市场载体，而且要充当好"裁判员"和"消防员"的角色，大力培育数据要素市场参与主体，建立健全市场体制机制，特别是推动数据市场形成合理的数据定价机制和交易机制，构建全国一体化的数据要素监管体系，为数据贡献评价提供公正、安全、稳定的市场环境，促进数据要素自主有序流动。

（二）明确数据二元共有，兼顾多方分配利益

数据资源化和创造价值的过程，既离不开"数据控制者"的数字劳动，也离不开"数据主体"的数据行为。其中，个人数据是构成一切数据源的基础，"数据主体"理应凭借原始数据所有权参与分配；数据要素通过服务于生产过程产生经济价值。因此，"数据控制者"也应凭借数据要素的所有权参与分配。数据价值分配反

---

① 韩文龙，王凯军. 平台经济中数据控制与垄断问题的政治经济学分析［J］. 当代经济研究，2021（7）：2，5-15，113.

映生产关系特征，在数据确权中不能忽视任何一方的权利与贡献。因此，理应由"数据主体"与"数据控制者"二元共有。

在数据二元共有的整体分配框架下，"数据主体"具有原始数据所有权，"数据控制者"具有数据要素的所有权。在数据要素价值分配环节，以促进数据要素的高效利用为目标，根据数据"资源"与"技术"的双重特征，探索建立主体间公平、高效的数据价值分配机制。其中，"数据主体"包括个人、企业与政府等；数据生产要素的形成以及价值创造，离不开数据处理者的采集、开发、决策与运营，因此，"数据控制者"也涉及或包含多种机构。在价值分配时应兼顾多方的分配利益，所有的数据价值贡献者都应该通过个人劳动要素、技术要素和知识要素，参与数据收益分配。

关于数据二元共有的具体分配模式，目前理论界和实践部门还在积极探索之中。实践中推出的委托具有独立性、专业性、权威性的第三方评估机构，采用科学的数据要素评价方法和计量工具对二元主体所作贡献进行评价的方法，也具有探索性。

第二节　数据垄断和收入分配调节

一、平台数据垄断的演化

在数字经济下，数据要素成为数据驱动型企业盈利的基础，对互联网平台个性化服务发展和经营决策起着决定性作用，因此，平台之间对数据资源的竞争加剧，也由此产生了数据垄断现象。具体事例见表7-3。

表7-3　　　　　　　　　　全球头部平台垄断的事实及判定

头部平台	类别	垄断事实及判定
脸书	网络社交平台	在没有得到用户同意的前提下，收集用户数据并使用。2020年6月，德国最高法院裁定此行为构成滥用市场支配地位行为。 对Instagram和Whatsapp实施杀手并购。FTC在2020年12月起诉其用掠夺性方式收购潜在的竞争对手，消除竞争，促成垄断。
谷歌	在线搜索平台	利用排他性协议锁定谷歌为用户的默认搜索引擎。2020年10月，谷歌被美国司法部起诉，指其通过跨市场传递其支配力量和维持垄断地位。
苹果	移动应用平台	强迫应用开发商使用苹果的App Store销售应用程序，并限制应用开发商提供其他购买途径。此行为分别受到欧盟与英国的反垄断调查。

续表

头部平台	类别	垄断事实及判定
亚马逊	在线商务平台	给自营业务和使用亚马逊物流服务的第三方卖家独有的优惠待遇。欧委会认定其自我优待行为是滥用市场支配地位的行为。
阿里巴巴	在线商务平台	强迫商家二选一。国家市场监管总局于 2021 年 4 月认定其垄断事实，处以罚款 182.28 亿元人民币。

资料来源：熊鸿儒，韩伟. 全球数字经济反垄断的新动向及启示 [J]. 改革，2022（7）：49 - 60.

荷兰经济事务部发布的《大数据与竞争》报告中认为数据主要具有非竞争性、一定的排他性、迁移性、可替代性、互补性和非持久性等特征。基于数据的特性和数据驱动型公司的商业模式特点，数据垄断自然而然地集中发生于电子商务、搜索引擎、移动操作系统、社交媒体等数字平台领域，[①] 发生在数据要素的使用环节。在理论上，平台数据垄断发生的原因主要有：数据价值密度低，其价值需要挖掘海量数据得到；虽然数据不具对抗性，但收集数据仍具有一定的技术和法律门槛，导致其前期投入成本高，而后期边际成本低，极易形成规模经济，而大公司具有技术优势、人才优势和成本优势；拥有数据及相关的算力和算法的企业可能产生市场力量，等等。从实践看，数据垄断的演化过程更加复杂。[②]

（一）数据收集获取市场支配地位

一方面，数据寡头催生市场支配地位的形成。市场支配地位是指经营者在相关市场上能够控制商品价格、数量等交易条件并能阻碍、影响其他经营者进入。虽然获得市场支配地位并不一定会形成垄断，但却是经营者实施垄断的前提条件。海量数据被少数经营者尤其是市场先入者获取和占有，从而形成数据寡头，因此，数据驱动型企业平台呈现明显的少数数据寡头控制海量数据的局面。以 2019 年我国搜索引擎市场为例，占据市场份额第一名的百度拥有 72.73% 的市场份额，第二名的搜狗占了 14.89% 的市场份额，前两名合计占据了整个市场份额的 88%，而第三名的神马（4.45%）和第四名的好搜（3.77%），合计市场份额还不到 9%。[③] 可见，百度的数据寡头地位非常明显。经营者的数据寡头地位催生了经营者支配相关市场的能力，为了弥补其在数据收集和分析处理过程中的巨大成本投入，他们倾向于利

[①] 刘戒骄. 数据垄断形成机制与监管分析 [J/OL]. 北京工业大学学报（社会科学版），2023（1）：71 - 83.

[②] 李丰团，贺莹洁，郭东洋. 大数据领域垄断的形成机理及反垄断规制 [J]. 中国注册会计师，2021（8）：43 - 49，3.

[③] 中国互联网络信息中心（CNNIC）. 2019 年中国网民搜索引擎使用情况研究报告 [R]. 中国互联网络信息中心. https://www.199it.com/archives/959774.html，2019 - 11 - 2.

用市场支配地位阻碍市场新入者，排斥竞争而追求垄断利润。

另一方面，数据的循环反馈效应巩固市场支配地位。经营者一旦成为数据寡头获得市场支配地位以后，就可以借助于数据的循环反馈效应，以低廉的成本抓取更加海量的数据信息。数据的循环反馈效应之一是"用户反馈效应"，即经营者拥有的用户数量越多，掌握的用户信息数量越大，就越能够借助于对现有用户数据信息的分析、整合，为用户提供更好的产品和服务，在牢牢"黏住"现有用户的同时吸引更多新客户，进而抓取新客户数据，形成数据的"滚雪球效应"。第二个反馈效应是"获利反馈效应"，即已经掌握海量数据的经营者可以依赖数据资源获得更多盈利，从而更有实力扩大和改进自身投资，以此吸引更多客户获得更多数据。在循环反馈效应作用下，优先掌握大数据资源优势的经营者获取数据的边际成本不断下降，逐步拉大与竞争者之间的差距，其数据寡头地位和市场支配地位会不断被巩固和强化，为实施垄断行为奠定基础。

（二）滥用市场支配地位形成初始垄断

初始垄断是指占据市场支配地位的经营者依靠所掌控的数据资源和网络平台，在数字经济的基础服务领域通过排他性滥用市场支配地位和剥削性滥用市场支配地位来限制竞争，进而获取垄断收益的行为。

初始垄断通常有两条形成途径。

一是排他性滥用市场支配地位形成的垄断，即经营者为了损害竞争者的竞争地位，或者为了将竞争者从根本上排除出市场而采取的限制竞争行为。考虑是否属于排他性滥用市场支配地位，关键是看对横向竞争对手的封锁效果。[①] 在平台经济领域，排他性滥用市场支配地位主要是通过技术性、排他性措施阻碍数据的收集、访问和共享，进而形成数据的初始垄断，主要方式有：（1）以数据隐私保护为借口与数据提供者签订排他性协议；（2）通过法律声明等手段阻止竞争对手获取或共享统一数据；（3）通过设置平台间的不兼容数据格式、关闭数据接口等技术手段阻碍用户数据的可移植性；（4）通过歧视性地拒绝数据访问和共享，如授权某些客户的数据信息访问权，但拒绝授予下游竞争对手的访问权。经营者的上述行为会阻止数据的流通共享，设置竞争对手进入相关市场的壁垒，尤其是当数据资源成为竞争对手赖以生存或创新的"必要设施"时，这种限制行为会从根本上抑制竞争对手的进入式扩张，形成排他性垄断行为。

二是剥削性滥用市场支配地位形成的垄断。与排他性滥用市场支配地位不同，剥削性滥用市场支配地位不是通过限制和排挤横向竞争对手谋求垄断利益，而是通

---

① 詹馥静，王先林. 反垄断视角的大数据问题初探［J］. 价格理论与实践，2018（9）：37－42.

过剥夺或削减上下游经营者或者消费者的利益来实现垄断收益，属于同一产业链不同层级之间的垄断行为。[①] 衡量剥削性滥用市场支配地位的标准是消费者福利水平的损害程度。平台企业一般通过四种方式对其市场支配地位进行剥削性滥用：（1）过度采集和使用数据；（2）价格歧视；（3）捆绑搭售；（4）算法合谋。尽管经营者的上述行为是否构成垄断还需要结合具体情况做出判断，但是一旦形成垄断，就会严重削减消费者的福利水平。所以，剥削性滥用市场支配地位的行为往往都是反垄断规制关注的重点。

（三）初始垄断延伸形成双轮垄断

双轮垄断是数字经济时代的一种典型的新型垄断行为。[②] 双轮垄断是在初始垄断基础上生成与演进的混合型、集成型垄断行为，由轴心市场的初始垄断与辐射市场的第二轮垄断组合而成，前者是后者的基础，后者是前者的延伸。[③] 在初始垄断层面，经营者依靠滥用市场支配地位在其原有的数字经济基础服务领域形成第一轮垄断，并借助于平台网络效应、用户锁定效应和数据规模效应不断巩固和强化初始垄断地位。在第二轮垄断层面，初始垄断经营者借助其在基础服务领域形成的数据优势、流量优势和资金优势，运用"杠杆"推动其垄断地位向其他领域或行业延伸与辐射，从而在多个领域构建自身的垄断地位。双轮垄断有可能带来新一轮的数据集中、产业集中、排斥竞争和压制创新等问题，进而在多个领域形成第二轮甚至第三轮垄断。

双轮垄断具有鲜明的特点。（1）数据优势是形成双轮垄断的基础。在大数据领域，数据不仅是形成初始垄断的基础，也是驱动第二轮垄断形成的动力。初始垄断的经营者正是借助其在原有市场的数据优势才能对新市场、新产品和新客户进行深入分析，进而迅速做出应对策略，以较低的成本和极高的效率将市场垄断势力延伸和辐射到新领域。（2）双轮垄断市场中的竞争手段多样化。与传统垄断市场以价格竞争为主要竞争手段不同，双轮垄断市场的竞争是多方位、多触点的，初始垄断的经营者除了使用低价销售、补贴甚至免费等价格竞争手段之外，还会采用捆绑销售、打包销售等手段，将原有领域的竞争优势渗透到相邻的众多领域。（3）双轮垄断的规制和监管难度更大。相关市场的界定是反垄断执法的前提，但是在双轮垄断局面下，垄断行为的影响从单边市场延伸扩散到双边市场甚至多边市场，市场之间的界线划分更加模糊，导致相关市场的界定难以实现，对双轮垄断的规制和监管难度也

---

① 詹馥静. 大数据领域滥用市场支配地位的反垄断规制——基于路径检视的逻辑展开 [J]. 上海财经大学学报，2020（8）：138 - 152.

② 翟巍. 超大型数字平台企业双轮垄断的规制范式 [J]. 财经法学，2021（1）：18 - 31.

③ 李勇坚，夏杰长. 数字经济背景下超级平台双轮垄断的潜在风险及其规制 [J]. 改革，2020（8）：58 - 67.

就相应增大。

初始垄断延伸形成双轮垄断的路径有三。（1）通过数据操控形成双轮垄断。初始垄断的经营者在进入一个新的市场领域时，可以通过数据过滤、限制经营者与消费者直接接触、拒绝数据互联锁定客户注意力以及对竞争对手施加数据歧视性政策等操控手段，将初始垄断优势在多个相邻市场间传导。（2）通过基础服务能力市场的垄断延伸形成双轮垄断。初始垄断经营者在基础服务市场拥有规则制定、市场监管和广告审查等优势，这些优势往往被其用于向关联市场扩张渗透的隐形资源。例如阿里巴巴向金融领域的渗透、腾讯向游戏领域的扩张都是借助其在基础市场的优势地位实现的。（3）通过收购竞争对手形成双轮垄断。初始垄断经营者借助于初始垄断获得数据优势和资金优势，通过收购其在新领域扩张过程中的潜在竞争对手，尤其是那些初创企业和新生企业，然后将被并购企业关闭以消灭潜在竞争对手，或者将其做大做强，成为企业在新领域进行新一轮垄断的工具。

由上述可知，平台数据垄断的演化过程分为三个阶段，首先是具备数据数量和处理技术优势的企业成为数据寡头，与其他企业形成"数据鸿沟"。[①] 其次，"数据鸿沟"催生"信息壁垒"，使大企业进一步获得市场支配地位，从而形成"数据孤岛"。最后，大企业平台巩固强化市场支配地位，发展形成数据垄断，包括初始垄断和双重垄断，拓展垄断范围，获取超额垄断利润。

二、平台数据垄断的超额收益

数字平台在市场大量收集和分析用户数据，掌握大量有关用户产品偏好的专有信息，并且凭借掌握和处理的数据、控制数据接口，通过差别定价、合谋定价和个性化广告等方式，对市场另一边的第三方厂商实施垄断，损害消费者利益，致使平台市场趋于集中，甚至成为垄断市场。数据垄断与网络效应一样，也具有自我强化效应。平台由于可以控制数据的访问权，并且可以使用数据改善用户体验和开发新产品，吸引更多用户，进而生成更多数据，形成一个自我强化的反馈循环，因而一个平台一旦获得市场主导地位，竞争者就很难取代。平台数据垄断涉及多方的利益分配，从平台数据垄断的表现形式来分析数据垄断的超额收益，包括三个方面。

（一）利用守门人地位，控制业务用户访问潜在客户，"掠夺"超额收益

数字平台通过将大量用户需求聚集在市场一边，对市场另一边的厂商拥有强大的控制能力。当其控制能力足够强大时，厂商形成对平台的依赖，忍受平台的议价。

守门人有能力控制第三方厂商接触用户，决定第三方是否可以获得数据访问权。

① 周晓瑞. 数字经济下互联网平台数据垄断的成因及反垄断规制［J］. 大陆桥视野，2022（5）：61 - 63.

守门人凭借这些权力实施垄断行为。例如，一些搜索引擎和电子商务网站在搜索结果页面上，经常基于自身利益而不是用户需求，突出显示或隐匿某些结果，甚至通过巧妙的网站设计，使用户误认为在搜索结果以外没有其他选择。一些占主导地位的数字平台为最大限度谋取垄断利益，不断对用户进行测试，分析用户点击或不点击的操作，改进算法，以更准确地控制后续用户选择，促使用户以平台的最佳利益行事。大型数字平台因为拥有大量的忠实客户，收集和处理大量用户数据，所以在范围和规模上表现出越来越大的经济性。能够汇聚多个数据源的平台比仅汇聚单一或少数数据源的平台，具有更强的市场势力。这种数据收集、汇聚、使用和迭代的循环，进一步阻止竞争者获得有效竞争所需的数据，强化守门人平台对用户的市场势力，致使率先构建数字产品的企业迅速形成强大的规模经济和范围经济。

消费者数据是一种通用要素，可以广泛应用于多种产品和服务市场，而厂商正是利用这种互补性，实施搭售、捆绑、低于成本定价等策略，从平台用户及消费者处"掠夺"利益。此外，守门人还可以利用规模和历史数据改进产品和服务供给，将市场势力扩展到相邻市场，吸引更多用户，形成正反馈循环。

（二）强化切换成本，限制数据移植，"固守"超额收益

切换成本是指使用者从一个数字平台切换到另一个平台需要支付的成本。平台之所以能保持市场势力并占据主导地位，部分原因是第三方卖家和消费者在切换到新平台时面临技术障碍，很难便利地将原有平台上的数据移植到新的平台。用户如果执意切换到新的平台，往往需要重新上传个人信息和照片，原有平台上的评论、评级、联系人、历史订单等数据基本无法迁移。当切换成本足够高时，用户和厂商就会被迫留在现有平台，随着时间的推移，用户转向竞争平台的成本越来越高，现有平台就可以提高价格并获取垄断利润。

（三）利用先进技术优势，实施算法垄断，"抢占"超额收益

先进技术深刻改变了企业行为和消费者决策方式，对数据安全和保护具有重要意义，但其也是一把双刃剑。

一方面，数字市场具有更强的价格发现和传播功能，能使数字平台用户对竞争条件和需求变化做出快速响应，更有效率。另一方面，数字平台能够对平台用户（含消费者）进行精准分析，拓展了实施差别定价、协同行为和自我优待等垄断行为的空间。差别定价是数字化平台或平台用户（既是数字化平台的需求者或"消费者"，又是产品服务的供给者），根据感知到的支付意愿向不同需求者或消费者收取不同的价格，具有剥夺消费者剩余的效果，并不必然违反反垄断法。然而，数字平台通过收集和使用数据，能够为每个平台用户创建几乎唯一的标识，借助人工智能

算法对原始数据进行处理和分析，能够将消费者即时意愿和行为的信息片段转化为关于更广泛的消费者需求预测，产生搜索结果、个性化产品推荐、产品评级和有针对性的广告，实现更大的商业价值。平台用户收集的用户数据越多，算法就会创造更多的实验和学习机会，提高价格监测和算法匹配能力，对市场条件变化做出快速反应，实施更加动态、差异化和个性化的定价，增加合谋定价和精准差别定价能力。数字平台，尤其是在数据访问、数据技术和开发人工智能方面具有先发优势的互联网平台、物联网公司、银行、保险公司等，易于感知产品和服务价格的快速变化，精确识别、分析、预测平台用户或消费者行为，通过推理和概率对平台用户或消费者进行分组，并基于反复试验和大数据学习，调整和优化价格，提高向不同用户收取不同价格和剥夺消费者剩余的能力。

三、平台垄断的社会福利损失测度

目前，测度社会福利损失[①]最常用的是迪克西特—斯特恩方法，通过确定行业内最低变动成本企业的产量和最高变动成本企业的价格，把社会福利损失分为两部分：传统的效率损失和由低效率企业超额成本所引起的非效率损失。

在以双寡头为特征的古诺模型中：

$$\frac{p - c_i}{p} = \frac{s_i}{E} \quad (s_1 + s_2 + \cdots + s_i = 1) \tag{7-1}$$

c_i 是变动成本；s_i 是平台企业 i 的市场份额。两边同时乘以 s_i，可以得到：

$$\frac{p - \sum c_i s_i}{p} = \frac{HHI}{E} \tag{7-2}$$

其中，HHI 为赫芬达尔 – 赫希曼指数，是作为测量集中度的综合指数，具体公式为：$HHI = \sum_{i=1}^{n} (X_i/X)^2 = \sum_{i=1}^{n} S_i^2$。$X$ 表示某行业的总规模；X_i 表示行业内第 i 个企业的规模；S_i 表示第 i 个企业的市场占有率；n 表示该行业内的企业数量。

由于 $s_i = q_i/Q$，所以互联网平台企业的毛利润率可以表示为：

$$\frac{p - \sum c_i s_i}{p} = \frac{pQ - \sum c_i q_i}{pQ} = \frac{HHI}{E} \tag{7-3}$$

当 $N = 3$ 时，互联网平台的均衡可以由图 7-1 表示。

---

① 胡德宝，陈甬军. 垄断势力及其福利损失测度：一个综述 [J]. 山东大学学报（哲学社会科学版），2014（1）：41-51.

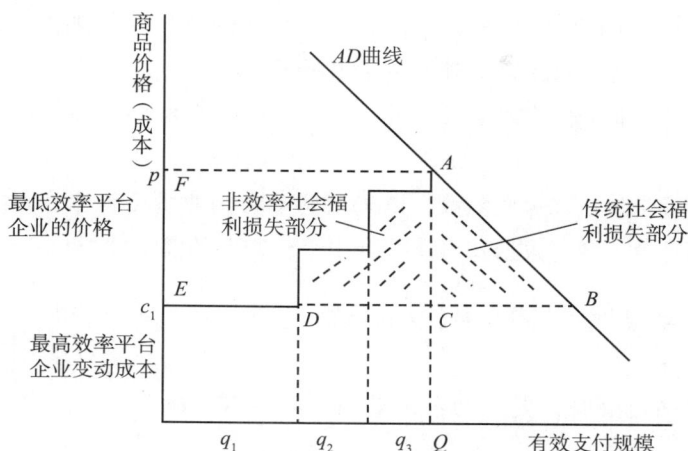

图 7-1　迪克西特—斯特恩方法下平台垄断的社会福利损失

图 7-1 中，EB 表示最高效率平台企业的平均可变成本（AVC），通常也是完全竞争市场中的企业能接受的最低价格（停止营业点），FA 表示最低效率平台企业的平均成本或价格，AB 表示互联网平台企业共同面临的需求曲线。从图中可以看到，企业的供给曲线是呈阶梯状的，表现为较低成本的互联网平台企业拥有较大的市场份额。其中，$ADEF$ 代表毛利润（π）。假设拥有最大市场份额的互联网平台企业的变动成本代表平台的最低成本，尽管其他企业的效率相对较低，但也会因为高价格而选择继续留在互联网平台市场中。因此，平台垄断造成的福利损失包括由垄断平台企业造成的损失（ΔABC），以及低效率企业超额成本造成的损失（ΔACD）。

显然，$ABEF$ 可表示为：

$$ABEF = \int_{c_1}^{p} Q(p)\,dp = \frac{pQ}{1-\varepsilon}\left[1 - \left(\frac{c_1}{p}\right)^{1-\varepsilon}\right] = \frac{pQ}{1-\varepsilon}\left[1 - \left(1 - \frac{s_1}{\varepsilon}\right)^{1-\varepsilon}\right] \quad (7-4)$$

对于足够小的 $\dfrac{s_1}{\varepsilon}$，可以近似得出 $\left(1 - \dfrac{s_1}{\varepsilon}\right)^{1-\varepsilon} \approx 1 - \dfrac{1-\varepsilon}{\varepsilon}s_1$，于是得到 $ABEF = \dfrac{pQ}{\varepsilon}s_1$，则互联网平台企业总体社会福利损失可表示为：

$$W = ABEF - ADEF \approx \frac{pQ}{E}(s_1 - H) = \frac{\pi}{HHI}(s_1 - H) = \pi\left(\frac{s_1}{HHI} - 1\right) \quad (7-5)$$

传统社会福利损失可以表示为：

$$\Delta ABC = \frac{1}{2} \times (Q - q_3) \times (p - c_1) \quad (7-6)$$

非效率社会福利损失可以表示为：

$$\Delta ACD = W - \Delta ABC \quad (7-7)$$

接下来拟合需求曲线，首先根据企业利润函数确定平台企业的利润表达式：

$$\pi = P \times Q - C + A \quad (7-8)$$

P 代表平台企业提供的价格；Q 代表平台企业的有效支付规模；C 代表平台企业的经营成本；A 代表平台交叉网络外部性强度。

易得出平台企业的价格函数表达式：

$$P = (\pi + C - A)/Q \qquad (7-9)$$

假定该需求曲线为常弹性函数，以确定的平台企业价格为因变量，平台企业的支付规模为自变量，结合数据就可以拟合出平台企业的需求曲线。

四、平台垄断治理与劳动者权益保护

（一）对平台垄断，要"两手都要抓、两手都要硬"

平台企业代表着一种先进的生产组织形式，伴随其发展产生的垄断及劳动者权益、消费者福利受损等问题，是制度配套不能适应技术进步和生产组织形式变革的结果，但不能因此而否定平台经济的积极作用。为此，需要"两手都要抓、两手都要硬"。对数据垄断带来的超额收益，应借助必要的反垄断措施进行利益分配调节，并通过利益分配调节促进平台经济的良性发展。

美团和阿里巴巴集团滥用市场支配地位案

2021 年 4 月，国家市场监督管理总局收到了关于美团禁止商家与类似竞争平台之间合作的各种举措的举报信息：例如，签订独家合作协议，强迫商家"二选一"，将独家合作协议的执行情况作为一项考核标准，还利用智能算法——研发数据监测系统，来及时监测商家的入驻或参与竞争对手活动的情况。一经发现，美团立即对商家作出处罚。强制执行"二选一"、限制和禁止商家与其他竞争平台之间的合作的行为，破坏了市场的良性竞争，损害了公众的合法利益。反垄断执法机构通过调查后认定，那些与美团签订这类独家合作协议的商家，并不是出于本人意愿，而是因为美团利用在市场上所拥有的支配地位对商家进行了限定交易行为，这阻碍了其他平台正常参与市场的竞争，严重损害了消费者和商家的利益。上述行为被认定为属于滥用市场支配地位行为，因此依法对美团处以罚款，并勒令其停止实施滥用行为。

自 2015 年以来，为了实现排斥和限制竞争者的目标，阿里巴巴通过签约独家合作协议和口头协议的方法，明确禁止商家与竞争平台之间的合作，例如在竞争平台上开设新商店、参与促销活动等。还通过人工检查和技术监测等措施，监测商家在其他竞争平台的参与情况和合作情况。一旦发现，将对商家实施处罚，例如减少对促销活动的支持，取消参加活动的资格等。阿里巴巴在行政执法机构调查时声称，独家合作协定是自愿和不受胁迫签署的，他们承诺提供资源，例如提供流量支持，是一种具有正当性的激励性措施。采取限制性措施并非基于主观的任意性，而是便于交易顺利进行所必需的措施。调查机关并不认为这是正当的。当事人声称的"自愿"是一系列处罚之后的结果。关于口头协议的执行，阿里巴巴并没有提供流量支持或加强促销活动等，因此，这些措施既不是激励性措施，也不是经营业务的必要措施。上述行为被认定为属于滥用市场支配地位行为，因此依法对阿里巴巴集团处以巨额罚款，并勒令其停止实施滥用行为。

资料来源：国家市场监督管理总局．中国反垄断执法年度报告（2021）［R］. www. samr. gov. cn/cms＿files/filemanager/1647978232/attach/20233/P020220608430645 470953. 2022－06－08，pdf：12－16.

　　针对上述案例中不同的平台经济垄断表现，要进行有针对性的监管。例如，对垄断行业进行价格管制，对具有垄断特征的重要数据建立审查机制，对市场地位进行"临界"识别，对横向和纵向并购基于"分离原则"进行管理，对逃避监管的其他垄断行为（如建立 VIE 主体绕过监管）等进行有效识别和管控等。与传统反垄断一样，价格管制在平台经济领域仍然是一个适用工具，可以在不损害消费者利益的情况下，从规模收益的增加中获取社会利益。但适用于传统垄断市场的价格控制监管，在平台经济领域常常失效，因为平台定价不一定采用高定价方式。[1] 在判断平台是否存在价格操控等不正当竞争行为的时候，需要秉持"一事一议"和"审慎分析"的原则。对掠夺性定价进行实证研究发现，不能仅仅依据价格与短期平均可变成本之间的关系判定平台是否存在掠夺性定价，还应考虑双边市场特有的经营模式，否则可能会导致误判。[2]

　　在数据反垄断方面，平台拥有的数据越多，越会提高进入成本、产生锁定效应，从而造成其他竞争对手的进入壁垒。基于此，有研究指出，监管机构应该审查企业业绩和收集数据能力之间的量化关系，同时需要评估数据的可替代程度，确定别的

---

① Gong L. Innovation：Fighting monopolies［J］. Nature，2010（468）：892－893.

② Behringer S，Filistrucchi L. Areeda-Turner in Two-sided Markets［J］. Review of Industrial Organization，2015（3）：287－306. 还有观点认为，平台通常使用的倾斜式定价方式不宜笼统地归为掠夺性定价，也可能就是一种正常的商业竞争策略，反垄断执法部门需要审慎分析，以防执行错误。参见：Bostoen，F. Online Platforms and Pricing：Adapting Abuse of Dominance Assessments to the Economic Reality of Free Products［J］. Computer Law & Security Review，2019（3）：263－280.

竞争者是否可以获取必要的数据。首先，政府可以监督数据并建立审核数据的机制，这样会对平台使用公共隐私数据产生一定的制约。其次，在平台企业再融资阶段，政府也可以通过要约收购、公开市场购买等方式获取公司股权，从而获得相应的董事会席位，实现以股东身份平衡商业利益和社会道德。[1] 最后，就具体的执行环节而言，有研究认为既然数据可以交易，那数据就是一种特殊的商品，可以参考传统市场常用的手法进行监管。

对平台的反垄断措施还涉及对商业主体的合并与拆分。第一，平台对细分领域进行向上和向下的垂直并购会使市场控制权在上下游间随意转移，进而增强合谋的稳定性和协同性，因此有研究认为要限制垂直领域的整合。[2] 第二，平台的横向并购行为更需要引起监管关注。比如，搜索、社交平台的合并可能产生的潜在集团效应，强化有关用户数据积累和数据安全的问题，也会对垄断的持久性产生影响。此外，还需要关注大型平台通过商业联盟或者可变利益主体（VIE）的方式逃避监管，形成事实上的市场主导地位。"拆分原则"认为，兼并活动极大地增强了平台运营商的市场势力，成为平台实施价格歧视、限制竞争和滥用数据的基础，拆分就是恢复相关市场竞争结构的唯一选择。这种做法是希望获得一种制衡，以确保控制权不只是给予少数参与者，但很难付诸实施。[3]

（二）保证平台经济有序发展，促进劳动者的权益保护

第一，在平台治理过程中，针对因为不正当竞争和垄断导致消费者和平台劳动者权益受损的问题，应当通过完善监管体系、倡导企业承担社会责任等加以纠正。例如，逐步建立起相关行业协会和零工工会，发挥行业自律、劳动者权益协商以及教育引导消费者的作用。

第二，调整现有的劳动法律制度，对劳动者权益保护体系和社会保障体系进行相应改革，在顺应技术进步和不增加经济运行成本的同时，保护好劳动者权益。平台工作模式复杂多样，传统的劳动法律有关劳动关系和民事关系的"二分法"已经明显不适合数字平台经济的发展现状，需要使用新的范畴来重新界定这种非标准劳动关系。例如，可以借鉴西方国家关于独立工作者的界定，并以此为基础，重新划定劳动者与平台之间的权利和义务范畴，并进行相匹配的制度建设。

---

① Ma L，Li T，Wu J，et al. The Impact of E-Hailing Competition on the Urban Taxi Ecosystem and Governance Strategy from a Rent-Seeking Perspective：The China E-Hailing Platform ［J］. Journal of Open Innovation Technology Market & Complexity，2018（3）：1-11.

② Teachout，Z . The problem of monopolies & corporate public corruption ［J］. Daedalus，2018（3）：111-126.

③ Farrell J，Klemperer P. Coordination and Lock-In：Competition with Switching Costs and Network Effects ［J］. Handbook of Industrial Organization，2007（3）：1967-2072.

第三，调整现有社保制度，建立起适用于平台经济发展的劳动者权益保护网。传统的劳动关系与社保制度是基于工业经济时代的特征制定的，与平台经济下灵活用工的特点不符。将社保与劳动关系"解绑"，并为具有非正规就业、非固定用工单位、非全职就业等特征的劳动者建立起合理的社保费用分摊制度，能大大拓宽城镇社会保障体系的覆盖范围。

第三节　数据贫困及其治理

一、数据贫困与经济贫困

在发展经济学中，贫困是一个复杂、多维度的现象，[①] 不仅包括收入水平低下，还包括基本需求不能得到满足、社会机会受限、资源分配不均、教育机会不足以及健康状况不佳、生活环境恶劣等多个方面。数据贫困是指在社会发展过程中，个体因为各种原因导致无法获取知识、信息和技术，包括由于经济、知识、能力等因素导致缺乏信息获取手段、信息处理能力，进而无法参与数据生产、传播与共享等活动，逐步被社会边缘化，偏离整体社会发展轨道的一种新的社会贫困现象。简单地说，数据贫困不只是资源贫困，还是一种能力贫困，受到个体所处的社会环境、基础设施等因素的影响。[②] 数据贫困体现在获取数据资源和应用数据能力上的不足，会造成贫富差距进一步加大，阻碍经济的增长。[③] 数据贫困长期存在，会导致国家之间、地区之间经济社会发展的不平衡，甚至导致社会矛盾和对立。

数字鸿沟是数据贫困的重要表现形式之一。数字鸿沟是指在数字化进程中，由于对信息、网络技术的拥有程度、应用程度以及创新能力的差别而造成的信息落差及贫富进一步两极分化的现象。目前我国部分地区的农村居民、"老少边穷"地区居民无法分享信息红利，不利于其获得更多经济机会，影响家庭收入。

数据贫困通常与经济贫困相伴而生。经济贫困致使用户不能占有信息基础设备和信息资源，导致信息资源短缺、缺乏与外界的交流，与信息富有者之间的差距越

---

① 李周，[日]神门善久，速水佑次郎. 发展经济学：从贫困到富裕（第三版）[M]. 北京：社会科学文献出版社，2009：164-167.

② 孙红蕾，钱鹏，郑建明. 信息生态视域下新市民数据贫困成因及应对策略 [J]. 图书与情报，2016（1）：23-28.

③ 朱建华，李荣强. 数据贫困视角下数字技能对农村居民收入增长的影响研究——基于县级横截面数据的实证分析 [J]. 图书与情报，2022（1）：91-100.

来越大。①

二、数据贫困的形成与收入两极分化

（一）数据贫困的形成原因

1. 数据获取成本较高

数据获取成本高是数据贫困的成因之一，主要体现在五个方面。（1）基础设施和硬件的限制。在某些地区，通信和信息技术基础设施不健全限制了数据的收集和传输，缺乏高速互联网连接会影响实时数据的获取和处理。即使有数据，还需要高容量和高性能的存储设备，如服务器、云存储和数据中心，这些硬件设施的采购和维护成本很高，加大了数据收集和传输的困难。（2）专业技术人员和软件的制约。数据收集、清洗需要专业人员，数据管理软件不仅需要初始安装费用，也需要专门的人员来运行维护，这些人员需要具备相关的数据获取和处理技能，而软件和职业培训都需要大量资金投入，这对个人和组织来说花费巨大。（3）获取数据的权限和法律限制。保护个人隐私的法律法规（如 GDPR）限制了数据的收集和使用，增加了合规成本和技术复杂性。（4）许可费用。一些数据被视为企业资产，获取这些数据需要支付许可费用，增加了获取成本。（5）数据处理成本。收集到的数据可能存在不完整或错误的问题，需要花费大量时间和资源进行清洗和校正，且不同来源的数据，格式和标准不同，需要统一格式和标准才能进行有效分析，这也增加了数据处理的成本。

2. 数据应用能力较低

数据应用能力较低也是数据贫困的成因之一，主要体现在三个方面。（1）技术能力的差异。数据处理和分析需要先进的技术和工具，如数据平台、数据挖掘软件和机器学习算法等。然而，许多主体缺乏这些技术能力，无法有效地处理和分析大量数据。缺乏高性能计算设备和专业软件使数据处理效率低下，数据利用率不高。（2）专业人才的不足。数据分析需要具备专业知识和技能的人员，如数据科学家、数据工程师和分析师等。然而，许多地区难以吸引和留住这些高技能人才，导致数据处理和分析能力不足，进一步加剧了数据贫困。（3）数据管理能力的差异。有效的数据管理需要结合软件、硬件及专门的人员来维护，但许多组织缺乏这样的综合管理能力，导致数据存储、组织和检索效率低下。

---

① 张小倩，张月琴，杨峰. 国内外数据贫困研究进展：内涵阐释、研究设计及内容综述［J］. 图书馆论坛，2018（8）：24－32，39.

（二）收入两极分化

收入两极分化是收入差距的一种表现形式。一种观点认为收入两极分化是一个静态的概念，主要通过测算收入差距是否超过临界值（基尼系数）来判断是否发生两极分化。[①] 另一种观点认为，收入两极分化是一个动态的概念，是指居民收入差距呈现不断扩大的趋势，即穷者愈穷、富者愈富。[②] 无论从静态概念看，还是动态范畴看，收入两极分化都是收入分配失衡的状态，与中国特色社会主义的本质要求——实现人民共同富裕相对立。

从区域层面看，数据贫困进一步加剧了我国城乡、区域发展的不充分和不平衡，导致相关群体收入差距的进一步拉大。从个体和组织层面看：（1）数据贫困限制了个体和组织的生产力和创新能力，使个体和组织难以获取商机，难以进行用户需求预测和产品优化，导致在竞争中处于劣势；（2）数据贫困地区的教育资源匮乏，获取先进的教育技术和个性化学习资源很困难，导致居民无法获得高质量的教育和培训，从而限制了其就业机会和收入增长潜力；（3）数据贫困限制了个体和组织对外的信息交流和资源共享，阻碍了社会资本的形成和发展。

三、基于共同富裕的数据贫困治理

对数据贫困现象，同样需要"两手都要抓、两手都要硬"。依据国家发展和改革委员会、国家数据局联合印发的《数字经济促进共同富裕实施方案》，[③] 应着重从四个方面开展数据贫困的系统治理。

第一，协调推进数字产业升级和转移，推动缩小区域差距。强化以数字基础设施夯实普惠接入基础，夯实数字经济促进共同富裕发展网络基础。强化以数字化产业链促进区域间产业协同，提升区域间产业协同力度，支持中小微企业加快转型。强化以东西部协作加大欠发达地区帮扶，支持东西部地区加强数字经济产业互补、技术协作、人员互动，实现地区间产业资源优化配置。

第二，协调推进数字乡村建设和治理，推动缩小城乡差距。加快以数字兴农促进产业振兴，推进农村数字基础设施建设，大力发展智慧农业，促进数字技术与乡村产业深度融合。加快以数字人才赋能乡村建设，培育壮大新农人队伍，持续提升农民数字素养与技能。加快以数字治理促进宜居宜业，推动"互联网＋社会服务"向乡村延伸，深化数字治理应用，提升乡村治理效能。

---

① 陈宗胜. 关于收入差别倒 U 曲线及两极分化研究中的几个方法问题［J］. 中国社会科学，2002（5）：78 – 82，205.

② 李实，赵人伟，张平. 中国经济改革中的收入分配变动［J］. 管理世界，1998（1）：43 – 56，220.

③ 国家发改委，国家数据局. 数字经济促进共同富裕实施方案［EB/OL］. https：//www. gov. cn/zhengce/2022 – 12/19/content_5732695. htm，2023 – 12 – 19.

第三，协调推进数字人才培养和就业保障，推动缩小收入差距。聚焦以数字素养与技能提升人才红利，持续丰富优质数字资源供给，不断完善教育和培训体系，提升全民数字素养与技能。聚焦以信息无障碍强化弱势群体保障，持续推动各类应用开展适应性改造，探索建立数字技术无障碍的标准和规范，提升弱势群体数字使用能力。聚焦以常态化监管制度助力灵活就业者保障，完善新就业形态劳动者权益保障，适当放宽就业帮扶政策条件。

第四，协调推进优质资源供给和网络化共享，推动缩小基本公共服务差距。着力促进优质数字教育资源共享，支持开展面向欠发达地区的数字教育资源开发和服务，促进优质教育资源的普惠共享。着力强化远程医疗供给服务能力，发展远程医疗，带动提升基层医疗卫生机构诊疗水平，实现优质医疗资源共享，更好普惠群众。着力提升养老精准服务水平，发展数字化养老服务，满足社交、康养、生活服务等多层次、多样化需求。着力完善数字化社会保障服务，加快社保"跨省通办"，推进社保经办数字化转型，拓展社保卡"一卡通"应用，推动社会保障服务均等化普惠化。

电商扶贫大有可为　搭乘"数字快车"助推乡村振兴

2018 年，"山货上头条"项目在今日头条和抖音平台上线，为贫困县打造农产品品牌，助力农产品上行，项目通过实地产业调研，提炼当地特色农产品卖点，确立品牌传播定位，组织平台创作者进行推广。截至 2020 年 5 月，"山货上头条"已销售农产品 180.7 万件，销售额达 9300 万元。其中，重点打造了四川古蔺脆红李、湖南花垣县十八洞猕猴桃、甘肃礼县苹果等 20 个贫困县农产品品牌。斗鱼也在持续打通板块主播资源，充分发挥平台优势，通过近半年时间的"帮扶直播"，在湖北孝感大悟、湖北恩施鹤峰、福建南平政和、湖南安化、内蒙古兴安盟扎赉特旗等地开展 70 余场"脱贫攻坚"直播，推动了当地旅游资源和农产品资源的推广，给各贫困地区带来的社会经济效益超过 3000 万元。

推动电商扶贫，要有人才支撑。据京东相关负责人介绍，2016 年以来，京东联合各地教育机构共举办 630 多场培训，为贫困县 13 万余人次开展电商培训，为扶贫品牌建设培养人才，已累计解决 3.6 万名贫困地区人员就业，并为快递岗位提供快递车免息贷款、食宿和岗前培训等服务，让这些员工实现"一人就业、全家脱贫"。

　　缩小数字鸿沟，离不开数字基础设施建设。京东相关负责人表示，电商平台发挥自身在供应链、物流等方面的优势，建立起覆盖城乡的供应链基础设施，并与各地区富有特色的产业带相结合，打造形成基于大数据、云计算、AI、IoT的数字化供应链，成为带动贫困地区脱贫致富的"新一代基础设施"。贫困地区与发达地区一样站在农村产业革命的起跑线上，有机会搭上互联网技术的快车，迎接产业的质变。

　　资料来源：学习强国网站，www.xuexi.cn/lgpage/detail/index.html? id = 1871764766106274851& item_id = 187176476610627485.

　　上述案例表明，对数据贫困的治理，不仅需要完善贫困地区互联网基础设施和支持平台的建设，而且需要整合各界资源，尤其需要加强贫困地区人才培养和人员培训。只有综合施策，数据贫困治理的效果才能逐步显现。

思 考 题

1. 现阶段数据确权有何特点，如何确权？
2. 数据要素作用具有哪些收入分配效应。
3. 阐述数据要素按贡献分配的现实路径。
4. 阐述平台垄断的主要形式、后果及其治理。
5. 结合社会生活现象，列举存在数据垄断和算法滥用的案例。
6. 阐述数字贫困产生的原因、后果及其治理之策。

扫码查看参考答案

第八章
数字化公共服务建设

本章在分析数字化公共服务的起源、概念、特征及践行新发展理念的功能等基本问题的基础上，分析数字化公共服务的驱动逻辑、价值逻辑和实践逻辑，揭示数字化公共服务的运行机制，阐述数字化公共服务促进经济高质量发展的实现路径。

第一节　数字化公共服务概论

一、数字化公共服务的起源

数字化公共服务经历了一个演进的过程。1990 年初美国公共关系专家阿尔布雷特（Albrecht）和泽姆克（Zemke）在研究中发现，服务对象在获得一项服务的过程中接触的人和部门越多，就越难感到满意。后来，管理学家拉塞尔·林登（Russell Linden）在研究美国公共行政过程中也发现，公民在获得服务时要接触较多的政府机构或官僚，而官本位理念滋长、官僚作风蔓延降低了公民获得服务的精准性和体验感，导致公民与政府的关系日益疏远，影响了政府治理能力的提升。进入 21 世纪，借助互联网的发展和优势，西方国家先后提出了以调整政府结构为核心的"整体政府"建设，以及以优化公共服务流程和提升公民满意度为核心的"电子政府"建设。其中，一站式公共服务是重要产物。在实践中，根据公民与政府的接触程度以及办事流程和信息传递的步骤，可以将一站式公共服务分为全接触式、部分接触式和无接触式三种主要模式。

在此基础上，公共管理研究在什么是一站式公共服务上取得了一些重要共识，主要包括：公共服务是通过单一入口和尽可能少的接触提供的；通过对不同政府部门之间的业务流程再造进而实现一体化的服务供给；整个服务过程以公民满意为中心展开，强调公共服务供给的准确性和缩短公民必须等待的时间；借助互联网技术，公民能够全天候、全方位获得政府的服务。德国奥格斯堡大学丹尼尔·维特（Daniel Veit）和扬·亨格伯斯（Jan Huntgeburth）认为，一站式公共服务本质上是一种对日常活动的比喻（life-event metaphor）。① 换言之，西方国家的电子政府建设和一站式公共服务，实际上就是以服务公民或企业的日常办事作为流程再造的起点，希望以此缩短公民等待公共服务的时间，提升公民或企业的满意度。

一站式公共服务在一定程度上提升了政府的治理效率和能力，但是，囿于技术的发展和应用，一站式公共服务只定义了一种单一场景，即公民或企业需要得到政府的授权或审批，在政府预先设定好的法律框架下获得政府的行政许可，实际上还是以政府行政为主导、方便政府达到社会治理的目的。因此，电子政府建设下的一站式公共服务远远达不到为公民量身定制个性化服务的效果，公民只能被动接受政府提供的集成服务。

随着新科技革命的发展，数字技术发展、政府政务改革和数字治理理论逐步成熟等因素共同作用，推动了数字化公共服务的诞生。

（一）数字技术和数字治理理论日趋成熟，促进了数字化公共服务的兴起

20 世纪 70 年代，西方国家为打破传统的僵化官僚制，曾经开展了一场"政府再造"运动，但其强调专业分工、内部竞争的治理理念忽视了部门之间的合作与协调，结果导致了政府治理的多种分歧和冲突。20 世纪末，在对新公共管理理论批判和继承的基础上架构起新的公共服务供给模式，该模式更加注重政府纵向层级和横向部门间的协作。新公共管理运动之后，作为互联网信息技术与治理理论的结合，数字治理理论被引入并在 21 世纪初得到长足发展，数字技术被应用于经济、社会、文化等各领域，使公众能够轻松享受智能机器、智慧网络带来的便捷。由此，整体性治理所主张的协作互动、网络结构，与数字化具有的创新重塑、多元协同、服务供应链等特点不谋而合。在电子化政府乃至智慧城市建设中，数字治理对于重塑政府部门间事务处理流程具有重要的推动作用。

（二）数据赋能助推"互联网+"政务改革

信息时代使公众表达的渠道和方式更加多元畅通，大量的公众需求被发布到互联网上，使政府部门不得不更加关注网上传播的利益诉求，并逐步转变观念和创新处理模式。随着互联网技术日趋成熟和普及，智能化、数字化等概念进入大众视野，被应用于不同的领域中，数字经济的发展和企业数字化的转型为数字化政府的建设

---

① 霍伟桦. 数字治理推动一站式公共服务转型［N］. 中国社会科学报，2022 – 10 – 12.

提供了参考。智能化时代赋予政务工作高效率、高效能，通过数据的整合、传输，赋能政府服务，实现政府间数据远程共享、服务科学供给，同时通过技术这一媒介连通政府和公众，促使数字治理与传统治理机制更好地融合，从而最终提高数字政府治理绩效。

（三）数字服务治理和制度建设协同推进数字公共服务发展及其效能提升

数字服务治理是过程，制度制定是手段，服务效能提升是目标。数字政府公共服务效能的提升有赖于政府各部门整体数字化水平的普遍提升和服务制度的保障与优化。制度是连接治理与服务效能的桥梁，是推进提升政府公共服务效能的保证。所以，无论是国外还是国内，在推进数字公共服务过程中，都十分重视制度建设。

二、数字化公共服务的概念

与数字化公共服务相关的概念有数字政府、数字政务、数字公共服务一体化，这些概念与数字化公共服务既有联系又有区别。

数字政府是指以新一代信息技术为支撑，重塑政务信息化管理架构、业务架构、技术架构，通过构建大数据驱动的政务新机制、新平台、新渠道，进一步优化调整政府内部组织架构、运作程序和管理服务，全面提升政府在经济调节、市场监管、社会治理、公共服务、生态环境等领域的履职能力，形成"用数据对话、用数据决策、用数据服务、用数据创新"的现代化治理模式。

数字政务是指政府通过网络等线上信息化渠道，进行政务推进、落实、查询等，方便公众利用数字化信息了解政府机构相关政策实施情况。通过电子政务基础设施的建设，有效整合资源，实现政务信息数据的管理创新，建立丰富业务应用体系，实现各类信息的资源共享与在线应用，为企业、市民等提供便捷、高效、透明的服务，为政府提供智能决策和政策推行支持。

数字公共服务一体化是指通过数字化手段整合不同部门和层级的公共服务资源，实现数据共享和业务协同，从而提高公共服务效率和质量的过程。主要依托数字技术，如互联网、云计算、大数据和人工智能等，推动公共服务的均等化、普惠化、高效化和便捷化。这一概念强调的是公共服务的整体性和协调性，旨在通过跨部门、跨层级的资源整合，提升公共服务供给的质量和效率。

数字化公共服务是将公共服务和数字化相互融合，利用数字技术和互联网平台等信息化手段，对传统公共服务进行转型和升级，以提供更高效、便捷和个性化的公共服务。通过数字化手段，公共服务可以实现线上化、智能化和个性化，使公众可以在任何时间、任何地点通过互联网或移动设备方便地获取所需的公共服务。

数字化公共服务与数字政府、数字政务，都是与数字技术和信息化相关的概念。

但三者也存在区别。数字化公共服务的目标是满足社会公众的需求，提供更好的生活品质，着力点是公共服务方式的转型升级，涵盖政府机构、医疗、教育、交通、社会保障等领域。数字政府的目标是提高管理和决策的能力，以更高效地进行公共治理和提供更优质的社会服务，着力点是实现政府机构的数字化转型，即通过数字化技术改进政府机构的业务流程、信息共享、决策支持等。而数字政务是数字化公共服务和数字政府的结合体，既强调政府通过数字技术和信息化手段提供更好的公共服务，也强调要通过数字化手段来实现政府的管理和决策，目的是提高政府的效率和透明度，推动政府与公民、企业之间的互动和合作，促进政府的创新和响应能力。

三、数字化公共服务的特征

数字化公共服务具有四个方面的特征。

（一）基于数据开放的要素释放

经过政务电子化、网络化阶段，政府内部累积了大量基础数据、流程数据和结果数据，同时政府部门是连接经济、社会部门的重要节点，从企业到居民，从服务到消费，能够触及的数据面广量大、包罗万象。数据开放是政府部门主动供给公共物品，释放数据这一核心要素的重要选择。数据开放赋予了市场主体调用公共数据的权利，鼓励其利用技术优势和服务经验对公共数据的潜在价值进行挖掘。类似于苹果的 App Store，政府数据开放平台变成了"Gov Store"，大量的应用创新促进了数据要素的流动与组合，为数据市场的形成与完善提供了条件。[①] 目前，数据开放成为各地政府数字化服务建设的重要突破口。以上海市为例，2019 年 9 月出台全国首部公共数据开放规章，重点开放金融、医疗、旅游、交通、能源、城市管理等领域数据，并利用联合创新实验室推动公共数据的价值创造。比如在金融普惠领域，集中开放了纳税、社保缴纳、住房公积金、市场监管、发明专利、科创企业认定、环保处罚、商标、司法判决等 300 多项数据，为银行部门丰富信贷产品体系、加强对中小企业服务提供了支持。[②]

（二）基于快速响应的协调促发

面对市场主体交互行为的敏捷化、交互关系的迭代化，强化快速响应成为政府

---

① 徐梦周，吕铁. 赋能数字经济发展的数字政府建设：内在逻辑与创新路径［J］. 学习与探索，2020（3）：78－85，175.

② 上海市人民政府.《上海市公共数据开放暂行办法》［EB/OL］. https：//www. shanghai. gov. cn/nw45024/20200824/0001－45024_62638. html，2019－09－10.

部门推动市场协调的重要导向。政府数字化服务实现了政府与市场主体的"双在线",面对多样化需求,通过跨部门、跨系统、跨辖区的业务整合推进"前台一口受理,后台协同办理",原有职能框架下的稳态服务转为需求框架下的敏捷服务,"移动办""24 小时在线办""政府秒批"等模式提供了多类别、多渠道的便捷服务。由于市场的动态变化,很难说数字化服务实现了精准服务或需求预测,但带来了服务能力的快速迭代和持续调整。业务的在线流动能够及时发现行政审批过程中繁复的流程、冗余的环节和多余的证照。当现有服务与企业需求不匹配时,可以利用数字技术和大数据分析查找问题、快速适配。企业开办简化、项目审批流程缩减、企业办事"只进一扇门""最多跑一次"等,大大降低了交易成本,为市场主体加速自主协调、开展分散化试验提供了巨大空间。

(三)基于在线共管的市场规制

应对数字经济无边界、全天候泛在的市场载体结构,政府部门也能以在线化联合执法和社会参与共管为突破口,加强市场规制。以浙江省为例,2018 年该省成立了全国首个市场监管互联网执法办案平台,实现了举报、立案、调查、送达、举证、告知、审核、处罚、缴款、公示等各环节的全流程在线,以此加速推进市场监管综合执法,着力破解传统涉网案件中发现难、落地难、取证难、执行难等问题。① 与此同时,数字化变革为市场主体及社会力量在更大范围和更深层次上参与治理创造了条件。社会参与的在线共管模式汇聚了不同主体以及多元化监管思路、方法和工具,有利于政府部门更准确地发现问题以及寻找切实可行的解决方案。在平台化、生态化的运行逻辑下,数字化公共服务以"平台对平台""生态对生态"的理念充分激发了市场和社会部门的参与动力,构建形成了与平台企业相互制衡、相互作用的监管格局,在加强平台治理和保障用户权益方面发挥了积极作用。②

(四)基于场景关联的政策创新

数字政府是服务场景的综合,场景的多样化推动了政府数据从单一来源转向多源异构,不同场景的数据关联为政府构建了一个感知社会、经济、环境等方面的"神经系统"。对政府自身而言,强化对宏观经济走势的监测、预报和分析,有利于优化决策。对市场主体而言,数字政府汇聚并协调了来自不同企业、行业的信息,基于场景关联的综合信息披露以及政策创新能够为市场决策提供多样化、多侧面的

---

① 徐梦周,吕铁. 赋能数字经济发展的数字政府建设:内在逻辑与创新路径 [J]. 学习与探索,2020 (3):78 – 85,175.
② 阳镇,钱贵明,陈劲. 下一个十字路口的抉择:平台生态系统迈向何方 [J]. 清华管理评论,2022 (9):14 – 24.

认知参考。以杭州市为例，新冠疫情期间，杭州率先于 2020 年 2 月 11 日推出健康码，短时间内健康码发展为全国标配。健康码综合运用了政务、电信运营商、互联网企业等多方数据，根据"数据可用不可见"的原则，设定"红黄绿码"生成规范，有效区分密切接触人员、重点疫区来杭人员、健康人群，极大地便利了企业复工管理。此外，各地推出的产业链电力复工指数也为市场复工决策提供了系统性参考，发挥了良好的市场引导作用。①

四、数字化公共服务的功能

与传统的公共服务模式相比，数字化公共服务突出数字化、智能化和融合化，促进公共服务创新、协调、绿色、开放、共享发展，是促进全社会共享发展红利的必然选择。

（一）引领创新发展

一是数字化公共服务促进了传统公共服务从以政府为主体的单一供给模式，向政府主导、企业和社会共同参与的多元化公共服务供给模式的转变。这些新供给主体敢于承担风险，大胆创新产品和服务，致力于提高消费者体验，通过更灵活的商业模式、更丰富的业态形式，提供品质更高、体验更佳、服务更便捷的产品和服务。在多元化供给模式下，资金来源广泛，各供给主体之间相互竞争，这既能够缓解政府的财政压力，降低公共服务供给成本，又有利于提高公共服务的效率和质量。

二是数字经济促进公共服务供给内容由"粗放式"向"精细化"转变。数字化公共服务解决了原有的信息不对称问题，实现公共服务供需两端的实时对接，不仅减少了中间层级和环节，提高了服务效率，而且通过数据搜集、分析挖掘出不同服务对象的不同需求、不同偏好，并对其实行分类管理和服务，实现了公共服务供给的空间精准化、人群精准化和水平精准化。

三是数字化公共服务促进了政府公共管理方式由"碎片化"转变为"协同化"，政府管理过程由"隐蔽化"转变为"透明化"。通过信息化平台的运行、查询、反馈、评价等，做到严格实施、自动留痕、全程监督、及时评价，从而增强了政府协同企业、非政府组织、公众等多元主体共同创造公共价值的动力。

（二）助推协调发展

数字化公共服务打破时空限制，促进要素流动，引导资源的合理配置，为弱化城乡二元结构壁垒、不断缩小城乡公共服务发展差距提供了可能性。主要体现在：

---

① 杭州今起转入常态化防控阶段，唯一中风险区域预计明天可解除！本轮疫情有五个特点 [EB/OL]. hangzhou. gov. cn，2021 - 12 - 20.

数字化公共服务通过促进要素双向流动推动城乡公共服务协调发展，如农村电子商务的发展或数字技术应用，突破了地域、户籍制度等限制，促进了农村剩余劳动力向非农业部门转移；数字化公共服务通过优化公共资源配置促进城乡公共服务协调发展，如在基础教育、社会保障、医疗卫生等领域推进"互联网＋医疗""互联网＋教育"，促进了优质公共资源从城市延伸到乡村；数字化公共服务通过推进乡村治理数字化缩小城乡公共服务差距，如"互联网＋政务服务"向农村覆盖，以及乡村服务 App、一网通办等智慧平台的广泛应用，大大提高了农民办事的便捷度，进一步缩小了城乡公共服务的差距。①

（三）推动绿色发展

数据作为全新的生产要素，本身就具有一定的绿色属性，再加上数字技术的应用，共同为绿色发展提供了技术支撑。一是数字化公共服务有利于提高生产环节的资源利用率，推进公共产品的绿色制造，这主要是通过数字公共服务助推数字技术有效赋能企业生产制造过程、降低生产者负外部性、提升废旧资源回收利用、科学分类和绿色化处理等途径实现的。二是数字化公共服务有利于实现政府对生态环境的智能监管，从被动处置转变为主动预警。通过数字监管和动态分析系统，能够精准识别、及时捕捉追踪实时发生的环境问题，促使政府由"人工监管"转变为"数字监管"。三是数字化公共服务通过搭建公共平台，保障公民对环保大数据的知情权，引导公众增强环保意识，规范自身行为，积极参与环境治理。

（四）加速开放发展

一方面，数字化公共服务通过数字平台建立公众参与的开放型公共服务体系，不仅能使公民将自己的意愿或意见及时反馈给政府部门，而且减少了服务过程中的互动成本，使政府部门与民众紧密结合，政府部门能够更加迅速直接地了解群众的各种需求，降低公共决策的盲目性，提高公共决策的民主化、科学化。

另一方面，数字化公共服务扩大了公共服务或产品国际供给的范围、种类和水平。数字技术促使更多的公共服务具备可贸易性，使生产摆脱单一地区的局限，使世界各国都能成为国际公共服务的参与者、贡献者、受益者，扩大了我国公共服务和产品的国际提供范围，提高了公共服务和产品的国际供给能力、水平和竞争力。

（五）促进共享发展

数字化服务通过广泛连接、智能匹配和远程操控，促进了弱能力人群的就业和

---

① 《关于促进"互联网＋医疗健康"发展的意见》政策解读［EB/OL］. www. gov. cn，2018－04－28.

交易，共享平等竞争机会；促进了低资产人群融资，共享金融服务发展成果；有利于解决偏远地区人民看病难等问题，共享现代医疗服务发展成果。

第二节　数字化公共服务驱动的内在逻辑

在中国式现代化进程中，数字化公共服务的兴起和发展，不仅是数字技术发展的成果，而且还具有独特的驱动逻辑、价值逻辑和实践逻辑。

一、数字化公共服务的驱动逻辑

（一）数字孪生

随着云计算、互联网、大数据与人工智能等新一代技术发展，数据重构着人类生活方式，整个社会生产力和生产关系被打上数据烙印。数据资源作为一种生产要素、创新资源与组织方式，成为生产力发展的创新要素。现实世界的几乎所有事物，都可在网络空间、虚拟世界、数字世界通过数据建构相应的数字孪生体系。数据成为一个企业、地区和国家经济社会持续发展的关键要素甚至战略要素。毫无疑问，作为经济社会发展驱动主体的政府，充分利用数据要素和数据技术，建立不同主体公共数据与数据之间的组合、整合、聚合，从数字孪生体系中分析、发现、引导新型经济社会关系，是推进数字化公共服务建设的重要动因。

（二）跨空间流动性

数据资源具有不受地域空间局限的可流通性，这种跨空间流通不仅由分散到积聚上实现分工合作网络的有效协调与集聚，而且由交换到共享上形成新的社会公共资源组织与匹配，以实现需求侧与供给侧的动态均衡，促进公共服务便利共享。数据在跨空间流动中创造资源价值，能够将与公共服务相关的各种零散的、割裂的数据组合、整合、聚合起来，推动形成一个共享、开放的一体化"数据池"，将各主体与组织完全对接形成合力，进而打破传统的公共服务信息不对称和数据流动障碍，改变传统的公共服务资源生产、提供、分配方式，有效释放由数据跨空间流动带来的潜在价值。

（三）数字化的乘数效应

数据要素集聚、流动和有效作用，具有乘数效应。这不仅体现在能放大劳动力、资本等生产要素在社会生产和再生产过程中的价值，把不同的生产要素进行连接而产生倍增效果，而且还体现在，通过驱动公共服务与社会治理的数字化、智能化，形成行政方式重塑与体制机制新变革，带来社会运行、流程、社会治理规则的革命性重塑，提升和放大政府的治理效能。

二、数字化公共服务的价值逻辑

（一）数字化公共服务是增进人民福祉提高生活品质的需要

坚持以人民为中心是数字化发展的价值导向，数字化转型的根本在于更好地为人民服务，不断增强人民的获得感、幸福感和安全感。数据要素重塑生产、消费和生活方式，不仅驱动各个经济行业提升生产效率和资源利用效率，提供更多个性化产品和服务，而且也驱动政府提供更符合百姓需求、更高质量、更高水平的公共产品和服务，充分激活数字化所具有的高治理效能、高品质服务与高质量发展的优势，推动公共服务更充足、普惠、便利与均衡，提升百姓公共服务的获得感。

（二）数字化公共服务是促进公共服务更加便携流动的需要

以人民为中心的民生服务保障权利便携流动，是数字化背景下百姓的内在需求。现有的公共服务体系以地方统筹为主，一般以户籍为依据，执行统一筹划、统一政策、统一待遇标准和统一统筹，但由于发展的差异性，各个地区的统筹能力、水平、实际待遇、调控模式与业务管理手段等存在差异，因而民生服务保障"随人走"机制存在重重阻隔和壁垒。设计更为系统、精细、合理顺畅流动机制，既需要人口的自由流动，也需要借助数字化推行流动的适应性变革。重点是：以数字化重塑一体化流动机制，打破传统的、单一的行政服务边界，发挥泛在网络技术增强跨组织边界的供需协同的优势，利用数据资源的流动与交易推进规模化的社会协同；以数字化重构传统的供给体系，让数据或信息作为一种公共价值资源参与分工合作，推动形成以共享为基本诉求的社会形态，改变由于信息不对称而造成的阻隔、不平等交易与公共资源浪费，促使跨区域居民在教育、医疗、就业、社保和养老等方面享有便捷与一体化的公共福利。

（三）数字化公共服务是促进人民共享与共生的需要

共享发展是高质量发展的出发点和归宿点，数字化公共服务是实现共享发展的重要机制。数据要素本身所具有的易复制、易传播与边际成本为零等特点，是驱动公共服务共享的变革性力量。

三、数字化公共服务的实践逻辑

（一）数字化全景式全过程刻画公共服务现实需求

数字化作为协调发展的"神经系统"，通过全范围覆盖、全要素连接、全过程记录和全景式评估等链接机制渗透和嵌入到公共治理中，为政府提供了重要抓手，不仅更易获取多维度与颗粒度高的社会现实信息，扩展了治理边界与范围，能够将有限的资源进行合理配置，使之可控、可预测，进而解决跨供给难题，而且能够依据信息系统来反馈、修正和动态调整供给全过程，特别是凭借数字化技术对社会实现强大的穿透力，以公民为中心的大数据分析更易刻画公共服务的各种需求，驱动治理主体提供主动、精准、个性化的公共服务，更好、更准确地预测公众行为和意见，提高公共服务政策制定的有效性。因此，数字化是政府为公民提供高效率、低成本和高透明公共化服务的催化剂，极大地改进了治理效率。

（二）数字化形成公共服务空间新形态

数字技术拓展了对公共需求识别的广度和深度，公共服务复杂性需求更易被社会所看见、发现和理解，形成了公共服务一体化空间新形态，即由一元的线下实体空间向线上虚拟与线下实体结合的二元空间转变。以城市治理为例，数字化城市通过信息系统的大综合、大集成与大协同，可以整体性建构社会现实之间的逻辑关系并加以科学治理。其中，大综合既是城市治理与服务的全领域——经济、社会、文化、政治和生态等的综合，也是城市结构——基础设施、信息资源、应用服务、安全体系、标准规范和体制机制等内容的综合；以大综合为基础，采用科学的系统集成方法，将各个领域、同构与异构的信息系统进行有机衔接、互联互通，构建大集成数字化体系；在城市数字化大集成体系中，推动形成各个系统之间可协作、可扩展、开放地高效处理各类公共事务的大协同机制，通过数据流、数据资源构建数据可依法交换流动、可依法开发利用、可动态分配利益、可精准追溯责任的数字治理机制。

（三）数字化促成地方政府由竞争到共生的转变

在经济发展和公共服务上，我国地方政府间表现出竞争性的特征，地方政府之间的合作不够，地方保护主义现象时有发生。这里既有体制上的原因，也有缺乏合作的有效手段问题。数字技术的发展，再加上区域协调发展理念的深入和体制机制改革的深入推进，促成了我国区际关系从竞争向协调发展、竞争型政府向服务共生型政府的转变。数字化驱动催生物理维度上的实体世界与信息维度上的数字化世界同生共存、虚实交融的格局。这一格局将原有的静态化、物质性、边界化的区域提升为动态、人本、全周期的数字化运营模式，实现由区隔化、壁垒式、专断型物理空间的治理转向跨部门、跨层级、跨地域、跨系统、跨业务间的数据互联互通、深度协同的数字化驱动型治理体系，通过构建区际治理与公共服务数据资源体系，形成区际社会治理与公共服务协同共生模式。

第三节　数字化公共服务的运行机制

数字化驱动公共服务一体化、精准化、高质量的关键是打造纵向融通与横向协同的治理协调机制，实现基本公共服务供给协同均衡与精准有效的一体化目标，其中的核心机制包括以数据聚合为中心的触发机制、以链接与互通为中心的联结机制、以开放与互动为中心的联动机制、以流动与共享为中心的适应性协作机制。这些机制驱动形成公共服务一体化的协同网络体系。

一、触发机制

以数据聚合为中心的触发机制是指通过收集、整合和分析来自多个来源的数据，识别关键事件或变化，自动触发相应的公共服务响应，关键在于数字化驱动公共服务信息资源的汇聚与整合，形成并发挥数据协同效应。基于数字化驱动的公共服务一体化，所整合的数字资源越多，其公共价值越大。这一机制依赖于数据的实时性和准确性，通过大数据分析和智能算法，确保公共服务能够迅速有效地应对各种情况。与传统的壁垒式价值体系不同，数字化驱动的核心是实现数据最高程度的汇集，并实现数据价值最大化。社会环境中的人、机、物等要素数字化，驱使政府数据资源和社会数据资源的融合与共享，助推形成全方位、全流程和全系统的数据库，以统一的数据底座来获取公共服务系统主体和要素的全面信息，进而凭借数字化分析技术，准确锁定特定公共服务的使用者，使之由复杂的"不确定的多数"转向具象化的个体。

"杭州交通治理在线平台"整合多源大数据，
破解城市交通拥堵难题

2023年12月1日，第五届浙江国际智慧交通产业博览会开幕，"杭州交通治理在线平台"在会上正式上线发布。该平台具备三大优势，并借此大幅提升城市交通公共服务质量。

第一，归集国土空间、环境气象、设施设备、人口职住、居民出行等 11 大类、50 亿条政府公共数据、信令数据及互联网出行数据，并实现综合交通数据融合化、结构化、主题化和共享化。在此基础上，建立交通路网设施、人口交通资源分布、交通运行活动特征三大类交通图谱，实现城市交通治理全要素的数字化、空间化、可视化。

第二，紧贴杭州特点，建立城市交通综合评价方法，搭建供需平衡、出行品质、绿色集约、出行公平、旅游交通 5 个评价维度 100 多项指标的指标体系，在出行特征分析、路网运行监测、公交运行监测、出行溯源、重点区域、拥堵成因诊断等算法方面取得突破，实现精准掌握出行需求、精准诊断交通问题、精准感知交通态势、精确决策协同治理四大基础功能。

第三，着眼破解市民交通出行中的痛点和行业治理中的治堵、治超、治乱、治危等实际问题，针对性地推进研发平台应用。目前已建成行动在线、指标在线、公交在线、运输在线、设施在线、交管在线、停车在线、服务在线 8 个在线模块。推出智慧公交、堵点治理、景区治理等 14 个重点场景。

资料来源："杭州交通治理在线平台"正式上线［EB/OL］. http：//tb. hang-zhou. gov. cn/art/2023/12/7/art_1510407_58928426. html. 2024 – 07 – 07.

二、联结机制

以链接与互通为中心的联结机制是指通过建立统一的信息标准和接口，实现不同部门和系统之间的数据互联互通，打破信息孤岛，确保数据在各部门之间顺畅流动，从而提升协同工作效率和整体服务水平。数字化驱动带来了社会的高度连通性，增强了公共服务信息的规模化与可用性。数字化所呈现出的全数据、相关性、全向互动的特点，有利于支持前所未有的相互理解，进而支持公共政策和服务的巨大改进。

数字技术推动公共服务信息与资源的链接与互通，呈现主体多元化、携带便利性与关系网络化趋势，数字化驱动组织链接、制度与理念互联互通、政策措施同频共振，进一步改变现有的跨区域公共服务管理认知，探索制定新规范与新程序。因此，提升数字化公共服务联结机制的关键在于打造全域数据链接，制定共同的数据标准，以避免内部市场的分裂，并促进建立数据空间，在标准化和互通性上达成共识，建立框架。

全国各地打造政务服务一张网　赋能"数字政府"建设

2019 年 5 月 31 日，作为全国一体化政务服务平台总枢纽的国家政务服务平台上线试运行。三年来，各地区各部门的政务服务在这里纵横贯通，为实现全国政务服务"一网通办"提供了重要支撑，提升了企业和群众办事获得感，在推进国家治理体系和治理能力现代化及数字政府建设进程中发挥了重要作用。

北京市整合了企业、户籍、职业技能、教育等数据，为雄安新区企业开办、积分落户、智慧房管提供跨区域数据共享，方便两地企业群众办事。

在川渝两地，住房公积金实现了"互认互贷"，养老保险转移接续"无缝衔接"，两地部分图书馆还实现了跨省借书、还书。

在长三角地区，户口迁移实现迁入地"一站式"办理，群众只需在迁入地派出所申请就能办理，十多万人已经享受到这项改革带来的便利。

在贵州，为了让偏远地区、出行不便的群众办事方便，大力推进"全省通办、一次办成"，节约群众跑腿次数三千多万次。

在海南，"高龄长寿老人补贴"申领逐步实现"零跑动"，为解决部分老人不会在线办事的难题，网格员带着智能手机到老人家里，让服务"上门办"。

各地区通过在线政务服务打造利企便民的"新名片"，擦亮了"粤省事""苏服办""渝快办""贵人服务""海易办"等一批政务服务品牌。这些富有成效的探索为"互联网＋政务服务"顶层设计提供了鲜活的样本，推动中国特色的一体化政务服务发展格局逐步形成。

资料来源：国家政务服务平台上线运行五周年　赋能"高效办成一件事"推动政务服务提质增效［EB/OL］. http：//politics. people. com. cn/n1/2024/0531/c458474 - 40247404. html，2024 - 07 - 07.

三、联动机制

以开放与互动为中心的联动机制主要体现在两个方面。一方面，通过构建开放的公共服务平台，增强政府与公众之间的互动，鼓励公众参与公共事务，提供反馈和建议。从这个角度看，该机制主要体现为数字化驱动公共服务信息与平台开放与互动，形成公共服务一体化联结纽带。另一方面，通过提升资源要素流动和地区间开放合作，提升政府的透明度、公信力以及公共服务的针对性、有效性。

公共服务一体化的本质是资源要素的无障碍流动和地区间的全方位开放合作，数字化驱动的三个核心要素——全数据、相关性分析与全向互动为其提供了手段。其中，全数据能全面刻画社会公众的需求与供给资源状况；相关性分析，可以通过数据挖掘展现诸多要素的内在关联性；全向互动，则基于数据开放与共享打造信息对称化与透明化的一体化供给。

数据驱动公共服务体系从分散走向一体化，就是通过集中管理和共享各类信息，使原本分散的数据资源得以有效整合。在这一过程中，"块数据"作为关键的"黏合剂"，促进了不同区域、不同部门之间的紧密协作。"块数据"的运行机制是，将来自不同行业和领域的大量条数据进行深入分析、解构，并通过交叉融合的方式，构建出一个庞大而开放的"块数据"池。这个数据池不仅实现了数据的共享与开放，还从根本上解决了数据孤岛和分散管理的问题，为公共服务体系的优化升级提供了有力支撑。

意见"秒"传送　部门快响应：
上海市人民建议征集平台提升政府决策水平

2020年7月17日，上海市人民建议征集办公室正式揭牌成立。该办公室旨在整合资源、打通渠道、扩宽平台，在原有"人民建议征集信箱""市委领导信箱""市政府领导信箱""投诉受理信箱"和12345等征集平台基础上，融入数字化平台，建立深入百姓生活、融入基层治理、走进决策视野的建议征集渠道和平台。2020年，上海市交通委通过相关线上平台开展"上海市公交枢纽站设施服务水平提升"人民建议专题征集活动，共收到市民对公交枢纽站现状设施使用、需求及改进提升等方面意见建议近1500条，详细掌握了群众反映的部分公交枢纽站内行走不安全、换乘不方便、设施不完善等问题，针对性地进行站点升级改造，增加必要设施，为乘客营造更加安全、便捷、舒适的候车环境。同年，上海市长宁新华社区基于该平台以"人人参与15分钟社区生活圈"为主题，邀请公众共同谋划社区发展愿景，一起畅想生活圈未来的模样。社会居民的积极反馈极大提升政府决策水平，更新改造后的社会空间加强人性化、精细化设计，获得广泛好评。

资料来源：鲁哲. 打通渠道，问计问策延至家门口［N］. 新民晚报，2020 - 10 - 17.

四、协作机制

以流动与共享为中心的适应性协作机制是指通过高效的数据共享和管理系统，促进不同部门和组织之间的协同工作，确保数据能够及时流动和共享，提升响应速度和协作效率。首先，数字化作为一体化技术治理工具，具有破解跨界与跨部门协作难题的潜在价值，以数字化驱动区域间、层级间、部门之间的信息互通与数据共享，能够以数据标准化改善行政碎片化，提升公共资源整合；其次，数字化推动通过公共服务数据共享、信息整合与资源协调，实现供给的便捷化与精准化；最后，通过数字政府构建区域协作网络与供给数字链来改善供给效率与效益。

深入推进"互联网＋医疗健康"
推进"一体化"共享医疗服务

2022年11月9日，国家卫生健康委联合国家中医药局和国家疾控局发布《"十四五"全民健康信息化规划》（以下简称《规划》）。《规划》明确，到2025年，初步建成全民健康信息平台支撑保障体系，基本实现公立医疗卫生机构与全民健康信息平台联通全覆盖。二级以上医院将基本实现院内医疗服务信息互通共享，三级医院将实现核心信息全国互通共享。全员人口信息、居民电子健康档案、电子病历和基础资源等数据库更加完善。《规划》要求，以普及应用居民电子健康码为抓手，建立居民以身份证号码为主、其他证件号码为补充的唯一主索引，推动"一码通用"。依托区域全民健康信息平台，推动检查检验结果互通共享。此外，还要加强健康码标准规范使用，强化赋码和转码规则规范实施，推进互通互认、一码通行。以数字化转型打造"数智卫监"，实现风险可预警、数据可分析、监管可联动，提升事中事后监管规范化、精准化和智能化水平。关于数字健康服务，《规划》提出，每个居民拥有一份动态管理的电子健康档案和一个功能完备的电子健康码，推动每个家庭实现家庭医生签约服务，建成若干区域健康医疗大数据中心与"互联网＋医疗健康"示范省，基本形成卫生健康行业机构数字化、资源网络化、服务智能化、监管一体化的全民健康信息服务体系。在深化"互联网＋医疗健康"服务体系方面，《规划》提出，总结"互联网＋医疗健康"支撑新冠疫情防控经验，将其制度化、常态化，完善"互联网＋医疗健康"服务体系，进一步拓展"互联网＋医疗健康"服务模式，优化资源配置，提高服务效率，降低服务成本。

资料来源："十四五"全民健康信息化规划［EB/OL］. https：//www. gov. cn/zhengce/2018－04/28/content_5286786. htm，2024－07－07.

整体上，触发机制、联结机制、联动机制和协作机制相互关联，共同构成了数字化公共服务的整体运行机制。触发机制依赖于数据的收集和分析，联结机制提供数据的共享和流动支持，联动机制促进政府与公众之间的互动，协作机制确保各部门间的高效协同。通过这些机制的协同运作，数字化公共服务能够实现高效、精准和协同的服务提供，满足公众多样化的需求，提升政府的服务能力（见图8－1）。

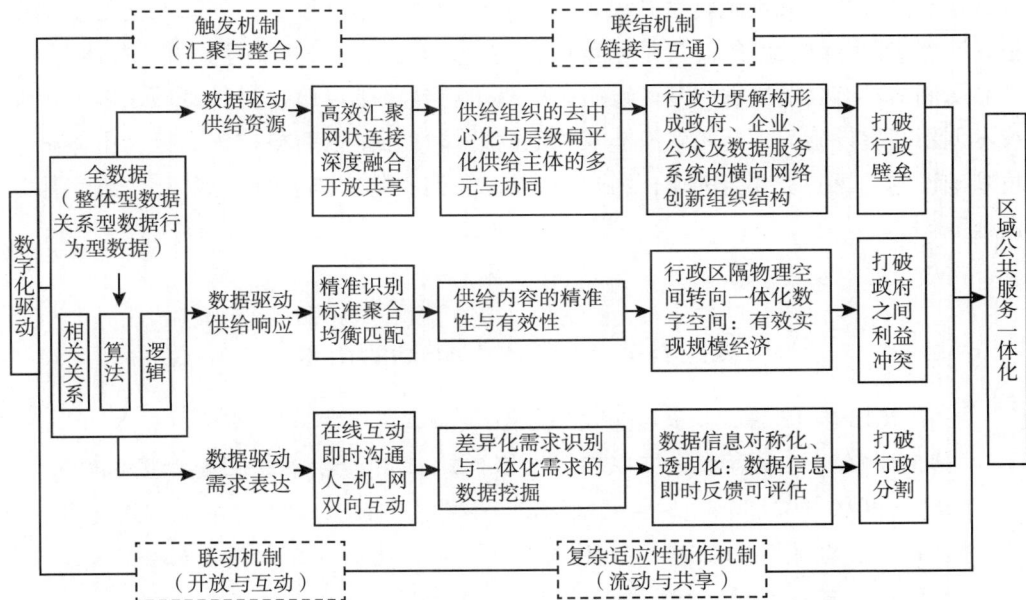

图8－1　数字化转型驱动公共服务一体化的运行机制

第四节　数字化公共服务促成经济高质量发展的路径

数字化公共服务建设，是数字经济下更好发挥政府作用和促进经济高质量发展的关键之举。为此，需要扎实推进数字基础设施建设，创新或完善数字驱动公共服务一体化的实现机制，不断提高数字化公共服务的效能。

一、优化升级数字基础设施

基础设施建设是政府的基本职责之一。除了进行传统的基础设施建设外，在数字经济调整发展的背景下，关键要大力推进新型基础设施建设（简称"新基建"）。这不仅是促进中国经济高质量发展的需要，也是推进数字政府建设尤其是促进数字化公共服务的基础条件。我国在2018年中央经济工作会议上首次提出了"新型基础设施建设"的概念，2020年国家发改委对新基建涉及的领域进行了解读，主要包括三个方面。[①]一是信息基础设施，即基于新一代信息技术演化生成的基础设施，如以5G、物联网、工业互联网、卫星互联网为代表的通信网络基础设施，以人工智能、云计算、区块链等为代表的新技术基础设施，以数据中心、智能计算中心为代表的算力基础设施等。二是融合基础设施，即深度应用互联网、大数据、人工智能等技术支撑传统基础设施转型升级，进而形成的融合基础设施，如智能交通基础设施、智慧能源基础设施等。三是创新基础设施，主要是指支撑科学研究、技术开发、产品研制的具有公益属性的基础设施，如重大科技基础设施、科教基础设施、产业技术创新基础设施等。新基建所涉及领域的总体特征是以新科技为支撑，主体是科技基础设施，重点是数字基础设施。所以，人们又将"新基建"称为"数字基础设施"。

我国有关"新基建"提法的由来

2018年12月，中央经济工作会议重新定义了基础设施建设，首次把5G、人工智能、工业互联网、物联网建设定义为"新型基础设施建设"。2019年7月，中共中央政治局会议进一步提出"加快推进信息网络等新型基础设施建设"。2020年2月，中央全面深化改革委员会第十二次会议提出"要以整体优化、协同融合为导向，统筹存量和增量、传统和新型基础设施发展，打造集约高效、经济适用、智能绿色、安全可靠的现代化基础设施体系"。2020年3月，中共中央政治局常务委员会召开会议进一步强调，要加快5G网络、数据中心等新型基础设施建设的进度。

资料来源：编者根据中国知网和中央重要会议精神、国家重要政策整理。

---

① 姜慧梓. "新基建"包括哪些领域？国家发改委权威解读［N］. 新京报，2020-04-20.

与传统基础设施相比较，"新型基础设施建设的本质是科技基础设施"，[①] 其既具有传统基建相同的先导性、投资巨大、回报期长、公共产品性等特点，同时又具有作为科技基础设施相联系的特点：一是新基建的核心生产要素由人才、知识、数据和技术构成，体现了高度的技术化和专业化特征；二是新基建自主性关键技术的支撑保障作用更为突出，需要更加注重自主性，更加强调持续的创新力；三是新基建更加强调系统性和整体配套性，包括各种生产要素的配套、硬件建设与软件建设的配套、新基建与产业化应用的配套，以及政府与产业界、金融界、高校科研院所之间的协同。因此，新基建的主体不是地方政府或单个企业，新基建需要中央政府统筹，各级地方政府协同建设。

基于我国数字经济发展的趋势，依据《"十四五"数字经济发展规划》，优化升级数字基础设施的重点主要有三个方面。

（一）加快建设信息网络基础设施，建设高速泛在、天地一体、云网融合、智能敏捷、绿色低碳、安全可控的智能化综合性数字信息基础设施

重点是：有序推进骨干网扩容，协同推进千兆光纤网络和5G网络基础设施建设，推动5G商用部署和规模应用，前瞻布局第六代移动通信（6G）网络技术储备，加大6G技术研发支持力度，积极参与推动6G国际标准化工作；积极稳妥推进空间信息基础设施演进升级，加快布局卫星通信网络等，推动卫星互联网建设；提高物联网在工业制造、农业生产、公共服务、应急管理等领域的覆盖水平，增强固移融合、宽窄结合的物联接入能力。

信息网络基础设施优化升级工程

1. 推进光纤网络扩容提速。加快千兆光纤网络部署，持续推进新一代超大容量、超长距离、智能调度的光传输网建设，实现城市地区和重点乡镇千兆光纤网络全面覆盖。

2. 加快5G网络规模化部署。推动5G独立组网（SA）规模商用，以重大工程应用为牵引，支持在工业、电网、港口等典型领域实现5G网络深度覆盖，助推行业融合应用。

3. 推进IPv6规模部署应用。深入开展网络基础设施IPv6改造，增强网络互联互通能力，优化网络和应用服务性能，提升基础设施业务承载能力和终端支持能力，深化对各类网站及应用的IPv6改造。

---

① 潘高远，李超. 新基建的实质与影响 [J]. 中国金融，2020（7）：74–76.

4. 加速空间信息基础设施升级。提升卫星通信、卫星遥感、卫星导航定位系统的支撑能力，构建全球覆盖、高效运行的通信、遥感、导航空间基础设施体系。

资料来源：《"十四五"数字经济发展规划》。

（二）推进云网协同和算网融合发展，加快构建算力、算法、数据、应用资源协同的全国一体化大数据中心体系

重点是：在京津冀、长三角、粤港澳大湾区、成渝地区双城经济圈、贵州、内蒙古、甘肃、宁夏等地区布局全国一体化算力网络国家枢纽节点，建设数据中心集群，结合应用、产业等发展需求优化数据中心建设布局；加快实施"东数西算"工程，推进云网协同发展，提升数据中心跨网络、跨地域数据交互能力，加强面向特定场景的边缘计算能力，强化算力统筹和智能调度。按照绿色、低碳、集约、高效的原则，持续推进绿色数字中心建设，加快推进数据中心节能改造，持续提升数据中心可再生能源利用水平；推动智能计算中心有序发展，打造智能算力、通用算法和开发平台一体化的新型智能基础设施，面向政务服务、智慧城市、智能制造、自动驾驶、语言智能等重点新兴领域，提供体系化的人工智能服务。

（三）有序推进基础设施智能升级，稳步构建智能高效的融合基础设施，提升基础设施网络化、智能化、服务化、协同化水平

重点是：高效布局人工智能基础设施，提升支撑"智能＋"发展的行业赋能能力；推动农林牧渔业基础设施和生产装备智能化改造，推进机器视觉、机器学习等技术应用；建设可靠、灵活、安全的工业互联网基础设施，支持制造资源的泛在连接、弹性供给和高效配置；加快推进能源、交通运输、水利、物流、环保等领域基础设施数字化改造；推动新型城市基础设施建设，提升市政公用设施和建筑智能化水平；构建先进普惠、智能协作的生活服务数字化融合设施；在基础设施智能升级过程中，充分满足老年人等群体的特殊需求，打造智慧共享、和睦共治的新型数字生活。

二、数字化驱动公共服务一体化的实现机制

积极探索以人民为中心的数字化驱动公共服务一体化格局，除了发挥市场机制作用外，要从连接纽带、组织架构、智能化耦合与共生、一体化数字生态共同体四个方面，形成公共服务组织机制、制度创新、发展模式与政策创新。

（一）以全域数字化打通区域地方政府之间的数据连接

基本公共服务一体化的首要突破口是政府自身推进数字化转型，重点是：一方面要构建一体化的人口动态数据平台，强化以人口为核心的公共数据的共享机制，推进以人口流动为主体的业务流程再造，实现跨部门、跨区域协同办事流程，把区域跨省人口迁移"一地办理、网上迁移"在更大领域推广复制；另一方面要加强人口数据分析利用，加大对人口数据的采集、加工、分析和应用，根据人口迁移流动、人口社会需求，提前做好相关政策准备，提高社会公共资源配置使用效率，公共服务实现更深度一体化融合发展。

（二）探索数字化驱动公共服务一体化的自主协作架构

信息技术、行动者与机制被认为是数字化驱动的铁三角。在组织结构关系上，要以权责清晰为前提，整合和重构政府内部的组织结构和资源要素，促使结构变革；要建立数据共享交换的虚拟平台，关联业务跨界协同平台，以数字化思维打破传统部门职责分工与层级界限，形成依据流动性需求和场景驱动的公共服务一体化运行逻辑，进而有效地提高地方政府集体行动的能力；以信息流、资源流和业务流为链条，结合地方政府共性、整体性和个性化公共服务需求，打造各层级公共服务供给主体动态协作联盟机制。以长三角生态绿色一体化发展示范区为例，该示范区自主构建"理事会＋执委会＋发展公司"组织架构，以"盟约"与"联盟"为主要模式，探索合作共建、资源共享、互利共赢一体化发展路径。2020年8月《长三角生态绿色一体化发展示范区开发者联盟》盟约签订，12家联盟创始成员共同启动开发者联盟，30多家单位签约6个重大项目。通过成立开发者联盟，凝聚智慧赋能区域建设，以市场化逻辑和互联网思维驱动多主体共同参与区域发展，自主探索合作共建、资源共享、互利共赢的一体化发展新路径。[①]

（三）构建公共服务一体化的智能耦合与共生机制

公共服务一体化的共生机制包含三个方面。一是区域共生界面，体现为共生单元之间物质、信息和能量流通与交换的媒介、通道和载体，包括交通设施、通信信息网络、金融数字化，成为物流、人流、资金流、技术流和信息流的共生界面。二是共生单元的伙伴关系，即共生单元之间的联系程度，形成一定频率和规律的连接度。三是互惠共生的一体化共生环境，即资源共享、优势互补、利益共享的一体化共生发展模式，进而形成由点共生（共生界面）→间歇共生（伙伴关系）→连续共

---

① 长三角生态绿色一体化发展示范区开发者联盟扩容［EB/OL］. chinanews. com. cn，2021－09－24.

生（互惠共生）→一体共生（共同体）的演进路径。面对公共服务多主体集体行动困境，一方面要建立数据资源利益共享机制，明确数据所有者、使用者和管理者在数据来源、使用和共享交换管理过程中的权责关系；另一方面要建立主体间责任分担与信任生成机制，基于"服务即系统"的界面思维，构建公共服务过程中横向互动与纵向责任的网状协同，以区块链思维打造基于信任的合作共治模式。

（四）营造一体化数字化生态共同体

数字化生态共同体的核心是实现数据的开放与共享、互动与协同，使数据变得透明可信，从而形成大数据感知、管理、分析与应用服务的一体化机制，打造跨层级、跨地域、跨部门的数字化公共生态体系，实现公共服务系统的深度融合。营造数字化生态共同体需要做好公共服务数据开放方式、安全框架下的数据流动与共享机制、数据的产权交易与算法、数据伦理与个体组织间的相互关系规则等方面的工作。为此，要以公共服务多元互动、平台赋能、数据互通、智能情境的流动性与一体化为目标，积极构建具有中国特色的数字化公共服务平台、公共服务数据应用系统以及公共服务一体化数字化机制。

三、提升数字化公共服务效能

现代国家治理是纷繁复杂的公共事务组合在一起的交互过程，体制、制度的演进与国家治理现代化协同进行。制度是连接治理与服务效能的桥梁，制度优化是推进国家治理转型、提升服务效能的关键。数字政府公共服务效能或绩效的改进和提高，有赖于政府各部门整体数字化水平的普遍提升和服务制度的保障与优化。党的十八届三中全会提出的"国家治理体系和治理能力现代化"命题，为政府创新和服务发展提供了强有力的支持与保障。

数字治理作为随着数字经济发展应运而生的新型治理手段，能够推动公共服务以数字化形态呈现，对公共服务供给的均等化、便捷化有着重要的促进作用。数字化公共服务效能提升，需要将理念创新、数据共享、部门协作和需求导向有机结合起来。

（一）在管理理念上，促成由信息化普及到数字化普遍应用的转变

数字化普遍应用是未来社会的发展趋势，是公共管理流程再造的重要前提。为此，首先，政府要继续秉承公共价值导向的治理理念，以满足公共利益和公众需要为依据，开展数字化公共服务治理。其次，要将数字化服务理念引入政府部门和政府工作人员的实际应用中，政府工作人员要不断革新观念，熟悉数字化平台的使用，

了解公众需求，加强社会互动，努力构建"强政府－强社会"的双向互动模式。[①]最后，要坚持开放共享的理念，强化公众主人翁意识，促进公众主动接受和学习现代数字技术，通过公众需求的表达推动政府各项数字化公共服务治理工作。

（二）在数据利用上，促成数据孤岛到数据资源流通整合的转变

在数字经济下，要推动政府各部门间的数据资源整合共享，实现从单方单向到多方多向的转变。第一，在技术层面实现数据资源的技术创新，将部门公开信息公布到政府网络平台，建立政府关系网，方便部门间的数据交换和公众对信息的获取。在实践中，要尽可能开放数据资源，所有数据必须通过相关流程评估后再给予开放。第二，通过建设国家数据共享交换平台和体系，与国家政务信息资源库形成良好的共享对接机制，省级政府要积极统筹协调下级政府部门的数据流通和共享。第三，利用数字技术推动政府治理转型，切实解决公共服务供给过程中的条块化、分割化的困境，真正发挥数据赋能的优势。

（三）在部门关系上，实现单向决策到共商共治科学决策的转变

服务型政府建设要求政府各部门实现有效整合，提供资源服务与共享，使公众能更加便捷地享用数字化公共服务。为此，需要打造一个从顶层设计到末端治理相贯通的宏观、中观、微观联动的数字政府，通过系统性体系建设打破原有的决策壁垒，从单向决策向共商共治共享转型。一是鼓励政府各部门的横向合作，建立平等协商的政府间互动模式，树立长期、公开、透明的公共价值治理理念，方便公众对信息资源的获取。二是推动政府间纵向的一体化协作，纵向上与政府各部门之间、上下级单位之间保持持续贯通的沟通合作关系，以打破智慧城市建设中行政分割、管理分治的不利局面，形成多元主体间的跨地域、联动性的参与和协同治理格局。三是积极发挥企业、行业协会与公众的作用，与其他社会治理主体进行平等的共商共治，最终达到共治共享的公共服务治理共同体状态，营造良性开放、循环发展的公共服务治理生态圈。

（四）在动力机制上，实现由职能驱动到社会需求驱动的转型

第一，明确政府定位，处理好政府与公众之间的关系，将民生所需作为职责所在，更有效地聚焦民生公共服务工作，脚踏实地，为公众谋福利，为社会创造公共价值。第二，要充分考察民情，最大限度地体现智慧项目和电子平台的便捷化和人性化，采用多样化的推广手段引导公众认识和使用在线公共服务平台。第三，通过

---

① 朱光磊.共筑政府与社会的"双强"模式［EB/OL］.people.com.cn，2015－01－05.

跨部门建设进行职权的整合、分配与重组，实现政府部门结构精简和智能优化。

思 考 题

1. 数字化公共服务是什么？数字化公共服务是如何产生和发展的？
2. 数字化公共服务的基本特点是什么？
3. 数字化公共服务在贯彻落实新发展理念上有哪些功能？
4. 正确理解数字化公共服务的驱动逻辑、价值逻辑和实践逻辑。
5. 阐述数字化公共服务的运行机制及其相互关系。
6. 论述数字化公共服务促成经济高质量发展的路径？

扫码查看参考答案

第九章
数据治理与国际合作

本章在分析数字治理双重含义等基本理论问题的基础上，重点分析数字经济多元共治基本框架，从国家、行业与企业、个人三个层面分析了多元共治格局中相关主体的功能，揭示数据跨境流动中存在的安全隐患，在借鉴国外数字治理模式有关经验的基础上，阐释我国数据跨境流动治理模式和政策选择。

第一节　数据治理概述

党的十九大以来，党中央提出并推进国家大数据战略，"互联网＋"数字政府、城市大脑推动了政府公共服务、市场监管与社会治理的数字化转型。党的十九届五中全会进一步提出，统筹数字经济、数字政府和数字社会协同发展。《"十四五"规划和 2035 年远景目标纲要》再次强调"将数字技术广泛应用于政府管理服务，推动政府治理流程再造和模式优化"。

一、数据治理的双重含义

从生产力和生产关系、技术和社会角度综合分析，数据要素具有正向和负向双重作用。因此，数据治理，多数情况下也可称为数字治理，[①] 包含两重含义。

（一）赋能性数字治理

数据治理的第一重含义是旨在发挥数据要素正向作用的数字治理，简称"赋能性数字治理"。在这个层面上，数字治理是指政府运用数字信息技术而产生的治理

[①]　本教材在第一章解释了"数据"与"数字"的由来。在学理层面称"数据治理"更准确，在实践层面用"数字治理"更通俗。

创新，其本质是新技术创新对治理场景、治理手段和治理体系的范围拓宽和效率优化，旨在主动将数据要素与其他治理要素相结合，提高数据要素在促进生产力提升、改善生产关系等方面的积极作用。由于数据要素的融合广度与融合深度不同，这一类型的数字治理亦有狭义与广义之分。

狭义的数字治理专指数字政府（digital government）或虚拟政府（virtual government），即数字信息技术对政府管理能效、管理透明度与管理水平的提高，治理主体为政府。一般而言，政府作为社会服务的提供者与社会管理的主导者，其主要职能包括依法制定制度框架、管理公共事务、调控宏观经济、提供公共产品与服务，但由于政府的内部结构、权力整合与信息传递效率不同，其治理绩效往往存在差异。雅诺夫斯基（Janowski）将数字化对政府治理的影响分为三类：政府自身的转型，政府与民众、市场关系的变化，以及数字政府的应用导向。这使政府治理的民众参与度、政府责任感、管理透明度、管理响应度与管理公正度不断提高，"绩效政府"与"数字政府"的联系愈发紧密。① 本书第八章涉及的公共服务吸收数据化转型所产生的新运行机制，就是狭义数字治理的重要表现。

广义的数字治理是在此基础上，打破政府单一治理主体的格局，将数字信息技术与整个经济社会的综合治理进行融合，以动态、开放的视角重新塑造政府、企业与社会的关系，实现共商共治的多元主体治理模式。在这一概念下，数字治理就归属于系统科学问题。基于现实关系与数字虚拟产生的社会网络，所有参与社会系统的个体都将为整个系统的演进、优化与调控做出影响和贡献。因此，在未来数智时代，构建基于数字信息技术的多元共治体系，实现数字治理从"数字化"向"智慧化"的转型，将是数字治理的重要升级方向。

（二）数字负外部性治理

数据治理的第二重含义是旨在克服数据要素负外部性的治理，简称"数字负外部性治理"。在这个层面上，数字治理是指对数字及相关技术所产生的负向效应的治理，其本质是解决数字要素、数字信息技术所带来的破坏，以及由于数字经济发展中机制不完善所产生的负外部性问题。事实上，数据要素作为一种新技术、新要素，在提升生产力过程中往往伴随着生产要素的新组合、企业的优胜劣汰、产业甚至行业的结构调整。特别是，最具扩张性的资本要素会主动与具有盈利潜力的数据要素相结合，通过要素赋能和生产关系再派生等方式，加剧资本的逐利性，进而产生不可忽视的负外部性。除商业数据的负外部性治理外，公共数据领域也存在有待

---

① 于君博，戴鹏飞. 中国地方政府数字治理的"过程"与"组织"［J］. 公共管理学报，2023（1）：121 – 132，174 – 175. 孟庆国，崔萌. 数字政府治理的伦理探寻——基于马克思政治哲学的视角［J］. 中国行政管理，2020（6）：51 – 56.

治理的负外部性问题，如弱势群体、老龄群体的"数字断连"，限制了他们获得高质量公共服务的渠道，进而产生个体间、地区间的"数字鸿沟"。数据跨境流动也会对国家安全造成威胁，因此，还需要在全球领域建立多主体多层次的数字治理体系。

二、数字治理的赋能性

发挥数据要素或数字经济的赋能性，需要各方共同参与，形成多元主体共商共治的模式，即推进赋能性数字治理中广义层面的数字治理体系建设，但从我国数字经济发展实践看，目前的重点是要发挥政府在数字治理中的主体作用，加强政府数字治理能力建设，即着力在赋能性数字治理的狭义层面上首先取得突破。

一方面，要减少政府与民众、政府内部的信息不对称。这种信息不对称可以分为两种。一是横向信息不对称，即政府与民众之间、同级政府部门之间存在的信息损失，主要表现为政府的政策举措没有被民众准确获得，进而产生谣言、虚假信息或恐慌情绪；或者政府内部横向部门为实现各自的政绩目标，实行部门信息的保护主义。二是纵向信息不对称，即信息在政府系统内部上下传递过程中产生的内容模糊或者低效行为。当数字要素融入政府治理后，对信息不对称的缓解，既体现在数字化基础设施可以将公共服务信息资源以空前的体量汇总与整合，也体现在通过算例、算法模型将信息资源转化为对市场与民众需求的及时响应，还体现在可以利用数字技术深度挖掘市场参与主体的用户画像，使公共服务由被动响应向主动预测、精准供给转变。由此，过去因为信息不完全而产生的政府计划或调控失效，在数智时代将可能得到解决。各级政府已经架设了政务信息网络公开系统、公众信息的网络反馈渠道等，缓解政府与公众间存在的信息传播损耗，提高政务服务的决策精准性。同时，将政府"条块"部门所带来的多元信息纳入一个数据库，实现跨部门之间、跨层级政府之间碎片信息的整合，并对整合后的碎片信息进行系统性处理，促进了要素信息分析的准确性，提高了政府服务效率。

另一方面，理顺原有的社会网络关系，创新和改善政府治理方式。使政府治理呈现扁平化、协同性和系统性特征。扁平化，是指由于信息分布结构和传输方式逐渐变成一个相对开放的系统，处于信息节点的参与者有可能对政府治理的目标与过程产生影响，呈现出"以公众需求为中心"的个性化治理状态。[①] 政府组织结构的扁平化和权力结构的扁平化，促使决策权下移，行政流程简化，减少了权力的中间传递层，提高了政府行动的响应速度和效率。[②] 协同性，是在扁平化的基础上，由

---

① 黄奇帆，朱岩，邵平. 数字经济内涵与路径［M］. 北京：中信出版集团，2022：255.
② 段哲哲，贾泽民. 数字治理视域下的互联网＋基层治理：困境与优化路径——以 S 市为例［J］. 江苏师范大学学报（哲学社会科学版），2022（3）：68－82，124.

政府或政府单个部门的治理，转变为政府、企业、社会共同参与、相互协调的治理，以企业、民众的最终需求为出发点，以社会的治理效能最大化为目标，最大限度地维护和增进公众利益。[①] 系统性，是在扁平化和协同性基础上使各个治理主体围绕同一目标以系统性思维、系统理论为基础开展治理，让治理体系更具有整体性。

数字赋能政府治理能力，既有利于发挥"有为政府"的作用，也有利于数据要素在数字产业化和产业数字化中发挥倍增效应，更有利于促进经济高质量发展，形成社会和谐、生态友好的新型生产关系。

三、数字负外部性及其治理

数据要素要发挥正向作用，需要对数据要素负外部性进行合理、科学的控制。

在现实中，数据要素负外部性主要源于技术和社会两个层面。

在技术层面，技术革新的速度往往快于与之相适应的制度与规范的建立，在社会制度的灰色地带和敏感地带会产生技术的非法使用。根据摩尔定律，大约每18个月，相同性能的计算机等IT产品价格会下降一半，同时集成电路可容纳的晶体管数量将增加1倍，计算机的性能则随之翻倍。[②] 进入基于数据驱动的智能化时代后，技术与社会之间的发展速度不协调愈发明显，导致产生一些问题。（1）网络安全问题。不法分子通过信息安全漏洞，从事网络盗窃、网络勒索以及网络破坏等违法活动，给企业和百姓带来损失。（2）网络舆论问题。具有互联网信息优势的平台或个人，通过发布虚假、负面信息，干扰正常的社会秩序，损害民众对政府或企业的信任感。（3）网络使用问题。网络游戏、娱乐活动，极易使青少年等自控能力差的群体产生成瘾反应，不仅损伤其身体健康，而且对其心智能力、自制力等产生负面影响。

在社会层面，新技术产生后，市场对商业数据的配置失灵，特别是以平台为中心的数据所有者形成的寡头垄断格局，既有可能造成经济上的社会福利损失，也有可能产生更广泛意义上的社会负外部性。从数据要素供给的角度看，数据要素的资本化助推了平台数据垄断；从数据要素交换和利用角度看，数据要素的歧视性定价给消费者带来损失；从数据要素收益分配的角度看，由于数据要素产权归属的模糊与歧视性定价，劳动与资本之间的收益差距会进一步扩大，等等。

归纳起来，现行数字治理面临的突出矛盾或问题大致可分为四类。

第一类，安全问题。安全问题通常源于数字信息技术未能得到正确、合法使用，因而成为不法分子非法牟利的手段，包括网络黑客或犯罪分子对互联网使用者进行网络攻击、电信诈骗或网络勒索，数据企业采用不合规手段获取用户私人信息并进行非法交易等。解决此类问题不仅需要在法律与制度层面加以约束与惩罚，更需要

---

① 张晓. 数字化转型与数字治理［M］. 北京：电子工业出版社，2021：133－134.
② 张晓. 数字化转型与数字治理［M］. 北京：电子工业出版社，2021：151.

不断掌握新的数据安全方法，以新技术手段解决技术发展中产生的问题。

　　第二类，产业与行业层面的市场竞争与福利分配问题。这类问题主要集中在数据要素与资本结合后形成的平台垄断、不当竞争与使用者福利损失。解决此类问题主要依靠制定维护行业公平竞争环境的产业组织政策。2020 年欧盟的《数字市场法》（*Digital Markets Act*，DMA），2021 年美国的《终止平台垄断法案》（*Ending Platform Monopolies Act*）、《平台竞争与机会法案》（*Platform Competition and Opportunity Act*），以及我国的《国务院反垄断委员会关于平台经济领域的反垄断指南》等法案或规制的出台，表明互联网行业、平台经济中出现的不正当竞争与垄断已经引起各国高度重视，并正式进入治理实践。

　　第三类，数字经济下社会弱势群体、地区对数据技术准备不足或数据利用能力、水平不足，以及由此产生的群体间、地区间信息资源不对称。这种不对称将会产生新的社会分化，影响社会整体公平，其中，最为突出的是"数字鸿沟"问题。解决此类问题需要对重点地区和重点群体开展"扫盲式"技术准备，或在技术转型过程中，为特殊群体保留其可以适应的服务体系与技术体系。

　　第四类，全球化背景下数据跨境流动与合作问题。目前全球尚未形成统一的数字治理国际规则或治理体系，各国在数据开放与保守、数字安全与经济社会价值权衡、数字主权与管辖权等方面存在不同理解。[①] 中国在遵循全球数字发展规律、表达自身治理立场的同时，还需主动与欧美发达国家开展规则谈判，在分歧中寻找共识，推动全球数字治理体系的构建。

　　针对以上四类数字问题中，存在不同的治理重点和方式（见表 9 - 1）。

表 9 - 1　　　　　　　　　　数据治理的重点问题比较

数据类型	问题描述	治理重点	治理主体
商业数据	**数据安全问题：**如何维护网络安全、个人数据隐私、国家战略安全乃至解决网络犯罪、网络病毒等问题	技术与社会手段相结合，以技术发展应对技术发展问题	政府、企业
	数据垄断和产业制度问题：如何解决行业垄断、不当竞争，如何保护消费者权益	社会手段为主，探索行业规则制定与动态监管	政府、企业
公共数据	**数据鸿沟和数字基础条件问题：**数字资源在接入、使用、能力等方面的不均衡问题，数字技能培育问题	提高弱势群体和地区的数字素养和数字技能，改善落后地区的数字基础设施和数字应用水平，加快社会对数字化的适应度	政府、民众

----

① 张茉楠. 全球数字治理：分歧、挑战及中国对策［J］. 开放导报，2021（6）：31 - 37.

续表

数据类型	问题描述	治理重点	治理主体
数据全球化	**数据跨境流动与合作问题：** 全球数据治理、国际规则制定等	形成全球化治理合力，形成多主体协调机制	跨国界政府、企业

第二节　数字经济多元共治体系

一、构建数字经济多元共治格局

数据治理需要秉持多元共治的理念。单靠政府或者参与主体中的某一方力量，很难发挥数据要素的赋能性，更难以有效克服数据要素的负外部性。

打造权责利清晰、激励相容的协同治理格局，形成治理合力，是数字经济治理的重要选择。[①] 其中，政府主要通过开展数据治理顶层设计、推动政务数据开放共享、建立完善的数据权责体系等发挥积极作用，并着力于负外部性或市场失灵问题的解决，为数字经济发展提供公平竞争的市场环境；互联网平台，尤其是数字平台，应约束自身竞争行为，并充分发挥算法、数据、贴近用户等治理优势，打造清朗网络环境；行业协会应积极构建政府与平台之间的沟通渠道，加强行业自律；个人也需积极参与数字治理，保护个人信息，维护个人合法权益。国家（政府）、行业（企业）、个人三个层次相互关联、相互支撑，构成一个国家或地区的数据治理体系框架。

由于治理主体多元，各主体参与数字治理的目标选择也会呈现多元特征，而且这些目标之间并非完全统一。例如，在数字治理中，个人层面关注消费者权益、隐私保护等，产业层面关注数字产业化或产业数字化效率、效益，而国家层面则更多关注数据要素对高质量发展的驱动性和本国的数字经济全球竞争力。不同层面的目标有时会存在冲突，如企业算法训练需要更细致的信息，但这有可能侵犯个人隐私；又如反垄断过严可能打击本国数字经济产业，而过松则会挤压小企业的成长空间等。因此，合理平衡多元主体的多元目标，是数字治理中必须考虑的。数字治理，实际上就是在政府主导和利益攸关各方有效参与下，为最大限度地挖掘和释放数据价值，综合运用政策、法律、标准、技术等手段，他律和自律相结合，推动数据安全、有序、有效流动的过程。

---

① 中国信息通信研究院. 数字经济治理白皮书（2019）［R］. 2019 – 12：41.

二、国家层面的数字治理

在我国数字经济高速发展过程中，还存在着数据产权界定难引致的数据外部性、数据利用规模效应引致的数据自然垄断或者数据寡头垄断、信息不完全或不对称引致的市场扭曲等问题。在社会主义市场经济下，需要把有效市场和有为政府有机地结合起来，需要政府在管理公共数据、管制数据市场失灵等方面有效发挥作用。国家层面数字治理的重点是，促进公共数据开放共享，弥合"数字鸿沟"；加强数据市场建设和交易监管，防控数字垄断；加强数据安全管理，保护个人信息。

（一）促进公共数据开放共享，弥合"数字鸿沟"

作为国家管理者，政府持有大量社会基础数据，是数据的主要持有者之一，而且政府是全社会商业数据开发及有效应用的引导者、调节者。通过数字化基础设施建设、制度建设和数字技术的推广应用，加快推动构建统一高效、互联互通、安全可靠的国家数据资源体系，建设统一的数据开放共享交换平台，推动公共数据整合，提高政府部门内部数据资源的综合利用水平，提升全社会公共数据开放共享水平，是政府部门数据治理的重要内容之一。

我国推动数据开放共享的进程

2015 年 9 月 5 日，国务院发布的《关于印发促进大数据发展行动纲要的通知》提出：要大力推动政府部门数据开放共享。2016 年 9 月 19 日，国务院印发《政务信息资源共享管理暂行办法》提出政务信息资源共享的原则。2016 年 9 月 25 日，国务院发布《关于加快推进"互联网＋政务服务"工作的指导意见》，提到要推进政务信息共享。国家发改委牵头整合构建统一的数据开放共享交换平台体系，贯彻执行《政务信息资源共享管理暂行办法》。2021 年 12 月国务院颁布的《"十四五"数字经济发展规划》，明确提出要持续提升公共服务数字化水平，提高"互联网＋政务服务"效能；全面提升全国一体化政务服务平台功能，加快推进政务服务标准化、规范化、便利化，持续提升政务服务数字化、智能化水平，实现利企便民高频服务事项"一网通办"；建立健全政务数据共享协调机制，加快数字身份统一认证和电子证照、电子签章、电子公文等互信互认，推进发票电子化改革，促进政务数据共享、流程优化和业务协同；推动政务服务线上线下整体联动、全流程在线、向基层深度拓展，提升服务便利化、共享化水平；开展政务数据与业务、服务深度融合创新，增强基于大数据的事项办理需求预测能力，打造主动式、多层次创新服务场景。聚焦公共卫生、社会安全、应急管理等领域，深化数字技术应用，实现重大突发公共事件的快速响应和联动处置。2022 年 9 月国务院办公厅发布《全国一体化政务大数据体系建设指南》，落实中央全面深化改革委员会第十七次会议精神、《国务院办公厅关于建立健全政务数据共享协调机制加快推进数据有序共享的意见》和《国务院关于加强数字政府建设的指导意见》部署要求，整合构建标准统一、布局合理、管理协同、安全可靠的全国一体化政务大数据体系，加强数据汇聚融合、共享开放和开发利用，促进数据依法有序流动，充分发挥政务数据在提升政府履职能力、支撑数字政府建设以及推进国家治理体系和治理能力现代化中的重要作用。

资料来源：根据中华人民共和国中央人民政府网（www.gov.cn）信息整理。

从我国推动公共数据开放共享实践中存在的问题看，一要解决"数字开放"中的"数据孤岛"问题，二要全面、系统地弥合"数字鸿沟"。

数字鸿沟的定义

在 20 世纪 90 年代计算机、互联网普及初期，美国的新闻媒体、政府人员及相关从业者便开始使用"数字鸿沟"一词，用以描述使用信息通信技术与不使用该技术的群体之间所存在的社会分化，以及信息富人与信息穷人之间存在的差距。[①]克林顿政府因此呼吁，学校应为学生提供 21 世纪的学习工具，避免美国教育资源的分布不均。2000 年，在日本召开的八国首脑会议通过的《全球信息社会冲绳宪章》指出，发达国家和发展中国家的信息技术发展存在巨大的数字鸿沟。同年，世界经济论坛（World Economic Forum）向八国集团首脑会议提交《从全球数字鸿沟到全球数字机遇》专题报告，使数字鸿沟成为全球焦点问题。

我国在 2000 年召开了"跨越数字鸿沟"高层研讨会，着重讨论数字鸿沟的本质和应对策略。2006 年《2006 - 2020 年国家信息化发展战略》

---

① Gunkel D J. Second Thoughts：Toward a Critique of the Digital Divide[J]. New Media & Society,2003(4):499 - 522. Hoffman，D. L.，Novak，T. P.，Schlosser A. The Evolution of the Digital Divide：Examining the Relationship of Race to Internet Access and Usage Over Time[M]. Cambridge：MIT Press,2001.

进一步提出，"把缩小城乡数字鸿沟作为统筹城乡经济社会发展的重要内容"。2021 年国务院印发的《"十四五"数字经济发展规划》再次强调，我国数字经济规模在快速扩张的同时，依然存在较为突出的发展不平衡、不充分、不规范问题，迫切需要转变传统发展方式，并在加强数据治理、提升全民数字素养等应对措施方面设立了更加具体的目标。

根据 OECD 在 2001 年的定义，数字鸿沟是**"不同社会经济水平的个人、家庭、企业和地理区域之间在获取信息通信技术的机会和使用信息通信技术方面的差距"**，这也是国内外实践与研究中具有代表性的解读。随着数字信息技术的快速发展和对数字鸿沟内涵和形式理解的不断加深，人们将数字鸿沟分为接入鸿沟、使用鸿沟、能力鸿沟三种类型。

接入鸿沟，即一级数字鸿沟，是指不同地区和群体在是否可以接入互联网技术方面所表现出的差异。这是 20 世纪 90 年代学术界和实践界对数字鸿沟的主要理解，也是最基本的理解。较为直观的示例便是发达国家与发展中国家互联网覆盖程度的差异。在发达国家，互联网接入和使用人数不断提高，数字技术促进着经济的快速发展，而在非洲等发展中国家，互联网低覆盖率导致"信息贫瘠"，制约着经济的发展潜能。[1]

使用鸿沟，或二级数字鸿沟，是指随着互联网技术的快速普及，大多数群体都已成为互联网的使用者，"接入鸿沟"不再是一个明显的制约，但不同群体对数字信息技术的知识水平、使用广度和使用深度不同，进而产生使用者内部的分化。使用鸿沟会受到个人受教育程度、个人素养、数字技术培训等技术知识的影响。使用占优的一方往往倾向于利用互联网进行学习，使用劣势的一方则通常使用互联网进行娱乐，[2]进而产生社会内部差距的进一步拉大。

关于三级数字鸿沟，不同学者的界定略有不同，可归纳为能力鸿沟或收益鸿沟两种相关联的理解。它指的是当数字信息技术成为一种通用技术，不同群体在接入和使用方面拥有均等机会时，依然存在数字信息技术的收益差异。这种差异来源于不同群体获取数字资源并进行再创造，实现更多创新的能力不同。

资料来源：陈梦根，周元任. 数字不平等研究新进展［J］. 经济学动态，2022（4）：123 - 139.

---

① Aker, J. C., Mbiti, I. M. Mobile Phones and Economic Development in Africa［J］. Journal of Economic Perspectives, 2010(3):207 - 232.

② 陈梦根,周元任. 数字不平等研究新进展［J］. 经济学动态,2022(4):123 - 139.

不同层级的数字鸿沟不一定遵循单线演化历程，而是伴随着新技术的突破而循环往复。在此基础上，处于某一时间切面的数字信息技术也可能存在分布不均衡的情况，数字鸿沟进而还会产生群体、地区和国别的横向差异。

群体差异主要表现为个体层面数字信息技术和数字产品的使用和掌握能力不同而产生的差异。在我国主要是老年人与年轻人的使用差异，即"银发数字鸿沟"。除此以外，受教育程度不同的群体之间也会存在数字鸿沟。受教育程度越高，对数字技术的接触程度与技能掌握越高，越容易占据数字优势。① 第 47 次《中国互联网络发展状况统计报告》对中国非网民不上网的原因进行社会调查后指出，"不懂电脑/网""不懂拼音等文化程度限制""年龄太大/太小"排在前三位，其中选择前两项原因的非网民占比分别为 51.5% 和 21.9%。②

地区差异主要是指一个国家不同区域间的数字鸿沟，其形成原因可能归结于数字基础设施和数字技术人才的禀赋差异。在我国，地区层面的数字鸿沟主要集中于城乡之间以及东、中、西部地区之间的数字要素差异。根据《中国互联网络发展状况统计报告》和国家统计局公布的信息，尽管过去 10 年农村的互联网普及率迅速提高，但城乡之间的差异依然显著存在，而东、中、西部地区之间的接入鸿沟正在缩小，未来应将治理重点放在使用鸿沟和能力鸿沟方面。③

国别差异是数字鸿沟在全球范围内的放大。由于世界南北差异问题，国别层面的数字鸿沟可能同时包含接入鸿沟、使用鸿沟和能力鸿沟三种形式。根据 M-Lab、谷歌等多家机构的联合报道以及相关学者的研究，世界上最不发达国家的互联网普及率比发达国家落后近 20 年，前者仅相当于后者 1998 年的水平；而在 2018 年世界宽带网速排名中，排名前 20 的国家有 15 个位于欧洲；欧美国家多采用光纤接入，宽带网速较高，而非洲诸国几乎仍旧采用铜缆接入。④ 数字鸿沟在全球范围的存在预示着，在数智时代，基于数据驱动能力的国家竞争力两极分化可能会进一步导致全球福利分配不均的固化。

数据要素的"技术""社会"双重属性表明数字鸿沟问题已不仅仅是某类技术层面的问题，而是已经成为新技术与经济、社会、文化等相互交融的综合性问题。数字鸿沟的产生原因可归纳为：个人、地区、国家因自身物质资本、人力资本、社会资本的禀赋差异而获得来自新技术扩散的不同影响，是新技术与原有禀赋相结合后的叠加效应。数字鸿沟对经济社会造成的影响也是多维度的。一方面，数字鸿沟会加剧机会不均等的，这种不均等既有可能是获得数字信息技术的机会不均等，也

① Hargittai, E. Survey Measures of Web-Oriented Digital Literacy [J]. Social Science Computer Review, 2005 (3): 371-379.

②③ 第 47 次《中国互联网络发展状况统计报告》[EB/OL]. https://www.cac.gov.cn/2021-02/03/c_1613923423079314.htm, 2021-02-03.

④ 张晓. 数字化转型与数字治理 [M]. 北京：电子工业出版社，2021：117.

有可能是基于数字信息技术的公共服务、市场参与机会不均等。例如，具有数字优势的群体可能更早享受数字信息技术的红利，包括利用互联网和手机 App 参与就业、创业，或开展跨地区贸易，通过在线理财平台寻求更多元、更有针对性的金融投资项目，通过网课、慕课等学习平台寻找更优质的教育资源，通过线上医疗平台，预约挂号、查询检验报告或获取远程医疗服务等。另一方面会加剧结果不均等。例如，在群体层面，处于数字劣势的群体大多是经济、社会领域处于相对劣势的群体，因难以获取或利用高质量的数字资源、难以充分享受数字技术红利而逐渐成为信息社会的边缘群体，成为"数字贫困者"。从社会或国家总体来看，数字鸿沟会形成社会公平的失衡，造成社会福利的总体损失。因此，需要以政府为主导、多元主体相互协调加以系统治理。

1. 在技术获得和利用机会方面，加强数字设施均衡供给，应对"接入鸿沟"问题

接入鸿沟是数字鸿沟的最基础形式。为此，针对城乡差异，可以采用贴息贷款、税收减免等形式，为农户、农业企业提供"智慧农业"配套设施；采用跨平台运作的方式，搭建乡村与城市相连通的教育和医疗平台，降低农村地区获取信息技术的成本。针对东、中、西部地区差异，要逐步加大对中西部地区基础设施的财政投入，包括增设 5G 基站、在中西部都市圈设立相应的大数据中心，使中西部的数字基础设施条件逐步与其人口规模、经济增长需求相匹配，帮助中西部地区实现数字经济的"追赶式"发展。针对"银发接入鸿沟"，鼓励并支持企业开发"老年人友好"的数字产品，同时在医疗、购物、交通出行等老年生活所必需的社交环节，保留现金服务、人工窗口等传统服务方式。

2. 在知识学习及其普及方面，加强数字教育公共品供给，应对"使用鸿沟"问题

二级和三级数字鸿沟是数字治理的重要领域，两者针对的治理对象略有差异。应对"使用鸿沟"主要应提高数字弱势群体的数字使用技能。针对老年人、残疾人等弱势群体，可以社区或村委为单位，组织针对性的数字软件培训活动。针对中西部乡村地区的学龄青少年，增加关于数字技术的学习课程，减缓地区间关于数字技术的教育不均等。针对已进入工作环节的低技能劳动者，设置相应的继续教育、成人教育或技能培训短期班，为其提供数字技术再教育机会。

3. 在数字化人才及其能力提升方面，加强数字素养培育体系建设，应对"能力鸿沟"问题

在数字经济与实体经济融合发展框架下，有针对性地解决数字素养提升问题。为此，要增强全民的数字素养，打造包含学生、劳动者、老年人等全体公民在内的数字素养培育体系，形成有利于数字技术传播与创新的社会文化氛围；建立数字人才培育体系，加强国际人才交流合作，形成可以支持数字经济创新发展的专业人才；引导数字人才在各地区的均衡发展，特别是打造中西部数字高地，加强中西部地区

数字人才引进，实现数字能力的均衡发展。

（二）加强数据市场建设和交易监管，防控数字垄断

大力加强我国数据市场建设，从政府层面看，重点是要加快健全市场准入制度、公平竞争审查机制，完善数字经济公平竞争监管制度，预防和制止滥用行政权力排除限制竞争；进一步明确平台企业主体责任和义务，推进行业服务标准建设和行业自律，保护平台从业人员和消费者合法权益；开展社会监督、媒体监督、公众监督，培育多元治理、协调发展新生态；鼓励建立争议在线解决机制和渠道，制定并公示争议解决规则；引导社会各界积极参与推动数字经济治理，加强和改进反垄断执法，畅通多元主体诉求表达、权益保障渠道，及时化解矛盾纠纷，维护公众利益和社会稳定。

我国数据交易监管体制机制的探索

在数据交易监管方面，我国各地已经相继成立了本地区的大数据监管局，监督管理培育数据交易市场，促进数据资源流通。2014 年 2 月，广东省在全国率先成立了省级大数据管理局。2015 年，贵州省和浙江省先后成立了贵州省大数据发展管理局和浙江省数据管理中心。截至 2023 年 8 月，全国已有 27 个省（自治区、直辖市）设置了专门的大数据管理机构，省级大数据专职管理机构的不断扩充，有效推动数据资源整合和开发利用效率与效益提升。同时部分地区也发布了发展规划、行动方案等政策文件，多层次协同推进机制基本形成。

资料来源：中国信息通信研究院.数据要素白皮书（2023 年）[R].2023 - 9：27.

在我国数字负外部性治理中，数据交易监管职责是政府的主要职责之一，而治理的重点则是数字垄断的治理。从我国数字经济发展实践看，数据垄断大多出现在互联网经营平台，主要有：（1）"限定交易"，典型形式是要求入驻平台的商家在各平台间选择一个；（2）"经营者合并"，即规模较大的互联网平台为巩固市场支配地位而通过合并改变现有的竞争格局，达到排他性竞争，虎牙公司欲与斗鱼公司合并；（3）"差别待遇"，即对条件相同的交易相对人在交易条件上实行差别待遇，如"大数据杀熟"；（4）"附加不合理交易条件"，如在相关市场占有支配地位的云计算平台，将云服务软件与其他软件默认绑定，等等。这些垄断行为严重损害了消费者权益，影响了经济社会整体效率的提升。

从世界范围看，加强对数据垄断治理已经成为趋势。不过，各国的数字治理模式有所不同。

美国和欧盟的数字垄断治理模式

美国的审慎规制模式： 美国在反垄断领域采取的策略更加的柔性化，更注重数据价值的发挥，鼓励企业进行创新，在限制垄断行为的同时，注意稳定数据经济市场。这在一定程度上为美国培育大型跨国企业和技术领域保持领先地位提供了较为宽松的法治环境。美国在反垄断执法过程中运用合理性原则对案件进行分析，更关注发展的利益，强调限制竞争行为的后果。如果该竞争行为最后的好处大于坏处，就不必对其进行规制，如果坏处大于好处，就要对该行为进行反垄断法的规制。如2020年，为了提升5G发展的目标，美国批准了无线运营商T—mobile和Sptint合并的决定。两者合并后覆盖数据量极大，占据了市场的95%，达到了垄断程度，但是两者合并利大于弊，所以被准许了。同时，美国综合多种要素监控垄断协议行为。为了监控数据市场中利用算法、数据共享等达成的隐秘共谋行为，借助企业经营模式、价格变动、交换频率等间接证据审查算法共谋行为，提升治理的效率。如2019年执法机构通过五家媒体频繁的交换信息、价格协同等迹象开展调查，提出了交换竞争敏感信息的指控。在市场调研方面，美国采用多种渠道，不仅有执法机构，还有行业工作者、专家学者以及相关利益相关者等共同参与调研。既进行官方论证，也考量行业自治、用户调研等多种渠道，以客观分析出企业是否存在垄断行为。例如，2019年9月，美国反垄断委员会通过多方位、多渠道的广泛调研，收集了谷歌、苹果、Facebook和亚马逊等上百万数据，以及来自不同行业的意见书，举行了5场听证会、17场情况介绍会议，经过长达16个月的调查后，发布了《数字市场竞争调研》报告。报告认为以上4个公司具有垄断地位，存在垄断行为，对4个公司提出了结构性分离和业务限制的处理意见。

欧盟的严格规则模式： 与美国审慎的规则策略不同，欧盟针对平台的垄断行为，采取了对平台经营者严格要求的规制策略。其原因是多方面的，其中之一是欧盟内缺乏超大型的跨国平台企业。所以，欧盟以维护公民的数据权利和市场秩序为重点，试图规范数据寡头行为，维护公民隐私权益和中小企业的利益。其注重开展对于目的和效果限制的分析，从企业的行为目的、效果以及模式判断企业是否存在垄断行为，对数据主体进行严格的管控，以提高治理效率。在审查数据协议垄断性方面，欧盟通过对协议的目的和效果进行多渠道的系统调查，从专业视角审查协议是否存在垄断行为。如2019年，欧盟委员会发现亚马逊平台可以分析使用第三方卖家的数据，这可能违反了欧盟公司之间的反垄断竞争原则。基于此，欧盟委员会从亚马逊与卖家之间的用户数据使用协议以及对买家行为的影响两方面进行多渠道、全方位的调查，进而评估其是否存在垄断行为。这显示了欧盟垄断治理的过程注重对于垄断行为前因后果的分析，结果会更系统且全面。在违反垄断法行为处罚方面，欧盟采用严格处置的方式。欧盟限制并以高额罚款处置平台巨头的垄断违法行为，维护中小企业的竞争优势、创新性和消费者的合法权益。以谷歌为例，2018年7月，欧盟认为谷歌滥用了其市场支配地位，存在非法绑定应用到安卓移动系统等违法行为，开出了42.4亿欧元的罚款，创全球反垄断罚款的新纪录。2019年10月，欧盟委员会诉讼谷歌非法滥用其在线上广告领域的支配地位，限制来自第三方的广告播放，阻碍了公平竞争和技术服务创新，对谷歌罚款14.9亿欧元。在经营者合并行为管控方面，欧盟采取增加附加条件方式加以管控。一般欧盟通过对市场现状和需求的调研，来回应经营者的合并请求，并附加限制条件进行规制，以此方式避免扼杀企业的积极性，保障产业发展的机会。如2016年欧盟批准微软收购领英提议的同时，提出了赋予用户选择安装权、准许其他产品信息访问等附加条件。

对我国的启示：与欧盟类似，我国正面临着大型数字企业垄断所造成的中小企业生存难的问题。欧盟的严格规制模式对于打击垄断巨头，维护中小企业的利益确实有效，但严苛的反垄断行为策略又使数字经济发展受阻，特别是域内缺乏大型数字企业、数字技术研发和应用领域缺乏国际竞争力等。而美国的审慎规制策略，为大型企业的发展提供了空间，培育了苹果、谷歌、亚马逊等在全球具有竞争力的大型数字企业。因此，我国应该立足本国国情，借鉴欧盟模式和美国模式中的合理成分。

资料来源：冉从敬，刘先瑞，何梦婷．欧美数据垄断的治理模式比较及对我国的借鉴研究［J］．信息资源管理学报，2021（3）：19-29．

为顺应当前数字经济发展的新形势，我国修订完善了《中华人民共和国反垄断法》（简称《反垄断法》），并于2022年6月24日通过，自2022年8月1日起施行。基于平台垄断的治理，既要考虑平台垄断产生的负外部性，又要考虑平台在数字经济发展中的关键性作用。所以，在反垄断法修正案总则中，新增了市场化、法治化两条反垄断原则，同时在反垄断宗旨中增加了"促进创新"的内容，反对利用行政手段"一刀切"地反垄断，防止扼杀潜在的平台创新。在这一前提下，从企业自治、政府治理和社会监督三个层面构建互联网平台反垄断治理体系。

1. 完善互联网平台的企业自治，从源头预防垄断行为的发生

互联网平台大多拥有庞大的经营规模和较高的市场地位，拥有"平台权力"，理应承担起"合规义务"，以企业自治的方式从源头预防数据垄断行为的发生。一方面，互联网平台要主动进行反垄断监管，不乱采集、滥用消费者数据，不用消费者数据及技术优势非法谋取垄断利益，保护好消费者的数据隐私。另一方面，互联网平台不能过度采集、使用和分析平台上的商家数据，也不能利用数据垄断地位滥用平台定价权。同时，维护互联网企业的活力和健康发展，还需要严格且清晰的监管规则。为此，一方面，要加强互联网平台企业的监管治理，倒逼互联网平台企业自治规范；另一方面，互联网平台需要构建清晰、合理的内部合规组织架构，在风险管理部门、一线业务部门、内控合规部门之间构筑起三道反垄断防线，从企业内部自查自纠数据垄断问题，提高反垄断的自治能力。

2. 提升政府治理效能，加强数据反垄断的治理

（1）转变算法合谋的法律规制理念。尽管反垄断法从法律层面上对利用算法进行垄断行为做出了概述性的说明，但是我国对算法合谋等垄断行为的具体认证以及反垄断规制的实施细则仍需要进一步完善。传统反垄断规制以定义概念为界定标准的思路，无法满足互联网平台对数据垄断的认定需求。因此，要以法律对核心性质和特征的描述为认证依据，由机械的、绝对的定义概念规制理念向灵活的、包容的类型化规制理念转变，以消除当前算法合谋导致垄断协议难以认定的困境。

（2）落实数据生产要素的产权分置和参与分配的机制。加快建立数据资源持有权、数据加工使用权、数据产品经营权等分置的产权运行机制。将数据开发和持有从数据的具体加工使用中分离出来，让数据生产要素"可用不可见"，实现"数据可控可计量"，鼓励更多市场主体从数据生产要素和更多应用场景结合中获利。将数据经营者从具体的数据开发、生产、加工和使用中分离出来，鼓励数据交易服务商从数据生产要素流通、交换和更多有效利用中获利，充分挖掘数据生产要素的价值。同时，要完善数据要素的分配机制。既要保护数据开发者的合法权益，又要保护数据持有人的合法权益，还要反映数据作为生产要素的社会属性。利用区块链技术创新，让数据的持有权益可追溯，让更多的市场主体能分享到数据这一生产要素的红利。

（3）优化对数据企业集中的规制方式。在实践中，并购型扩张是数据企业获得市场支配地位、实施垄断行为的重要途径。近几年，腾讯、阿里、百度参与的并购

事件多达四五百起，通过复杂的股权关系形成了类似托拉斯的巨头平台组织。目前，我国对经营者集中的规制模式较为单一，难以适应大数据背景下互联网平台经营模式的特点，需要对数据经营者集中的规制方式进行优化。一方面，要丰富反垄断中经营者集中的申报标准。我国基于事前营业额的审查标准不能完全适用于平台领域，需要在此基础上进行创新，可以实施双重标准申报门槛，在现有营业额标准的基础上增加市场份额标准。另一方面，可以学习欧美设置反垄断并购条件的做法。设置相应的反垄断并购条件是解决数据企业并购且不构成垄断行为的有效方法，我国可以有选择地借鉴。同时，要加强事后监管，提高执法机构事后审查主动性，对企业集中造成的竞争损害进行长期追责，增加平台并购的时间成本，且要增加违法并购的处罚力度。

3. 加强对互联网平台数据垄断的社会监督

数据治理不仅是政府和企业的责任，也是社会各方的责任。提升互联网平台数据垄断的社会监督，对治理效率的提高具有重要的意义。社会监督是指国家机关以外的社会组织通过新闻媒介、社会舆论等方式对互联网平台的经营活动进行监督。在大数据时代，社会监督需要重新构建，以有效制约互联网平台的"平台权利"和数据垄断。社会媒体、民众的监督让平台产生危机感，从而不敢违法违规。同时，也可以通过组建专业化的社会组织机构来对互联网平台的行为进行监督。多学科领域专家、高校智库、科研院所等较为专业的社会监督组织和人员，借助圆桌会议、听证会、高峰论坛等渠道对互联网平台的行为进行客观评价，判断其行为是否具有危害性和违法性，有利于提高社会监督的专业性。

（三）完善数据安全管理体制，加强个人信息法律保护

数据安全管理，是数据资产管理的"红线"。在国家层面，要强化大数据安全顶层设计和政策法规建设，推进数据分级分类管理，开展数据安全评估，逐渐明晰数据安全的监管红线。为了适应新形势下网络安全标准工作要求，经国家标准化管理委员会批准，全国信息安全标准化技术委员会（简称"信息安全标委会"，TC260）于2002年4月在北京正式成立，负责安全技术、安全机制、安全服务、安全管理、安全评估等领域的标准化技术工作。全国信息安全标委会下设八个工作组，分别是信息安全标准体系与协调工作组、涉密信息系统安全保密标准工作组、密码技术标准工作组、鉴别与授权标准工作组、信息安全评估标准工作组、通信安全标准工作组、信息安全管理标准工作组和大数据安全特别工作组。其中，大数据安全特别工作组旨在研制一系列大数据安全相关的标准，目前已发布的相关标准有 GB/T 35273-2020《信息安全技术个人信息安全规范》、GB/T 35274-2023《信息安全技术大数据服务安全能力要求》、GB/T 37973-2019《信息安全技术大数据安全管理

指南》等。

加强个人信息法律保护，是政府治理数字负外部性的一个重点领域。为此，国家出台了《中华人民共和国个人信息保护法》，在有关法律的基础上，进一步细化、完善了个人信息保护应遵循的原则和个人信息处理规则，明确了个人信息处理活动中的权利义务边界，健全了个人信息保护工作体制机制。该法与《中华人民共和国网络安全法》《关于维护互联网安全的决定》《关于加强网络信息保护的决定》，以及《征信业管理条例》《电信和互联网用户个人信息保护规定》等法律法规一起，构筑了个人信息保护的制度体系。

加强跨境流动信息安全，是政府治理数字负外部性的另一个重点领域。2004年颁布的《中华人民共和国电子签名法》、2017年颁布的《中华人民共和国网络安全法》等基本法以及《计算机信息网络联网管理暂行规定》《计算机信息网络国际联网安全保护管理办法》《信息安全技术公共及商用服务信息系统个人信息保护指南》等规范性文件，都规定了数据跨境流动的监管和保护办法。2020年9月，我国在"抓住数字机遇，共谋合作发展"国际研讨会上提出的《全球数据安全倡议》，就推进全球数据安全治理提出了中国方案，旨在以开放包容的姿态推进全球数据安全治理，积极营造开放、公平、公正、非歧视的数字发展环境，与各国共商应对安全风险的对策，共建数字治理之道，共享数据安全成果。2022年7月，中央网信办公布《数据出境安全评估办法》，为各行业企业规范数据出境活动、保护个人信息权益提出了更加具体的要求和措施，翻开了数据出境安全管理的新篇章。

三、行业与企业层面的数字治理

在行业层面，在国家法规和政策的指导下，主要通过制定行业数据治理规范、成立行业协会或联盟、加强数据安全制度建设等途径共同参与数字治理。在企业层面，越来越重视数据体系、治理能力和合规性建设。

（一）制定行业数据治理体系、能力和标准等规范

近年来，我国行业主管或监管部门高度重视数据治理工作，加强行业数据治理体系、能力和标准等规范建设。在金融领域，2021年2月，中国人民银行发布《金融业数据能力建设指引》。2021年9月，中国银行保险监督管理委员会（银保监会）印发《商业银行监管评级办法》，将"数据治理"要求纳入商业银行监管评级要素并给予5%的权重。在通信领域，2021年11月，工业和信息化部发布了《"十四五"信息通信行业发展规划》，提出了加快数据流通共享技术标准体系制定，提升数据质量和规范性。在制造业领域，2021年11月，工业和信息化部印发《"十四五"信息化和工业化深度融合发展规划》，提出完善两化深度融合标准体系，以及

大数据在培育新产品新模式新业态、推进行业领域数字化转型等方面的要求。目前，金融行业、互联网行业、通信行业、电力、零售行业持续推进业务线上化，逐步发展成立数据治理部门，针对核心业务开展数据标准化、数据质量管控等工作。软件和信息技术业、工业和制造业、医疗行业、教育行业等传统行业正处于大数据平台建设阶段，但行业自律已经提上议事日程。

（二）成立数据治理行业联盟

目前已经成立了多个与数据治理相关的行业联盟，包括大数据产业生态联盟、中国网络安全与信息化产业联盟、中国企业数据治理联盟。这些行业联盟发布数据治理相关的白皮书或案例库，如中国网络安全与信息化产业联盟安全治理委员会起草并发布的《数据安全治理白皮书》，大数据产业生态联盟联合赛迪顾问共同完成的《中国大数据产业发展白皮书》，中国电子技术标准化研究院、全国信息技术标准化技术委员会大数据标准工作组主编的《工业大数据白皮书》。这些白皮书通过分析数据发展现状和趋势，分享数据领域的研究成果和实践经验，提供了极具参考价值的数据治理实践经验及案例。

（三）加强数据安全制度建设

在数据安全制度建设方面，《人民银行关于银行业金融机构做好个人金融信息保护工作的通知》《地图管理条例》等法规明确提出了个人信息收集、使用中的安全保障。工业和信息化部于 2022 年 12 月印发《工业和信息化领域数据安全管理办法（试行）》，明确了重要数据和核心数据在目录备案及出境等方面的工作要求，是对工业和信息化领域数据安全管理工作的进一步指导。

在企业层面，一方面，国有企业在主管部门推动下加快企业数据治理体系和治理能力建设。2020 年 8 月国务院国有资产监督管理委员会印发《关于加快推进国有企业数字化转型工作的通知》，要求各国有企业加快集团数据治理体系建设，明确数据归口管理部门，加强数据标准化、元数据和主数据管理工作，定期评估数据治理能力成熟度。另一方面，互联网平台企业积极开展新《反垄断法》等合规专题培训，开展违法自查工作。一些企业组建了信息保护监督委员会或委托第三方机构，通过认证、技术测评、外部审计等对企业信息保护合规情况进行监督，积极探索个人信息保护评价和监督机制，加强关键信息基础设施数据安全保障。

四、个人层面的数字治理

个人作为数据的原生者，构成了企业数据和公共数据的主要源头。企业和政府对持有的用户（公民）信息数据，理应遵守法律、合同或条约的规定，保护个人隐私。但另一方面，个人也应该积极承担起数据治理的责任，与国家、企业一起打造清朗网络环境。

为引导公民积极主动参与个人信息保护，自 2017 年开始，国家网络安全宣传周设立个人信息保护日，帮助公民感知网络安全风险，增强网络安全意识，掌握网络安全防护技能，提高公民自我保护、维权的意识和能力。

个人积极、有效参与数字负外部性治理，需要科学认识个人信息泄露的严重后果，增强个人隐私保护意识和保护技能，避免个人信息被泄露；需要了解个人信息保护相关的法律法规，依法维护好自身权益。

第三节 数据跨境流动

在新科技革命新经济下，数据是继货物、劳动力、服务和资本等元素之后，突破传统跨境贸易的新形式、新元素，在国家基础性战略资源体系中的地位日益凸显。跨境数据流动逐渐成为支撑全球数字经济发展、拓展网络信息空间的内生动力，同时，在数字地缘政治加速演进的背景下，其也对国家安全、数据主权和公民个人隐私安全等构成冲击与挑战。[①] 因此，加强数据跨境流动安全治理成为我国贯彻总体国家安全观的必然要求。

一、数据跨境流动的概念与形式

（一）数据跨境流动的概念

关于数据跨境流动的概念，各国、各地区对其定义不一样，主要涉及跨境流动数据的外延。

人们对数据跨境流动的关注是从对个人信息的保护中发展而来的。经合组织（OECD）在 1980 年发布的《关于隐私保护和个人数据跨境流动的指南》中，把"数据跨境流动"定义为"跨越国境的个人数据移动"。欧盟 2018 年出台的《通用数据保护条例》（GDPR）规定，所谓数据跨境流动是指对正在处理或者即将进行处理的个人数据，将其传输至第三国或国际组织，也包括将个人数据重新传输至其他国家或者国际组织。个人数据是数据跨境流动中数量最多且最重要的部分。但是，从国家安全角度出发，非个人数据也同样重要。为保证数据安全，跨境数据流动不

---

① 徐拥军，王兴广. 总体国家安全观下的跨境数据流动安全治理研究［J/OL］. 图书情报知识：1-11.

应仅限于个人数据的跨境流动，还包括企业数据和政府数据，甚至在某种程度上，个人数据安全是依托于国家数据安全之上的。因此，学界普遍认为，数据跨境流动必须考虑商业数据、个人数据和公共数据等。

（二）数据跨境流动的形式

数据跨境流动的形式主要包括两种：一种是数据入境，另一种是数据出境。相对于数据入境，数据出境风险更大。因此，目前对数据跨境流动方面的研究主要关注数据出境。按照经合组织（OECD）的解释，数据在国家之间的流动才是数据跨境流动的本质特征。但是，随着网络技术和信息技术的发展，数据在国家间的流动不再是数据跨境流动的必要环节。只要数据能够在境外被获取，即使数据没有发生物理位置的转移，也不能否认实现了数据跨境流动。因此，在信息高速流动的今天，跨越国界在数据跨境流动中已经不是必然的环节，只要数据能够被境外的个人、组织及机构掌握，即可认为是数据跨境流动。

目前我国数据出境的方式主要包括三种。

1. 外资企业数据出境

我国关于数据出境的安全管理规则还不完善，导致外资企业出境管理中存在不确定性。我国《数据安全法》《个人信息保护法》规定，在中国收集的个人信息及重要数据应当实现本地化存储和跨境传输的安全评估。但是对外资企业的具体类型、数据出境安全管理的相关规则仍不明确，具体行业所涉及重要数据的定义、范围及认可程序还不完善，这使一些外资企业在数据存储、数据跨境传输、数据销毁中存在许多问题。例如，很多外资企业的信息技术团队设立在境外，通过互联网访问并处理境内服务器上存储的数据，提供远程技术服务，而这种远程访问形式理论上也属于"数据出境"，在一定程度上会对境内存储的数据构成一定的威胁。同时，以美国为首的数字强国，通过"长臂管辖"等措施，延展国内数据安全法的域外适用范围，获取来自他国的数据。例如，（中国）特斯拉汽车通过安装摄像头、激光雷达等传感器采集车内外环境，获得人脸图像、个人语音、车辆行驶信息、道路信息等敏感数据，并将上述数据传输至境外总部。①

2. 境内企业海外上市、海外并购中产生的数据出境

2020年底美国通过《外国公司问责法案》，要求赴美上市的外国公司必须披露额外的信息数据，如证明自身不被外国政府所有或控制，披露企业原始交易数据、

---

① 这一行为严重违反了我国数据保护原则。特斯拉车主维权事件发生后，特斯拉才公开表示"今后在中国采集的数据会严格遵守中国的数据安全监管规定"。参见：（1）大数据技术标准推进委员会. 数据资产管理实践白皮书（6.0版）［R］. 2023－1：2.（2）胡红霞. 我国智能网联汽车数据安全风险与控制［J］. 时代汽车，2022（16）：170－172.

审计过程中使用的数据和材料等。[①] 因此，美国证监会可能根据自身的监督职责，要求我国赴美上市的公司提交我国数据安全管理所规定的限制跨境流动的敏感数据。为了能实现融资，一些互联网企业冒险违规上市。我国互联网企业掌握海量数据，很多涉及我国的基础设施、人口健康、道路布置、人类基因等，一旦泄露会给我国个人信息和国家安全带来隐患。

3. 境内机构通过合作等方式将数据传输至境外

有的互联网企业非法收集使用用户信息，有些企业甚至在与境外机构合作中，将我国重要数据资源传输至境外，引发数据安全风险。2015 年，深圳华大基因科技服务有限公司被发现同华山医院与英国牛津大学共同开展人类基因国际合作研究，其在未经许可的情况下将 14 万中国人的基因大数据从网上传递出境。[②] 企业违规跨境传输数据会给我国带来严重的安全风险。

二、数据跨境流动的安全性问题

数据作为经济发展的基础性战略资源和关键性创新要素，其全球流动对经济增长具有拉动效应，但是也会带来各种安全隐患，如非法监控、数据泄露、网络攻击等。因此，平衡好数字贸易发展与个人隐私保护、商业利益和国家安全之间的关系，显得越来越重要。

（一）个人数据安全问题

个人数据跨境流动，有可能对个人隐私和人格权保护带来威胁。个人数据涉及的信息很多，可分为一般数据和敏感数据。敏感数据包括个人的健康情况、银行卡、身份证号码、手机号码等。数字企业通过对个人的敏感信息进行分类、画像，可以精准判断他们的喜好、购买能力，从而进行更加有效的营销和广告投放。有学者通过实地调研发现，使用苹果手机打网约车比其他类型手机快，且使用的手机越贵，打车的价格越高。[③] 在跨境电商中，个人的收货地址、电话、姓名等信息也会进行跨境流动。在个人数据的跨境流动中，如果接收的企业对我们的信息不进行合理保护或者滥用，个人的利益就会受到严重威胁。例如，脸书公司收集到了世界各国公民大量敏感信息（宗教信仰、政治偏好、文化习惯等），因未合理保护导致大量信息泄露。

到目前为止，在数据跨境流动中，个人隐私数据该如何保护，国际上还没有一

---

① 周艾琳. SEC《外国公司问责法案》实施规则划重点［N］. 第一财经日报，2021 - 12 - 08.

② 雷丁华，丁澄，薛丽达. 交易所问询函对企业数据合规的影响——以华大基因为例［J］. 财会月刊，2024（11）：102 - 108.

③ 复旦大学管理学院孙金云副教授团队. 2020 打车软件出行状态调研报告［R］. 2021 - 3：40.

个完整统一的规则。因此，在全球跨境数字贸易中，如何保障个人数据安全仍然是一个亟待研究的问题。

（二）商业数据安全问题

数据跨境流动也会对企业利益保护产生一定威胁。一方面，部分数据跨境流动会对企业的知识产权带来侵害。在数字技术支持下，不管是货物贸易还是服务贸易，均可以用数字化形式实施和交付。数字化产品和服务相对于实物更容易被复制和传播，而且复制和传播的成本很小，造成整体上的侵权成本降低。同时，目前的知识产权保护国际规则主要是针对货物贸易知识产权的保护，很少涉及数字贸易中的知识产权保护，无法满足数字贸易知识产权保护的需要。

另一方面，企业收集到的数据在进行跨境流动过程中可能会被攻击、被窃取，从而对企业的利益造成损害。企业在经营过程中形成的大量数据，经过加工处理后构成企业的核心商业利益。在很多跨国公司中，分布在世界各地的子公司会定期将各类数据传输到母公司的大数据中心，这些信息是企业调整架构、制定运营策略的重要依据。如果数据在传输过程中遭到攻击、窃取或泄露，就会给企业造成严重损失。目前，如何保护数据跨境流动中企业的利益，在全球还没有统一的规则和模式。

（三）国家数据安全问题

在数字经济下，数据跨境流动对国家安全的威胁是现实的。如在信息服务贸易中，服务供给方为了减少成本，很少遵从数据本地化存储的原则，而是把数据传输至本国数据中心进行处理及存储。拥有数据的国家经过分析，很容易可以判断出他国的社会经济发展状况，同时，相关情报机构也可以利用这些数据进行有针对性的情报收集工作，从而威胁其他国家的国家安全。例如，脸书公司收集到了欧盟国家的大量用户信息，但该公司在欧盟并没有大的数据处理中心，收集到的数据必须传至美国的总公司数据处理中心进行处理分析。在大量数据向美国传输的过程中，数据的泄露引发了欧盟国家对安全的忧虑。

总体来说，在大数据时代，来自个人、企业、社会组织、国家机关等的数据涉及情报、军事、国防等国家安全领域。数据自由跨境流动会使这些数据的保密性、完整性难以保证，易被恶意分子利用，威胁国家安全。而且，数字化犯罪行为的隐蔽性强，执法机关调取证据的难度大，成本高。

三、全球数据跨境流动的治理

世界各国对跨境数据流动的安全和隐私保护越来越重视，纷纷出台法律、规章制度，加强对数据跨境流动的治理，以期在促进数字经济发展的同时，保障本国的数据安全。

（一）国外数据跨境流动治理情况

美国强化"宽入严出"的数据治理模式。美国通过与其他组织签订区域合作协议、多边协议等，破除其他国家数据的流通壁垒，促使其他国家的数据尽可能地流入美国。早在《韩美自由贸易协定》和《跨太平洋伙伴关系协定》等国际协定中，美国就开始倡导数据跨境自由流动，在各种协议中强制增加数据自由流动条款，破除其他国家数据本地化存储的障碍。随后，在《跨大西洋贸易与投资伙伴协议》中倡导对数据流动技术的优化，在《美国－墨西哥－加拿大协定》中倡导成员国之间实现无障碍数据流动，从而推动数据无限制地流向美国。美国在积极推动他国数据流入本国的同时，却严格限制本国数据的流出，构建了较为严格的数据管理体系，先后出台了《出口管理法》《出口管理条例》《商务部管制清单》等政策法规，对数据输出国和各行各业的数据进行分类管理，且严格限制外国高科技企业在美国本土的发展。其他国家如果想要调取美国本土数据，会受到美国的严格审查，必须满足其所限定的数据跨境流动标准才可。2018 年美国通过的《澄清境外数据的合法使用法案》，采用"数据控制者标准"原则实行对域外数据的全面管辖。该法案规定，美国执法机构有权对美国公民或企业所控制的境外数据进行调取，所控制的数据均需按要求进行保存、备份和披露。该法案强化了美国对全球相关利益数据的绝对掌控，帮助其实现对全球数据市场的抢夺和数据主权的扩张。

欧盟强化"内松外严"的数据治理模式。与美国相比，欧盟数字技术产业竞争力不足，为此欧盟在美国"数据自由流动"原则的基础上，从个人数据权利保护的角度出发，制定了一套"对内消除数据自由流动壁垒，对外仅向高保护地区流动"的数据流动规则。一方面，欧盟消除成员国之间的数据流动壁垒，准许数据在成员国之间自由流动。2018 年 11 月欧盟发布的《非个人数据自由流动框架条例》，基本建立了欧盟内部数据自由流动的规则。另一方面，欧盟高度重视对隐私的保护，采取各种措施确保个人数据不流出，或只流入其认可的隐私保护水平较高的国家或地区。其主要的措施如下。（1）建立数据跨境流动白名单制。根据《通用数据保护条例》（GDPR），欧盟综合考虑数据保护立法实施、执法能力、国际参与等因素，对欧盟以外国家数据保护能力进行评估，从而确定数据流动白名单国家。（2）在适当保障措施下提供多样化数据跨境传输方式。根据《通用数据保护条例》，对没有得到欧盟充分认定的国家或地区，欧盟提供约束型公司规则、标准合同条款、认证机制等多样化数据跨境传输方式（见表 9–2）。与此同时，欧盟还不断加强对境外数据的掌控，如陆续颁布了《欧洲数据战略》《塑造欧洲的数字未来》等战略文件。在欧盟《通用数据保护条例》的影响下，澳大利亚、日本等数十个国家都效仿该条例标准进行国内立法。

表9-2　　　　　　　　　　　**欧盟数据跨境流动的主要方式**

通过方式	适用情形	相关要求
白名单机制	一般情形	通过审查确认进口方所属国达到欧盟数据保护要求
采用标准合同条款	如果进口方所属国未达到欧盟数据保护要求	采用欧盟颁布的标准合同条款
制定具有约束力的企业规章制度	企业内数据的跨境流动	通过欧盟监管机构的审核
为保护公共利益、个人合法权益等	例外情况	例外情形受到严格限制
经批准的认证机制、封印或标识	公共机构之间的数据转移活动	相关机制获得批准
成员国对某些特殊情况做出的另行规定	特殊情况	包括数据主体已给予明确同意,而数据传送又是偶然为之,且对于合同或法律索偿来说是必须的,涉及公共利益的重要理由要求进行数据传送等

资料来源:孙毅.数字经济学 [M].北京:机械工业出版社,2021:291.

俄罗斯实施严格的数据本地化存储治理模式。俄罗斯是推动数据本地化存储、限制数据跨境自由流动的代表,并被印度、巴西等发展中国家效仿。一方面,在美俄关系持续恶化的国际背景下,俄罗斯制定严格的数据本地化存储制度,保护国家主权和安全,要求俄罗斯公民的个人数据必须存储在俄罗斯境内,跨国企业在俄罗斯开展服务产生的数据必须存储在俄罗斯境内,并在俄罗斯建立数据中心。另一方面,俄罗斯对本国数据出境采取审慎态度,效仿欧盟制定"白名单"制度,限制数据流出。根据《俄罗斯联邦个人数据法》的规定,俄罗斯个人数据可传输至缔结欧洲理事会《关于个人数据自动化处理的个人保护公约》的国家或地区(包括欧洲各国及摩洛哥、乌拉圭),以及加拿大、新西兰、日本、韩国等29个被俄罗斯列入"白名单"的国家。

(二)我国数据跨境流动治理面临的挑战

数据跨境流动具有连贯性和系统性特征,不仅涉及国内治理体系的完善,也与国际规则密切相关。具体而言,在国内安全治理层面,要充分处理好安全与发展的问题,在不损害国家安全的前提下,选择能最大限度促进国内企业发展的路径。在国际规则层面上,在充分了解国际上复杂规则的基础上,制定相应的措施,减少企业数据跨境流动中的风险。目前，我国数据跨境流动治理中，不论是在国内安全治理层面，还是在衔接国际规则层面，均存在不少挑战。

1. 数据跨境流动的治理体系有待完善

作为数字经济大国，我国高度重视数据跨境流动的安全治理，出台了《网络安全法》《数据安全法》《个人信息保护法》等基础性法律法规，依法保障数据跨境流动的安全性。但是，目前相关法律法规的实施细则还有待完善，尤其是核心数据、重要数据的具体划分标准尚未确定，数据分级、分类保护的具体制度尚未建成。在数据监管方面，需要加紧建设完善的监管制度和解决纠纷的机制。目前对数据跨境流动的监管主要包括事前监管、事中监管和事后监管。事前监管主要集中于开展数据跨境流动安全评估、建立数据保护能力认证制度等，但是具体的评估制度还处于试验阶段，监管效果有待检验。在事中和事后监管方面，存在监管主体不明、监管权限模糊、合作渠道不畅等问题，仍缺乏行之有效的监管措施。

2. 数据跨境流动的国际合作参与度有待提升

在国际合作层面，我国的数据本地化存储模式面临数据自由流动程度受限的合作难题，这在一定程度上使我国难以就数据跨境流动治理问题与其他国家达成广泛共识，从而影响我国实现更高水平的国际合作及提升国际话语权。比如，欧盟通过《通用数据保护条例》（GDPR）将数据权利定义为一种基本权利，并致力于形成欧盟单一数字市场，促进数据要素在欧盟范围内自由流动。[①] 在今后的数据跨境流动治理国际合作中，我国应及时调整数据本地化存储模式，兼顾数据安全与数据自由流动，以加强我国与其他国家的国际合作力度。

3. 数据跨境流动治理中的跨国企业合规方式有待丰富

跨国企业在国际数字贸易中扮演着重要角色，但是各国和地区在制定数据跨境流动规则时都以本国利益为先，全球数据监管体系呈现高度分散的特征，带来了"监管碎片化"的问题，跨国企业面临数据合规难题。在我国，目前除了金融等特定行业正在逐步完善数据跨境流动规则外，其他行业仅以数据本地化存储为指引，但是随着跨境电商经营活动的不断拓展，企业数据跨境流动的规模也在不断扩大，合规场景越发复杂，跨境企业合规工作存在较大不确定性，在无形中增加了跨国企业的境内合规成本。

（三）我国数据跨境流动的治理对策

首先，完善数据跨境流动的立法体系和监管体系。一方面，在立法体系层面，在顶层设计中进一步明确跨境数据的保护原则，关注数据"传输"这一动态过程的

---

① 刘俊敏，郭杨. 我国数据跨境流动规制的相关问题研究——以中国（上海）自由贸易试验区临港新片区为例［J］. 河北法学，2021，39（7）：76－90.

规则设计，在强调和保证数据安全的前提下，传递支持数据自由、开放、积极流动的信号，让数据自由流动；要积极建立数据分级、分类的详细标准和保护机制，为跨境数据分级分类制度的建立提供参考和方向。[①] 另一方面，完善国内数据跨境流动的行业监管体系。依据国家互联网信息办公室发布的《个人信息出境安全评估办法（征求意见稿）》，从国家层面和私人（企业）层面分别建立评估体系。同时，需要对个人数据、企业数据和政府数据进行分类保护。针对个人数据，要评估是否对敏感数据进行了脱敏处理，针对企业数据要评估是否涉及企业的机密、知识产权等，政府数据出境流动较少，一旦涉及出境，需要更严格的评估。

其次，加强数据跨境流动的国际合作。一方面，顺应数据自由流动的趋势，适当调整我国数据本地化存储的模式，在确保数据安全风险可控的前提下，分级分类增强数据自由流动的形式，以加强与发达国家和各自由贸易组织的互惠互利合作，避免发达国家以我国数据自由流动程度不够为由，抑制我国数字贸易的跨国发展。另一方面，可借助我国在"一带一路"共建国家和地区的影响力，选择与我国贸易往来密切的国家或地区，打开数据跨境治理国际合作新局面，争取在沿线重要国家或地区的数字贸易往来中，就管辖权冲突或数据治理规则冲突等核心问题，达成若干高水平双边或多边协议，形成数据跨境流动治理的中国方案。同时，以"一带一路"共建国家为依托，积极参与国际数据跨境流动治理规则的制定，提高国际话语权。

最后，丰富跨国企业数据跨境流动的合规方式。（1）在跨国企业的境内合规方面，应积极开辟新的合规途径，如建立企业资质认定制度。围绕跨境数据流动的安全风险防控，展开对数据保护能力的认证，具体了解企业是否具有足够的管理能力和技术水平，能否确保企业的数据安全，不出现数据被盗用，信息泄露等事件。这种方式可以有效减轻政府对数据跨境流动安全审核的压力，提高数据跨境流动的效率。除了对企业数据保护能力进行认证，还可以把认证延伸到数据跨境传递业务的资质认证等方面。（2）在境外合规方面，借鉴国外经验，以引入企业间协议和标准合同等方式搭建合作渠道，激活私人层面的国际合作。例如，欧盟近些年在不断制定和更新数据跨境传输的标准合同，在跨国企业层面提供高效数据跨境流通措施。欧盟委员会在 2020 年 11 月发布的新版数据跨境传输标准合同条款的草案中，进一步细化了不同环节的通用条款，在此基础上实现对数据主权等方面的规制。标准合同更新后，在实践中更有利于配合各种法律法规的实施，增强了数据跨境流动的效率。

---

① 陈兵，徐文. 数据跨境流动的治理体系建构［J］. 中国特色社会主义研究，2021（4）：67 –75.

思 考 题

1. 如何正确理解数字治理的双重含义？
2. 数字负外部性包括哪四类问题，治理思路有何不同？
3. 在数字经济多元共治格局中国家层面的治理重点是什么？
4. 在数字经济多元共治格局中行业组织主要发挥哪些功能？
5. 数据跨境流动中存在哪些安全问题？
6. 如何借鉴国外经验加强我国数据跨境流动的治理？

扫码查看参考答案